JN273110

DIGITAL SERIES

未来へつなぐ
デジタルシリーズ

アイデア発想法と協同作業支援

宗森　純
由井薗隆也
井上智雄　著

23

共立出版

Connection to the Future with Digital Series
未来へつなぐ デジタルシリーズ

編集委員長： 白鳥則郎（東北大学）

編集委員： 水野忠則（愛知工業大学）
高橋　修（公立はこだて未来大学）
岡田謙一（慶應義塾大学）

編集協力委員：片岡信弘（東海大学）
松平和也（株式会社 システムフロンティア）
宗森　純（和歌山大学）
村山優子（岩手県立大学）
山田圀裕（東海大学）
吉田幸二（湘南工科大学）

（50音順）

未来へつなぐ デジタルシリーズ 刊行にあたって

　デジタルという響きも，皆さんの生活の中で当たり前のように使われる世の中となりました．20世紀後半からの科学・技術の進歩は，急速に進んでおりまだまだ収束を迎えることなく，日々加速しています．そのようなこれからの21世紀の科学・技術は，ますます少子高齢化へ向かう社会の変化と地球環境の変化にどう向き合うかが問われています．このような新世紀をより良く生きるためには，20世紀までの読み書き（国語），そろばん（算数）に加えて「デジタル」（情報）に関する基礎と教養が本質的に大切となります．さらには，いかにして人と自然が「共生」するかにむけた，新しい科学・技術のパラダイムを創生することも重要な鍵の1つとなることでしょう．そのために，これからますますデジタル化していく社会を支える未来の人材である若い読者に向けて，その基本となるデジタル社会に関連する新たな教科書の創設を目指して本シリーズを企画しました．

　本シリーズでは，デジタル社会において必要となるテーマが幅広く用意されています．読者はこのシリーズを通して，現代における科学・技術・社会の構造が見えてくるでしょう．また，実際に講義を担当している複数の大学教員による豊富な経験と深い討論に基づいた，いわば"みんなの知恵"を随所に散りばめた「日本一の教科書」の創生を目指しています．読者はそうした深い洞察と経験が盛り込まれたこの「新しい教科書」を読み進めるうちに，自然とこれから社会で自分が何をすればよいのかが身に付くことでしょう．さらに，そういった現場を熟知している複数の大学教員の知識と経験に触れることで，読者の皆さんの視野が広がり，応用への高い展開力もきっと身に付くことでしょう．

　本シリーズを教員の皆さまが，高専，学部や大学院の講義を行う際に活用して頂くことを期待し，祈念しております．また読者諸賢が，本シリーズの想いや得られた知識を後輩へとつなぎ，元気な日本へ向けそれを自らの課題に活かして頂ければ，関係者一同にとって望外の喜びです．最後に，本シリーズ刊行にあたっては，編集委員・編集協力委員，監修者の想いや様々な注文に応えてくださり，素晴らしい原稿を短期間にまとめていただいた執筆者の皆さま方に，この場をお借りし篤くお礼を申し上げます．また，本シリーズの出版に際しては，遅筆な著者を励まし辛抱強く支援していただいた共立出版のご協力に深く感謝いたします．

　　　　　　「未来を共に創っていきましょう．」

　　　　　　　　　　　　　　　　　　　　　　　　　　　　　　　編集委員会
　　　　　　　　　　　　　　　　　　　　　　　　　　　　　　　白鳥則郎
　　　　　　　　　　　　　　　　　　　　　　　　　　　　　　　水野忠則
　　　　　　　　　　　　　　　　　　　　　　　　　　　　　　　高橋　修
　　　　　　　　　　　　　　　　　　　　　　　　　　　　　　　岡田謙一

はじめに

われわれは日常活動であたりまえのようにデジタル技術の結晶であるインターネット（コンピュータネットワーク）を使い，データや情報を得ることができる．今やデジタルは仮想的なもの，単なる0と1のデータ列ではなく，実生活に結びついたモノであり，柔軟なコトを実現・支援している．携帯型のスマートフォン，書籍大に近いタブレット端末，膝にのるノートPC，そして，デスクトップPCと個人でさえも多様な端末を使用している．そのデータや情報をもとに行動の信念となる知識をつくり，社会活動を行うようになってきている．このようにインターネットは，知識の創造・普及（実践）を促進する環境として成長している．つまり，インターネットは知識基盤社会のためのイノベーション環境といえる．

このようなイノベーション環境としてのインターネットを理解・運用するためには，知識の創造・普及のための技術として「アイデア発想法」と「協同作業支援」のためのグループウェアが必要とわれわれは考える．

もともとグループウェアは人間の知識の拡大など，いわば人間の知性を拡張することを目的として研究が進められてきた．グローバル・多様化が進む社会において，グループ・組織を継続・発展させるためには，新しい知識（新サービス，新製品，新組織の種），人々の協力を作り出すことが重要である．この創造活動を支援する科学技術として，アイデア発想法（知識創造理論・技法）を踏まえた協同作業支援（グループウェア）の研究が1990年代より進められている．その成果が発展・成功し，インターネット上に展開されれば，われわれの知識拡大やイノベーションにつながる可能性をもっている．

ここで計算機（コンピュータ）の理解を踏まえた計算機活用の歴史について述べる．計算機の記号モデルであるアラン・チューリング (Alan Turing) の普遍機械は1936年に発表されている．その普遍機械は，数学者ダフィット・ヒルベルト (David Hilbert) が20世紀初頭に取り上げた基本的問いの一つである決定問題（簡単に説明すると，「あらゆる数学問題を証明できるかどうかを決定できる手続きを導きなさい」）を解くためのモデルとして考案され，それを否定的に解いた成果から生まれた機械モデルである．チューリングは数学的処理を行う人間の知的作業をモデル化したチューリングマシン上では計算が停止することを判断する手続きを構成できないという反例を示した．これはネガティブな結果に見える．しかし，同時にチューリングは，普遍機械をモデルとして仕様を記述できる機械は何でも実現できるというポジティブな面を見いだした．この結果をもとに，ジョン・フォン・ノイマン (John von Neumann) は実

際の科学計算（ミサイルの弾道計算や天気予報）を計算機で行う計画を具体化し，計算機の有用性を広く知らせた．いわば計算機の表の歴史のスタートである．

一方，1960年になると，この記述されたものであれば，いかなる機械にもなるという計算機を，あらゆる人間の能力（特に知性）拡張に用いるビジョンがあらわれた．いわば計算機の裏の歴史のスタートである．特に，有名なものは，人間の知性増幅に用いるというダグラス・エンゲルバート (Douglas Engelbart) のビジョンであり，彼は，現在のインターネットにつながる世紀のデモンストレーションを1968年に行った．そのデモではマウス，ハイパーテキスト，遠隔会議などを含んでおり，計算機の未来を予感させるものであった．これにより，計算機は計算するための機械としての役割を超えて，人間の社会活動を支えるメディアとしての役割を担うことを多くの研究者に確信させ，現在に至る．

本書は，このいわば計算機の裏の歴史の成果であったが，今や計算機活用における正統な流れの一つである人間知性を支援するグループウェア技術に必要な2つの側面，「アイデア発想法」と「協同作業支援」について解説する．

まず最初に，それぞれの基礎知識を説明し（第2章から第6章），次にアイデア発想法の実践知識としてアイデア発想法の実習・評価（第7章から第9章）を説明する．最後にグループウェア技術の実装・評価について説明し（第10章から第13章），将来動向について述べる（第14章）．よって，各自の興味や状況に応じてアイデア発想法の学習，協同作業支援の学習に使用できる．

本書の対象者は，アイデア発想法と協同作業支援に興味をもつ人すべてである．情報系，知識系の大学生もしく大学院生の教科書として使えるようにした．また企業人も対象とし，興味に応じてアイデア発想法または協同作業支援に絞った読み方を可能としている．この教科書をきっかけとして，デジタル技術を用いた人間知性の支援，知的生産の技術，イノベーション環境，知識労働・創造的労働支援に対する知識の体系化・実践が少しでも進むことが望みである．

なお，本書は3名の専門家により，以下のように執筆を分担している．

宗森　純　：　1章，4章，5章，7章，8章，9章，10章，12章，14章
由井薗隆也：　1章，2章，3章，8章，9章，10章，11章，13章，14章
井上智雄　：　4章，6章，13章

最後に，本書を企画しまとめるにあたって，大変ご協力を頂きました，デジタル系教科書シリーズ編集委員長の白鳥則郎先生，編集委員の水野忠則先生，岡田謙一先生，および，共立出版編集部の島田誠氏，大越隆道氏，他の方々に深くお礼を申し上げます．

2014年4月

執筆者　宗森　純，由井薗隆也，井上　智雄

目次

刊行にあたって　i
はじめに　iii

第1章 アイデア発想法と協同作業支援の原点　1

1.1 社会を変えるコンピュータネットワーク　1
1.2 アイデア発想法の歴史　3
1.3 グループウェア　6
1.4 発想支援グループウェア　9
1.5 本書の構成，社会との関係　12

第2章 アイデア発想法　17

2.1 アイデア発想の教育と社会普及　17
2.2 創造的問題解決プロセスと人間の知性モデル　18
2.3 アイデア発想法の分類　23
2.4 ブレインストーミング　25
2.5 様々なアイデア発想法　28

第3章 知識経営と発想支援システム　35

3.1 知識と合理的思考　35
3.2 知識経営と知識ピラミッド　39

| 3.3 発想支援システム | 45 |

第4章 協同作業支援〜グループウェア基礎　50

4.1 グループウェアの分類（時間／空間）	50
4.2 構造による分類	51
4.3 協調の次元階層モデル	52
4.4 アウェアネスの理論	55
4.5 コミュニケーションの理論	57

第5章 マルチメディアと五感通信　61

5.1 マルチメディア基礎	61
5.2 マルチメディアのコスト	62
5.3 チャパニスの研究	62
5.4 顔文字	64
5.5 入出力機器	64
5.6 マルチメディアのまとめ	66
5.7 五感通信	67

第 6 章
マルチユーザインタフェース 73

- 6.1 アクセス制御 …… 73
- 6.2 大画面インタフェース …… 75
- 6.3 テーブルトップインタフェース …… 75
- 6.4 テーブルトップインタフェースの多人数利用 …… 79

第 7 章
アイデア発想法実習 83

- 7.1 発想法実習 …… 83
- 7.2 テーマの設定 …… 83
- 7.3 アイデア出し（ラベル作り） …… 84
- 7.4 グループ編成（図解化を含む） …… 87
- 7.5 文章化 …… 90

第 8 章
アイデア発想法の実施結果の評価 94

- 8.1 はじめに …… 94
- 8.2 アイデア入力段階の評価法 …… 94
- 8.3 グループ編成段階の評価法 …… 95
- 8.4 文章化段階の評価法 …… 96

	8.5 作業プロセスの理解手法	96
	8.6 ペトリネットによる文章構造の評価	99
	8.7 AHP に基づく内容の評価法（実習）	102
第 9 章 発想支援グループウェアの事例 107	9.1 発想支援グループウェア概要	107
	9.2 KJ 法を参考にした支援システム	108
第 10 章 コンピュータネットワークとネットワークプログラム 117	10.1 コンピュータネットワーク	117
	10.2 ネットワークプログラム	120
第 11 章 World Wide Web：ハイパーテキストからソーシャルメディアへ 130	11.1 ハイパーテキストと World Wide Web	130
	11.2 World Wide Web の基本	133
	11.3 ソーシャルメディア	139
第 12 章 エンターテイメント，異文化コミュニケーション 145	12.1 エンターテイメント	145
	12.2 ゲームからオンラインゲーム，SNS ゲームへ	146

	12.3 ネットワークエンタテイメント	147
	12.4 異文化コラボレーション	154

第13章 グループウェアの評価方法 164

13.1 HCIの評価方法	164
13.2 グループウェア技術の課題と評価	171
13.3 統計データ処理について	175

第14章 これからのイノベーション環境 180

14.1 イノベーションと創造性	180
14.2 人間と計算機の共生	183
14.3 グループウェアの問題点とその対処	186
14.4 グループウェアの展望	188

索　引　193

第1章
アイデア発想法と協同作業支援の原点

□ 学習のポイント

コンピュータネットワークを用いた人間の知性を支援する環境を理解するために，アイデア発想法と協同作業支援の歴史と，それら考え方が交わる研究分野としてグループウェアを紹介する．アイデアを発想するという行為は，人間の誰でもできる能力として認知され，アイデア発想法が作られたこと，またアイデアを発想するという行為は日本の戦後復興を支えていた集団のための社会技術であったことを理解する．また，グループウェアの歴史は，人間の知性を増幅する道具として始まったことを理解する．

□ キーワード

WWW，ソーシャルメディア，アイデア発想法，グループウェア，知性の増幅，発想支援グループウェア

1.1 社会を変えるコンピュータネットワーク

1.1.1 WWWによるインターネットの爆発的普及

1991年にCERN（欧州原子核研究機構）のティム・バーナーズ＝リー (Tim Berners-Lee) は，NeXTコンピュータ上に実装した最初のWebシステムをインターネット上に公開した [1]．このWWW (World Wide Web) は誰でもインターネットにつながるサーバを準備できれば，世界中の人々に情報公開できる仕組みであり，爆発的に普及した．現在では，ブログ，Facebook，Twitterなど，これらがソーシャルメディアを形成している．

WWWは1.3.2項で紹介するヴァネヴァー・ブッシュ (Vannevar Bush) の思想を世界規模のハイパーテキストへと発展させたテッド・ネルソン (Ted Nelson) のXanadu構想 [2] を部分的に実現するものである．

その運用は手軽であり，一方向リンクでよい環境とした仕様であり，あっという間に，インターネットを代表するアプリケーションとなった．例えば，WWWの利用はサーバから文書を取ることが基本であるため，ユーザ利用は一方向の通信で済む．クリティカルマスの問題を一方向にする事により解決していると考えられる．一方，ネルソンはデータの著作権を二次利用も含めて詳細に記録するために双方向リンクを必須としたため，そのシステムは実現が困難

であり，システム開発は 1970 年代には始まったにかかわらず，2014 年でも実現していない．ネルソンは WWW の基本設計は間違っていると指摘したが，リーはネルソンの思想を社会に普及できる形で設計したといえる．つまり，ネルソンは思想家であり，リーは思想を社会普及できる技術に変換したイノベータといえる．

1.1.2　モバイル，そして，ソーシャルコンピューティングへ

　日本では 1999 年 2 月には i モード (i-mode) のサービスがはじまり，世界で初めて電子メールや WWW が携帯電話から使用可能となった．その後，携帯電話に取って代わりスマートフォンが普及し，ブラウザを用いて電子メールや WWW がいつでもどこでも利用できるようになった．さらにスマートフォンが普及する一方でパソコンの出荷量が減るなど，IT 用の機器がパソコンからスマートフォンにパラダイムシフトを起こしている．ただし，i モードは 2013 年でも 3000 万人が使用していて根強い人気がある．

　2000 年 5 月に GPS（Global Positioning System：全地球測位システム）の民生用の精度が 100 メートル程度から 10 メートル程度に改善され，GPS を使ったシステムが増加してきた．そして，これを使ったモバイルグループウェアが増加してきた．和歌山大学で開発された電子鬼ごっこ支援システム (E-Onigoko) は双方向に位置データを送り，逃走者と追跡者とに別れて鬼ごっこをするものである [3]．和歌山大学と鹿児島大学と離れていた人々でも鬼ごっこを行うことができた．現在ではほぼすべての携帯電話，スマートフォンに GPS は付いていて，地図上での位置表示，ナビゲーション，写真の位置情報など，今ではなくてはならない機能となっている．

　21 世紀に入った現在，チャットやインスタントメッセージ [4] が普及し，郵便にとってかわる勢いである．1996 年にイスラエルの Mirabilis 社が開発した ICQ が始まりであり，後に AOL に買収された．1996 年に MSN メッセンジャーが登場したが，現在ではこれが発展した WindowsLive メッセンジャーを統合した Skype や，LINE などが有力なインスタントメッセンジャーとなっている．中国では QQ と呼ばれるインスタントメッセンジャーが広く知られており，8 億人以上が使用していると言われている．

　インスタントメッセージはチャットをもとにしたサービスで第三者が関与することができないところに大きな特徴がある．このためセキュリティの観点から欧米の企業ではメール以上に使用されてきた．また，相手の状態情報やステータスがわかることで，「一時退出中」などの表示が自動的になされる．読んだことがわかる LINE の「既読」機能に関して話題の中心になることも多くなっている．特定の人が対象でファイル転送も可能である．現在では音声や画像も扱えるものが多い．2000 年代には光ファイバや ADSL の普及による常時接続，接続料金定額化などが，また 2010 年代ではスマートフォンの普及がインスタントメッセージの普及の原因と考えられる．

　このように短期的に爆発的に普及したのには電話と異なり，相手の存在や状況がわかるという人同士のつながりを支援するアウェアネス的機能が貢献している（第 4 章：協調の次元階層

モデル参照).現在どこにいるか,どのような状況かなど,スマートフォンも含めた分散環境でのコラボレーションを支援するビジネス用システムが多くなっている.

以上のように,パーソナルコンピュータがインターネットにつながり,そして,携帯がiモードとしてインターネットにつながり,インターネットの利用は屋外に普及した.また,インターネット利用はホームページの情報発信から,ブログを中心としたコミュニティウェアとして広がり,FacebookやTwitterなどで広く社会に使われ,スマートフォンの普及も加わり,社会空間もまきこんだソーシャルメディアとして広く使われている.

1.2 アイデア発想法の歴史

1.2.1 技術としてのアイデア発想法

(1) 伝説としてのアイデア発想

アイデアはいかに生み出されるであろうか? このアイデアを生み出す瞬間というと何を思い浮かべるであろうか? いろいろな伝説・神話が語られてきている.有名な例は,古代ギリシャの科学者であるアルキメデス (Archimedes) が王様からの課題に対して,お風呂に入った瞬間,"Eureka!"と叫び,浮力の原理を発見した瞬間である.また,錬金術への関心も知られているが,近代科学の代表である物理の定式化に貢献したアイザック・ニュートン (Isaac Newton) は頭の上にリンゴが落ちた瞬間に,万有引力の法則を発見したという逸話が知られている.また,化学者アウグスト・ケクレ (August Kekule) は寝ている間に三匹の蛇が尻尾をかみ合う夢をみてベンゼン環を思いついたといわれている.このようにアイデアやひらめきは突然,天才と呼ばれる人に思い浮かぶ神秘的なものとして流布する傾向があった.もちろんニュートンは「ひたすら考えた成果である」,「巨人の肩(先達の成果)に載った成果である」と説明していたとされる.

(2) 経験談としてのアイデア発想

その中,本書では,アイデア発想は一般の人々でも作り出せる科学技術となりうるという立場で紹介する.日常生活において工夫のある生き方をするには誰もがアイデア発想を行っているとともに,21世紀は知識基盤社会であり,労働者そのものが知識を生み出す知識労働者が望まれている.既存の知識を現場に生かすこと,現場に必要な知識を創造することが必要とされる.

20世紀初頭には,数学者アンリ・ポアンカレ (Henri Poincaré) などにより,発想の瞬間に関する経験談が広く紹介されるようになってきた [5].これら経験をもとにアイデア発想のプロセスが思考の技術として紹介されるようになってきた.その古典モデルとして,社会学者グラハム・ワラス(グレーアム・ウォーラス,Graham Wallas)によって1925年に『思考の技術 (*The Art of Thought*)』の中で発表したプロセスモデルが知られている [6].このプロセスは,準備 (Preparation),抱卵 (Incubation),啓示 (Illumination),検証 (Verification) の4段階を踏む.ワラスは,SF作家H・G・ウェルズ (H. G. Wells) も所属したことで知られている

フェビニアン協会のリーダーの一人であり，人間の社会心理学的理解を踏まえた社会論を展開した．このフェビニアン協会は，数多くのノーベル経済学賞者を輩出しているロンドン大学スクール・オブ・エコノミクスの母体集団として知られている．また，前述のポアンカレは『科学の仮説』，『科学の方法』，『科学の価値』という科学の啓蒙書三部作における最初の本において，新しい数学アイデアの発想とその証明を行った経験をまとめている．その新しい関数に関して馬車に乗る瞬間突然アイデアは閃いたと報告している．そして，そのアイデアを夜に証明として仕上げたことを報告している．これら記述に触発され，フランスの数学者ジャック・アダマール (Jacques Hadamard) は自分の経験や物理学者アルベルト・アインシュタイン (Albert Einstein) も含む著名な科学者へのアンケートをもとに，数学者における発明の心理学という本をまとめている [7]．

このような事例は高名な学者によるものであったが，アイデアを考え出す作業は一部の才能をもった人間の技能というわけにはいかなくなっていった．

(3) 技術化されたアイデア発想：ブレインストーミングの登場

1940 年代になると，アイデアは人間，誰でも生活する上で必要であり，想像する能力は人間誰もがもつ能力であるという主張を述べたアレックス・オズボーン (Alex Osborn) による *Your Creative Power* がアメリカではベストセラーとなり，広く人々に受け入れられ始めた [8]．オズボーンは，有名な広告代理店 BBDO の創設メンバの一人であり，ブレインストーミングの創始者である．そして，ブレインストーミングを中心とする創造技法や創造的問題解決のプロセスを体系化し，創造法の心理学研究と実務経験を結びつけた本を *Applied Imagination* という本でまとめている [9, 10]．それ以前に，プラグマティクス哲学者・教育者として知られるシカゴ大学のジョン・デューイ (John Dewey) は，学校の教育目的は知識を詰め込むことではなく，知識は自ら発見できなければ身に付かないことを主張している．オズボーンは，子供から大人，専業主婦とあらゆる人々に対してアイデアを作ることの重要性を主張した．また，広告代理店の経営経験をもとに実践的な技法・教育カリキュラムを作った点で，一般の人々に普及・教育する成果をあげている．現在のアイデア発想教育における基本路線，すべての人々にアイデアを考えさせるという方向性はオズボーンを中心に展開したといっても過言ではない．

(4) ブレインストーミングと日本

このブレインストーミングは日本でも 1950 年代に，コンサルタント会社の社長である上野陽一らによって広く紹介されている [11]．同じ頃，工場の生産性をあげるため，工場の改善を行う試みも，組織的に行われるようになっている．新郷重夫らのコンサルタントは，それら経験を体系的に整理し，工場の生産現場に適用している．その実践は，トヨタ生産方式などに代表される改善メソッドとして発展し，欧米やアジア諸国の工場現場の生産向上に貢献している．新郷が 1959 年に書いた『アイディアをにがすな』[12] は，2007 年に *Kaizen And The Art Of Creative Thinking* [13] として英訳出版されるなど現在でも影響を与えている．このようにアイデア発想と集団による生産活動（工場）におけるグループ活動において，日本は実践的

先進国であったことがわかる．本テキストでは，日本で発達したアイデア発想法であり，ブレインストーミングに仮説生成のための収束的な発想技法を拡張したKJ法[1]について取り上げる [14–16]．

1.2.2 日本のアイデア発想法研究とKJ法

(1) 紙を用いた知的生産の技術

誤解を恐れずに言うと米国は物質主義ですぐモノを作るイメージであるが，日本は精神主義で永く紙と鉛筆で研究を行ってきた．また，当時の日本の知識人は，梅棹忠夫などの少数の人を除きコンピュータを嫌う傾向があり，知性の増幅器たるコンピュータに関する研究はなかなか始まらなかった．しかし，協調作業に関する研究は長く続けられている．

日本では1949年に京都大学人文科学研究所で桑原武夫がジャン＝ジャック・ルソー (Jean-Jacques Rousseau) の共同研究を始めた．そして百科全書の共同研究を行うときに情報を共有するためのカードシステムが使われた．一つの項目を1枚のカードに記述する．同じ内容のカードを2枚作成し，1枚は共用し1枚は自分にために使用した．このいわば紙のデータベースの使用法は洗練され，梅棹忠夫によって『知的生産の技術』としてまとめられた [17]．そして，このカードシステムをもとに，協調して発想を行うKJ法が川喜田二郎によって開発された [14]．しかしながら，これらはいずれも紙と鉛筆で行われているものであった．なお，KJ法は登録商標であるため，勝手にKJ法を名乗ることはできない．

(2) KJ法の普及状況

KJ法は日本では本当に広く普及している．さすがに中学校や高校で教えているところは少ないが，大企業に入ると新人の研修で必ず行うものの一つである．これは完全にボトムアップの手法であり日本では品質管理（通称QC：Quality Control）などと深く結びついている．日頃気づいたことをメモしておき，これを業務改善に役立たせるときに使う．

KJ法は基本的にはあるテーマに沿ってアイデアを考え，それを付せん紙に記述し，模造紙の上に広げて，グループと呼ばれる同じような内容のアイデアのまとまりを作り，そのグループに内容を表すタイトルを付けてまとめる．グループ間の関係を矢印や双方向矢印等を用いて表す．それを見ながら考えをまとめる．なおグループのことを島と呼ぶこともある．KJ法にはKJ法A型，KJ法B型，累積型KJ法などがある [15,16]．

川喜田二郎はKJ法を万民のためのツールと考え，英語などの特定言語に翻訳して普及させようと考えず，万国共通言語を目指したエスペラントでの普及がふさわしいと考えていた．また，1960年代に広まったKJ法が本人の意図に反してアイデア発想ではなく，意見の分類に使われている状況をみて，川喜田はKJ法の正式な方法は自らが認定する組織でないと学べないと述べている．1970年代後半に，コンサルティング会社の日科技連は，それまで研修に用いていたKJ法において，A型図解部分を親和図と名付け，それを新QC七つ道具の一つとして，

---

[1] KJ法は株式会社川喜田研究所の登録商標である．

そのまま研修で使用した [18]．この新 QC 七つ道具の一つとして，KJ 法のグループ編成作業と A 型図解である親和図は Affinity Diagram として海外に紹介されている．1980 年代は，日本の GNP が世界一であり，"Japan as No.1" と呼ばれ，欧米諸国から日本は畏敬の念，つまり，尊敬されるとともに恐怖の対象としてみられた．日本の戦後復旧を支えた日本の工場生産技術は世界中から研究対象とされた．その中で工場における QC 活動は海外に広く知られている．その日本の技術に対する興味の中，親和図として KJ 法は部分的に国際化を果たしている．

1.3 グループウェア

　グループウェアは一般に，企業組織での情報共有に用いられるシステムとして普及し，知られている．グループのためのファイル共有機能，スケジュール管理機能や電子メール機能を提供している場合が多い．例えば，欧米ではグループウェアというと Lotus Notes [19] という製品が知られている．たしかに，Lotus Notes は全世界的に普及し，これを使っていない企業は少ないくらいであった．しかし，Lotus Notes はグループウェアのほんの一部に過ぎないのである．それどころか，本書ではグループウェアが実はコンピュータの正常な進化を体現したコンピュータ業界の正統派であることを明らかにする．

1.3.1　グループウェアと CSCW

　グループウェアは人と人とのコミュニケーションを支援するコンピュータシステムである [20–25]．1970 年代に，ピーター・ジョンソン＝レンツ，トルーディ・ジョンソン＝レンツ (Peter and Trudy, Johnson-Lenz) が言葉として使い始めたとされる．1980 年になると，CSCW という研究領域が形成された．

　CSCW とは，CSCW = Computer Supported Cooperative Work のことで，前半の Computer Supported の部分がコンピュータによる支援，すなわちグループウェアに対応している．後半の Cooperative Work は協調作業を研究するジャンルのことで，グループウェアが及ぼす社会学的影響，心理学的影響を研究する分野で，欧米，特にヨーロッパでは盛んに研究されている．日本ではこの分野の研究の層は薄いが，いくつかの本が出版されている [26, 27]．

　グループウェアの定義のうち有名なスキップ・エリス (Clarence (Skip) Ellis) のものを以下に示す [28]．

> 共通の仕事や目的をもって働く，利用者のグループを支援し，共有（協同）作業環境への，インタフェースを提供するコンピュータベースシステム [22]．
> (Computer based system supporting a group of users working on a common task or goal and providing on interface to a shared environment.)

　共通の仕事や目的をもたないグループウェアにコミュニティウェア (Community ware) がある．ネットワーク上で行うゲームもコミュニティウェアに入る．当初はグループウェアとコ

ミュニティウェアは別のものに分類されていたが，最近では国際会議 CSCW2008 のチュートリアルでネットゲームが取り上げられるなど，コミュニティウェアもコンピュータネットワークを用いてグループ活動を支援するグループウェアの一部として捉えることができる．

身近なグループウェアとしては WWW, 電子メール, 会議室予約システム, 遠隔授業支援システム, チャット, インスタントメッセージなどがある．

ジョナサン・グルーディン (Jonathan Grudin) によると，CSCW の対象は，個人，グループ，コミュニティ，そして社会となる [29]．コンピュータネットワーク応用であるグループウェアは，現在では，社会普及を伴うイノベーション（革新）を起こすソーシャルメディアとして爆発的に普及し，社会のインフラとなっている．そして，ソーシャルメディアは，ハーバード・ビジネス・レビューのような経営学誌においても取り扱われ，現代の組織経営において大きな存在となっている．

1.3.2 グループウェアの起源と思想

(1) ブッシュの Memex 構想

協同作業支援のための技術であるグループウェアの歴史は 1945 年に遡る．この年，米国科学研究開発局局長であったヴァネヴァー・ブッシュは Memex という人間の知性を増幅するシステムを考え，"As We May Think" として雑誌に発表した [30]．これは LIFE 誌 1945.9.10 号に再掲された．このシステムはマイクロフィルムを用いて膨大なデータをできるだけ簡単に入力し，必要な時に取り出し，関連のあるものの間に，今で言うリンクを張れるものであった．人間の知性を増幅するシステムを考えたのである．もちろん，この時点ではアイデアだけのものであった．

それ以前にも人間の情報処理や知識を取り扱う技術は検討されている．過去にはアレキサンドリアにある人類の英知を集めたとされる図書館，人類の知識を百科事典としてまとめるルソーの百科事典派的な思想，そして，20 世紀に入ると，SF 作家である H・G・ウェルズは「世界の頭脳」というアイデアを発表している [31]．また，エマヌエル・ゴールドバーグ (Emanuel Goldberg) はマイクロフィルムを用いた情報システムを検討・開発しており，ブッシュのアイデアにはオリジナルはないとの指摘もある [32]．とにもかくにもブッシュの書いたエッセイはよく書かれており，かつ，広く読まれた．彼は，アナログ型計算機の研究者として有名であるだけでなく，第二次世界大戦中，科学者を統括する立場にあり，科学官僚として大きな政治力を発揮したことでも有名である．科学研究の戦略的重要性を訴え，アメリカの国際科学基金 (National Science Foundation) の創設にも貢献している．このようなこともブッシュの論文が広く読まれる要因になったと考えられる．

いずれにしても，この Memex を含め人間の知性を増幅するシステムの思想が，現在のデジタル ICT の開拓者に強く影響を与えたことは疑いも無い事実である．**計算のための機械ではない計算機というアイデアのきっかけを与えた，いわば，計算機の裏の歴史のきっかけである**．彼が影響を与えた代表的な人物として，ダグラス・エンゲルバート，アラン・ケイ，テッド・ネ

ルソンをあげることができる [33–35].

(2) エンゲルバートによるデモンストレーション

1945 年，第二次世界大戦という大きな戦争が終わり，これから何をしようかと思っていたダグラス・エンゲルバートは LIFE 誌に掲載されていたブッシュの論文を偶然読んで，人間の知性を増幅するシステムに共鳴し，このようなものが作れたらよいなと思った．彼はスタンフォード研究所 (SRI) で知性拡大センター（オーグメンテーションリサーチセンター (ARC)）を主催し，そして 1968 年 12 月 9 日に NLS (oN Line System) の伝説的な公開実験を行った．これは電子会議システムの元祖で，ビットマップディスプレイ，ウィンドウ，マウスなどを備えていて，グループライティング，対話記録支援，共用ハイパーテキストなどの機能をデモした．彼はマウスの特許取得者でもある．そして，彼は，コンピュータ研究におけるノーベル賞と言われている ACM のチューリング賞の 1997 年度受賞者であり，国際会議 CSCW'98 において受賞講演をおこなった．受賞理由は，コンピュータ環境，コンピュータとネットワークが接続された世界に対するビジョンを示した功績である．今日のような無線環境で様々な人々がつながる世界までは描いていないが，その後，Collective IQ というビジョンを追い続けている [36].

(3) ケイ，ネルソンによるコンピュータ思想

この 1968 年の公開実験を見ていた 3000 人の聴衆の中に当時 28 才のアラン・ケイがいた．ケイもまた 1950 年代にブッシュの Memex を知った一人であった．ケイは専門家でない人でも簡単に使えるファンタジー増幅器としてのコンピュータの実現をめざし，これをダイナブック (Dynabook) と名付けた [35]. そして，ケイは 1973 年にゼロックスのパロアルト研究所で Alto を開発した．Alto はエンゲルバートが開発したインタフェースとケイのダイナブックのアイデアの折衷案的なコンピュータであり，暫定版のダイナブックと呼んだ．Alto は現在のコンピュータが備えているビットマップディスプレイ，ウィンドウ，マウス，イーサネット，WYSIWYG (What You See Is What You Get) など，すべてのものを備えていた．この Alto を見て，これこそがコンピュータの将来像と思ったのがスティーブ・ジョブズ (Steve Jobs) であると言われている．後に彼は Macintosh を開発することになる．1980 年代後半になると，ダイナブックと呼ばれるノート型計算機があらわれたが，なかなか真のダイナブックとはいえなかった．しかし，ムーアの法則により半導体機器が向上した近年，iPad や MIT の OLPC XO-1（通称，100$コンピュータ）をみると，インタフェースにはまだ改善の余地はあるが，処理能力に関しては，ハードウェア的な問題は達成されたとみてよい．あとは誰もが，ダイナブックを自由に使いこなし，プログラミング作成などにより自由な表現を行うという理想があるが，これは教育または学習の問題であり永遠の課題であろう．

一方，テッド・ネルソンはコンピュータによる表現の自由拡大と革命を夢見た [2]. その中，人間の思考を表現するための方法としてハイパーテキスト，ハイパーメディアという言葉を 1965 年に発明している．彼は，1970 年代には Xanadu（ザナドゥ）と呼ばれる世界規模のハイパーテキストシステムを構想し，その実現に着手した．この構想は人々がインターネットを利用す

るための基盤インフラともいえる WWW の開発へと影響を与えている [1].

ブッシュに影響を受けた 3 人の思想をまとめると，エンゲルバートはコンピュータによって人間の知性を増幅することを提案した．ケイは，コンピュータがダイナミックなメディアであることを提案した．ネルソンは，人々が自由に表現し，その表現の権利を保証する世界規模の文書作成環境を提唱した．

1.3.3　日本におけるグループウェア研究の黎明期

日本で本格的にグループウェアが現れてきたのは 1985 年の筑波で行われた科学技術博覧会である．ここではワークステーションを使った電子会議システムが展示された．共有画面，共有カーソル，電子メールなどが備えられていた．

1989 年に日本電気の電子会議システム MERMAID が開発された [21]．当初はワークステーション上のシステムであったが，1990 年にはパーソナルコンピュータベースのシステム Office MERMAID となり，その後，ペン入力のラップトップコンピュータ上で動く Pen MERMAID となった．1997 年にはモバイルグループウェア「なかよし」となっている [37]．

筆者らは 1990 年にカードシステムをソフトウェア化した知的生産の技術カード支援システム Wadaman を発表し [38]，これをデータベースとしてもつグループウェアである分散協調型 KJ 法支援システム GUNGEN をパソコン上で開発した [39]．

1.4　発想支援グループウェア

1.4.1　アイデア発想法のためのグループウェア

発想支援グループウェアは情報通信技術を用いてグループによるアイデア発想を支援するシステムである．わかりやすく言うと三人寄れば文殊の知恵ということを，コンピュータネットワークを介して行うことを支援するグループウェアである．グループウェアの原点は人間の知性を支援することであるが，発想支援グループウェアは，その中で人間の創造性に注目し，アイデア発想を支援するための情報システムである．

前述したように計算機と通信の研究は人間の知性を支援するという立場で多くの試みが行われてきた．特に，1960 年代後半に行われたエンゲルバートによるパイオニア的デモンストレーションは，人間の知性を増幅するシステムとしてのビジョンを広く知らしめた [33, 34, 40]．そのシステムは思考のための道具の革新であり，それが人間社会全体を向上させることを主張していた．これは言語が文化に影響するというサピア・ウォーフの仮説を人間が思考のために使う道具に適用したものであった．しかし，その当時では計算機ネットワーク環境の技術は黎明期であり，多くの研究者がそのようなビジョンに関わることは困難であった．1970 年代は，Xerox のパロアルト研究所でパーソナルコンピュータ，コンピュータネットワーク，分散システムの先端的開発が行われ数百台の Alto コンピュータがネットワーク接続されるようになっていっ

た.1980年代になるとUNIXの派生であるBSDにおいて,TCP/IPソケットというインターネット上での通信を記述するAPIが実装・支援された.そして,1980年代ごろから,計算機支援協調作業 (CSCW) という研究領域が立ち上がり始めた.その中で,人間の発想を支援する研究や創造性を支援することを目的とする研究が行われるようになった.

その中,欧米では,アイデア発想技法であるブレインストーミング支援を含む研究が行われている.有名なものとしてXeroxのColabプロジェクト [41] におけるCognoter [42] やArizona大学のGDSS (グループ意思決定支援システム：Group Decision Support System) [43] が知られている.また,将来予測技法として知られているDelphiメソッドを支援する電子会議システムの研究も行われている [44].

一方,1960年代,日本では,ブレインストーミングを用いた集団による発想技法が知れ渡っていたが,日本人が考案した発想技法が提案されるようになってきた.特に,KJ法のように「己をむなしゅうしてデータをして語らしめる」のような自分を客観的に扱い,数多くのデータから新たな仮説や概念を取得することを目的とする発想法も普及している [14–16].この発想法をコンピュータとネットワークで実現しようと考えるのは当然の成り行きである.しかしながら,発想法を研究している人の多くは文科系の人であり,コンピュータとネットワークがわかる人はほとんどいないため,数十年後,計算機を用いた発想法支援システムはコンピュータの専門家によって行われるようになった.日本の発想支援システム研究の元年は1991年に富士通国際研究所が中心となって主催された発想支援システムシンポジウムといわれている [45, 46].

1.4.2 グループウェアの支援対象としてKJ法に注目する理由

KJ法は元々,フィールドワークで収集したデータからいかに仮説を生成するかという目的で開発されてきた [16].企業への普及においては,ブレインストーミングの作業を行い,そこで出された意見をいかに啓発的にまとめるかという会議手法として用いられてきた.つまり,KJ法は,集団で行う場合,衆知を集める発想法として使用されてきた.その中,川喜田は『チームワーク』において,理想的な会議は,発散的思考,収束的思考,評価の段階を踏むとしている [47].なお,この発散的思考,収束的思考,評価は第2章で紹介するギルフォードの人間知性モデルにおいて,人間の操作的思考として提言されたものである.

欧米での研究事例として紹介したCognoter [41, 42] は,ブレインストーミングの後に,出された意見の構造化,および,その順位付けを視覚的に行う.ただし,意見の構造化において,KJ法の方法論として「データをして語らしめる」のような指針はない.また,グループ意思決定支援システムであるGDSSは,ブレインストーミングの後,意見の構造化,そして,投票による意見の順位付けを行う [43].よって,KJ法会議プロセスの枠組みは海外の代表的な会議システムのプロセスと基本的に変わらない.

以上より,発散的思考と収束的思考を統合的に支援するKJ法と,その評価を理解することを通して,多くのアイデア発想会議の基本部分を理解することにつながる.またKJ法などのアイデア発想法を支援するグループウェア,つまり,発想支援グループウェアは知性の増幅と

いうコンピュータ技術のビジョン研究において，人間が思考するための道具に，人間が思考するための方法論を付け加えたものとなる．

本書では第2章のアイデア発想法でKJ法を多くのアイデア発想法の一つとして紹介し，第7章，第8章，第9章において，順番に，KJ法を参考としたアイデア発想法実習，アイデア発想法の評価，発想支援グループウェアについて解説する．

1.4.3 グループウェアを構成する3つの技術

グループウェアを構成する主な要素として1)マルチメディア技術，2)コミュニケーション技術，3)ヒューマンインタフェース技術があるが[21]，これらはお互いに密に関連している（図1.1）．例えば，マルチメディアを考えてみると，通常1台の計算機でマルチメディアを取り扱う場合は，画像を奇麗に見せ，音声を臨場感溢れて出すことが望まれる．しかし，グループウェアの場合はネットワークの帯域で送れるデータ量が制限され，特にデータ量の大きな動画像の送信はコストがかかり，その質が著しく制限される．また，ヒューマンインタフェースは，通常の1台の計算機の場合は，それを操作する人が操作しやすいことを目標としているが，グループウェアの場合は，複数の人でいかに自分の行っていることを他の人に伝えるかが（マルチユーザインタフェース）目標となる．また，お互いに離れているところで使うので，現実感を与えるためには従来の動画像，音声だけではなく，五感のすべてを使ったインタフェースが望まれている．

本書では第5章でマルチメディアと五感通信，第6章でヒューマンインタフェースのグループウェア版であるマルチユーザインタフェース，第10章でコミュニケーションを支えるコンピュータネットワーク技術とグループウェア開発について述べる．

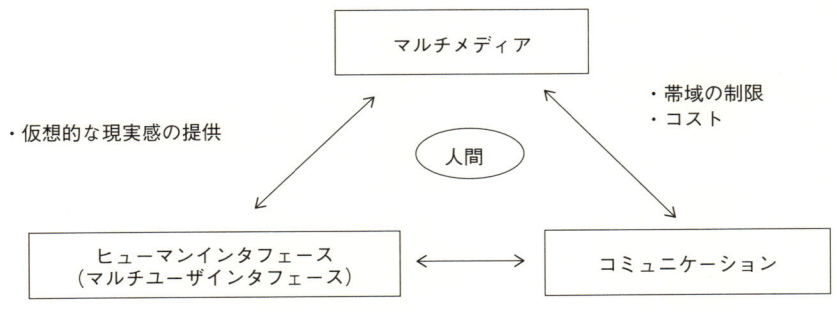

図 1.1 グループウェアを支える3つの技術

1.5 本書の構成，社会との関係

グループウェアはもともとブッシュの提唱した，膨大な情報から必要な情報を選択し，それらを関連づけて人間の思考活動を拡張するという考えに由来する．その後，エンゲルバートがこの考えをもとに，当時のデジタル技術を駆使して，とにかく動くものを多くの研究者の前で実演したことに始まる．

このグループウェアを現代に置き換えると，ネットワークで結合された多くの人々がアイデア発想法を用いるシステムとなることが期待される．つまり，集団思考のための道具としてのグループウェアに，思考のための方法論であるアイデア発想法を加えた発想支援グループウェアとなる．図1.2で示すように，現在，情報基盤として使っている「Web，インターネット，クラウド，スマフォ，タブレット，ノートPC」上に，「協同作業支援（グループウェア）」と「アイデア発想法（発想支援システム）」を付け加える．そのことによって，多くの人々の知性を活用したアイデア発想を支える．その先にあるのは，多くの人々がアイデア発想を社会活動へ用いることができるイノベーションを支える基盤となることである．つまり，本書は現在のデジタル環境と未来のイノベーション環境とを結ぶ技術として，アイデア発想法と協同作業支援の両方を扱う．

＜本書の構成＞

本書は14章に分かれ，アイデア発想法と協同作業支援という2つのテーマを取り扱い，未来を切り開くイノベーションを支えるデジタル技術の基礎を提供する．協同作業支援としてはグループウェアを対象とする．

第1章はアイデア発想法と協同作業支援の歴史を述べ，第14章はこれからの展望を述べて

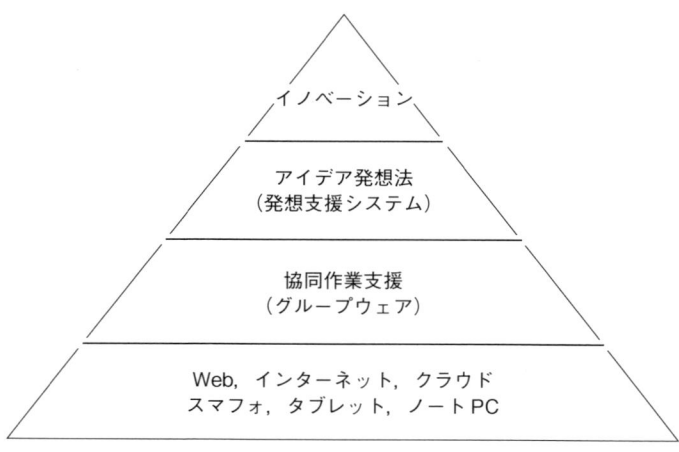

図 1.2　未来のイノベーション環境を現在のデジタル環境上に実現するための「アイデア発想法（発想支援システム）」と「協同作業支援（グループウェア）」

いる.

　第 2 章から第 6 章は基礎知識：アイデア発想法と協同作業支援の基礎を解説する．第 2 章はアイデア発想法，第 3 章は知識経営と発想支援システム，第 4 章は協同作業支援〜グループウェア基礎，第 5 章はマルチメディアと五感通信，第 6 章はマルチユーザインタフェースである．

　第 7 章から第 9 章はアイデア発想法の実践知識：アイデア発想法の実習・評価・支援システムの事例を解説する．第 7 章は発想法実習，第 8 章はアイデア発想法の実施結果の評価，第 9 章は発想支援グループウェアの事例である．

　第 10 章から第 13 章は協同作業支援の実践知識：協同作業環境開発・応用事例について解説する．第 10 章はコンピュータネットワークとネットワークプログラム，第 11 章は World Wide Web，第 12 章はエンターテイメント，異文化コミュニケーション，第 13 章はグループウェアの評価方法である．

<アイデア発想法か協同作業支援のどちらかに絞った読み方>

　本書はアイデア発想法か協同作業支援かのどちらかに絞った読み方も可能である．

　アイデア発想法に絞る場合，第 1 章と第 14 章の関係する部分と，基礎知識として第 2 章，第 3 章，実践知識として第 7 章から第 9 章と読むことができる．ただし第 9 章は協同作業支援に関する知識が要求される．

　協同作業支援に絞る場合，第 1 章と第 14 章の関係する部分と，基礎知識として第 4 章から第 6 章，実践知識として第 10 章から第 13 章と読むことができる．

まとめ

　もともとコンピュータの究極の目的の一つが知性増幅（オーギュメンテーション）であり，まさにコンピュータによる発想法はその系統である．発想法は人間の知性を生かすという視点から検討が進められてきている．今後，コンピュータネットワークが人間の生活に浸透するユビキタス化が進むことによって，人間中心の発想法とコンピュータネットワークが融合することにより，人間の知性増幅は個からグループ，グループから組織，組織から社会へと影響を及ぼすであろう．

演習問題

設問 1 アイデア発想法の歴史について下記のカッコの中の適切な言葉を考えなさい．

アイデア発想の古典プロセスとして知られるワラスのプロセスは 4 段階であり，[(1)], [(2)], [(3)], [(4)] である．アイデア発想法としては広告代理店を経営していたオズボーンの [(5)] が有名であり，創造性開発教育に用いられた．日本では，工場の労働者が工場経営を改善するためのアイデアを出す [(6)] 運動が広く行われた．また，文化人類学者である川喜田二朗がフィールドワークで収集したデータから，いかにして仮説を作るかを検討するために日本独自のアイデア発想法である [(7)] を生み出した．このようにアイデアを生み出す作業は，科学者・技術者・社会学者だけでなく，労働者においても重要な役割を果たしてきた．

設問 2 グループウェアの発展の歴史について下記のカッコの中の適切な言葉を考えなさい．

グループウェアの原点となったのは 1945 年に発表されたヴァネヴァー・ブッシュの [(1)] である．これは見た全てのものを記録し，それを簡単に検索できるアイデアに関するものである．これは 1990 年代中期から爆発的に普及した [(2)] の一つの原点と見なすことができる．ヴァネヴァー・ブッシュのこれが記述されている論文を見たダグラス・エンゲルバートが [(3)] である NLS (oN Line System) を開発した．1968 年にこの NLS のデモを見たアラン・ケイはこれにヒントを得て [(4)] を開発した．

設問 3 WWW の普及が電子メールの普及に比べて非常に早かった理由について一方向，双方向，リンク，クリティカルマスという言葉を使って説明しなさい．

設問 4 i-mode サービスとスマートフォンで使う Web サービスの基本的な違いについて述べなさい．

設問 5 インターネットをイノベーションに結びつけるために必要な 2 つの技術について述べ，それら技術をどのように用いればインターネットがイノベーション環境となりうるか説明しなさい．

参考文献

[1] バーナーズ＝リー, T. (高橋徹 監訳)：『Web の創成』毎日コミュニケーションズ (2001)．
[2] ネルソン, T. (ハイテクノロジーコミュニケーション株式会社 訳)：『リテラリーマシン—ハイパーテキスト原論』アスキー (1994)．

[3] 宗森純, 宮内絵美, 牟田智宏, 吉野孝, 湯ノ口万友: 電子鬼ごっこ支援グループウェアの開発と適用,『情報処理学会論文誌』Vol.42, No.11, pp.2584–2593 (2001).

[4] 神田陽治:『わかる！インスタントメッセージング』オーム社 (2002).

[5] ポアンカレ, H.（吉田洋一 訳）:『科学と方法』岩波文庫, 岩波書店 (1953).

[6] Wallas, G.: *The Art of Thought*, Harourt, Brace and Company (1926).

[7] アダマール, J.（伏見康治ほか 訳）:『数学における発明の心理』みすず書房 (1990).

[8] Osborn, A.: *Your Creative Power*, Charles Scribner's Sons (1948).

[9] オズボーン, A. F.（上野一郎 訳）:『独創力を伸ばせ』ダイヤモンド社 (1982).

[10] Osborn, A. F.: *Applied Imagination*, Third revised edit., Charles Scribner's Sons (1963).

[11] 上野陽一:『独創性の開発とその技法』技法堂 (1957).

[12] 新郷重夫:『アイディアをにがすな』白桃書房 (1959).

[13] Shingo, S.: *Kaizen and The Art of Creative Thinking*, PCS Press (2007).

[14] 川喜田二郎:『発想法』中公新書, 中央公論社 (1967).

[15] 川喜田二郎:『続・発想法』中公新書, 中央公論社 (1970).

[16] 川喜田二郎:『発想法-混沌をして語らしめる』中公新書, 中央公論社 (1986).

[17] 梅棹忠夫:『知的生産の技術』岩波新書, 岩波書店 (1969).

[18] 水野滋 監修:『管理者・スタッフの新QC7つ道具』日科技連 (1979).

[19] Lotus Notes: http://www-06.ibm.com/software/jp/lotus/products/nd85/

[20] 松下温 編著:『図解グループウェア入門』オーム社 (1991).

[21] 阪田史郎:『グループウェアの実現技術』ソフトウェア・リサーチ・センター (1992).

[22] 石井裕:『グループェアのデザイン』共立出版 (1994).

[23] 松下温, 岡田謙一, 勝山恒男, 西村孝, 山上俊彦 編:『知的触発に向かう情報社会 グループウェア維新』bit 別冊, 共立出版 (1995).

[24] 垂水浩幸:『グループウェアとその応用』共立出版 (2000).

[25] 速水治夫, 五百蔵重典, 古井陽之助, 服部哲:『グループウェア—Web 時代の協調作業支援システム』森北出版 (2007).

[26] 川上善郎, 川浦康至, 池田謙一, 古川良治:『電子ネットワーキングの社会心理』誠信書房 (1993).

[27] 池田謙一:『ネットワーキング・コミュニティー』東京大学出版会 (1997).

[28] Ellis, C. A., Gibbs, S. J. and Rein, G. L.: GROUPWARE: Some Issues and Experiences, *Comm. ACM*, Vol.34, No.1, pp.39–58 (1991).

[29] Grudin, J.: Computer-supported cooperative work: History and focus, *IEEE Computer*, Vol. 27, No. 5, pp.19–26 (1994).

[30] Bush, V.: *Atlantic Monthly* 176 (1), pp.101–108 (1945).

[31] ウェルズ, H. G. (浜野輝 訳):『世界の頭脳』思索社 (1987).
[32] Buckland, M.: *Emanuel Goldberg and His Knowledge Machine*, Library Unlimited (2006).
[33] ラインゴールド, H. (栗田昭平 監訳, 青木真美 訳):『思考のための道具』パーソナルメディア (1987).
[34] ラインゴールド, H. (日暮雅通 訳):『新・思考のための道具』パーソナルメディア (2006).
[35] ケイ, A. C. (浜野保樹 監訳, 鶴岡雄二 訳):『アラン・ケイ』アスキー出版 (1992).
[36] Englelbart, D.: Toward augmenting the human intellect and boosting our collective IQ, *Communications of ACM*, Vol. 38, No. 8, pp. 30–32 (1995).
[37] 倉島顕尚, 前野和俊, 市村重博, 田頭繁, 武次將徳, 永田善紀:集まったその場での協同作業を支援するモバイルグループウェアシステム「なかよし」,『情報処理学会論文誌』Vol.40, No.5, pp. 2487–2496 (1999).
[38] 和田満, 宗森純, 長澤庸二:知的生産の技術カード支援システム-考古学データへの適用-,『情報処理学会研究報告』CH7-3, pp.1–7 (1990).
[39] Munemori, J. and Nagasawa, Y.: GUNGEN: Groupware for new idea generation system, *IEICE Transactions on Fundamentals*, Vol.E75-A, No.2, pp.171–178 (1992).
[40] Engelbart, D.: A Conceptual Framework for Augmenting Man's Intellect (1963), Printed in *Computer-Supported Cooperative Work: A Book of Readings*, Edited by Grief, I., pp. 35–65, Morgran Kaufman (1988).
[41] Stefik, M., Foster, G., Bobrow, D. G., Kahn, K., Lanning, S. and Suchman, L.: Beyond the Chalkboard: Computer Support for Collaboration and Problem Solving in Meetings, *Communications of the ACM*, Vol. 30, No. 1, pp. 32–47 (1987).
[42] Foster, G. and Stefik, M.: Cognoter, Theory and Practice of a Colab-orative Tool, *Proc. of CSCW'86*, pp. 7–15, ACM Press (1986).
[43] Nunamaker, J. F., Dennis, A. R., Valacich, J. S., Vogel, D. R. and George, J. F.: Electronic Meeting Systems to Support Group Work, *Communications of the ACM*, vol.34, No.7, pp. 40–61 (1991).
[44] Adler, M. and Ziglio, E. (Eds.): *Gazing into the Oracle—The Delphi Method and its Application to Social Policy and Public*, Jessica Kingsley Publishers (1995).
[45] 富士通研究所 国際情報社会科学研究所:発想支援システムの構築に向けて—国際研シンポジウム報告書 (1991).
[46] 國藤進:発想支援システムの研究開発動向とその課題,『人工知能学会誌』, Vol. 8, No. 5, pp. 552–559 (1993).
[47] 川喜田二郎:『チームワーク』, 光文社 (1966).

第2章
アイデア発想法

□ 学習のポイント

　アイデア発想法が人々のための技術として発展してきた．それを説明する代表的な概念として，創造的問題解決プロセスについて学ぶ．次に，代表的なアイデア発想法であるブレインストーミングについて理解する．そして，アイデア発想法に様々な種類があることを理解し，発散的思考や収束的思考といった思考スタイルを学ぶ．

□ キーワード

　発想法，創造的問題解決プロセス，発散的思考，収束的思考，ブレインストーミング

2.1 アイデア発想の教育と社会普及

　欧米ではブレインストーミングの創始者オズボーンがアイデア発想法の普及に貢献し，ブレインストーミングなどの技法は産業界での創造性教育に使われていった [1]．この技法を中心とした創造性教育は，GE (General Electronics) などの家電会社の技術開発者への教育に導入されていった．そして，日本でもコンサルタント会社である日科技連を中心とした創造性開発教育が1950年半ばごろから行われるようになった [2]．

　1960年代の日本では，梅棹忠夫により，情報を創造的に扱う'知的生産技術'の必要性が主張され，彼自身の体験をもとに開発したアイデアを収集するためのカードシステムが紹介された [3]．これは，研究者以外の様々な人々が知的活動に技術・手段を工夫する契機となった．梅棹は，「知的生産」は人間の知的活動が，何か新しい情報の生産に向けられているような場合とし，一方，対峙する概念として，物による生産（工業），情報の消費（情報産業）をあげている．そのカードシステムは忘れるために使用するとし，人間の記憶の補助に使用できるとしている．また，カード1枚には一つの内容を記述するとよいとアドバイスしている．また，カードの検索が行いやすいようにカードには中身を反映した見出しを付けることとしている．

　このように日常的に作成していったカードは数多くたまる．例えば，ある研究のために知的生産活動に6ヶ月取り組んだとする．その際，1ヶ月に25枚のカードを作成すると，6ヶ月後

は150枚たまる．そのカードを眺めることによって，様々なアイデアやアイデアの組み合わせを検討できる．

同時期に，カードシステムによるデータ収集技術を発展させた手法であり，混沌をして語らしめる発想法として川喜田二郎によるKJ法が発表された[4]．その技法は衆知を集める発想法として様々な組織で利用されている．KJ法は集団による知的生産活動において重要である会議において役立つ技法として紹介されるとともに，その後，その技法自体が多くの実践により，洗練されていった[5,6]．よって，1969年に出版された『発想法』と比べて，1984年に出版された本では，KJ法そのものが洗練されると共に，野外科学のためのフィールドワークにおけるデータ収集技術[7]や組織活動のための集目評価法など，時間経過に伴う工夫・説明が追加されていったものとなっている[6]．

以上のようなアイデア発想法の教育は，企業組織の研修によって行われてきたが，大学などの教育機関においても行われるようになっている．近年，イノベーションを起こす起業家を育てる創造性教育やデザイン思考と呼ばれるデザインと物作りを行うワークショップなどが大学教育でも取り入れられるようになっている．社会における問題発見と，その解決を行える創造的な人材が求められており，そのような知的な生産活動を支える技術はますます価値あるものとなっている．

2.2 創造的問題解決プロセスと人間の知性モデル

2.2.1 創造的問題解決プロセス

ここでは，問題を解決するために提案されてきた様々なプロセスを紹介する．人間の創造性を活用する創造的問題解決プロセスとして，従来，問題解決プロセスとして説明されるものやソフトウェア開発に用いられるプロセスも紹介する．

(a) ワラスのモデルとヤングのモデル

代表的な思考のプロセスは社会科学者である英国人ワラスが1926年に『思考の技術(*The Art of Thought*)』の中で発表した思考のプロセスである[8]．このプロセスは，準備，抱卵，啓示，検証の4段階であった．これは広告業務で活躍したジェームス・W・ヤング (James Webb Young) によって『アイデアの作り方』において5段階にされ，広く紹介されている[9]．その本は広告の教科書であり，1939年に学生の前で説明されたとされ，1965年に初版が出版されている．また，その内容はコンパクトで洗練されており，前書きなどを入れても英語版は64ページの厚さであり，読みやすい．ヤングの5段階モデルまたはワラスの5段階モデルといわれる．

ヤングはまず，アイデアについて基本的な2つの原理を述べている．一つ目は「アイデアとは既存の要素の新しい組み合わせ」であり，その2つ目は「既存の要素を新しい一つの組み合わせに導く才能は，事物の関連性を見つけ出す才能に依存する（ところが大きい）」としている．アイデアの構成要素に科学的新発見が含まれる場合は，既存の要素という表現は疑問があるが，

技術的な発明や新サービスの多くはこれで説明・実現できる．

1 段階目はデータの収集である．現在，取り組んでいる課題のための資料や，つね日頃から，一般的な知識を豊富にすることから生まれる資料とされる．その道具として，カード索引法，スクラップブックやファイルという道具の利用が推奨されている．2 段階目は資料の解釈であり，1 段階目で集めた資料を心の中で手を加えることとされる．3 段階目は孵化（ふか）段階と呼ばれる段階であり，意外なことに，無意識に任せる段階である．問題を放棄し，それに対して努力しないが，自然と頭の中で組合せが起こることにまかせるとされている．そして，4 段階目は，実際にアイデアが誕生する段階である．そのためには，つねに考え続けることが必要であり，アルキメデスと同じ境地，エウレカ！（みつけたぞ！）という状態になるとされる．5 段階目は，現実にアイデアを適用することであり，そのアイデアを具体化して，応用することになる．

このように日常からデータを収集し，息抜きを含めながら，考え続けることを奨励している．無意識に任せることはポアンカレの直観重視の態度，考え続ける習慣には細菌学者ルイ・パスツール (Louis Pasteur) が述べた「幸運は探求し続ける心を好む」という言葉を紹介している．

(b) ポリヤの問題解決プロセス [10]

数学者ジョージ・ポリヤ (George Pólya) は数学の問題を解決するためのプロセスを 1945 年出版の『いかにして問題を解くか（How to Solve It）』で説明している．この本は数学の問題を対象としていたが，様々な分野に波及している．ソフトウェア企業であるマイクロソフトの新人教育に使われることでも知られており，未解決の問題を合理的に扱うための指針を与えている．

この問題解決プロセスは，4 つの段階を踏む．1 段階目は問題を理解しなければならないとされ，わからないこと，データ，状況を含め対象とする問題に関する理解するための作業を行う．2 段階目は，データと未知のものとの関連を見つけなければならない．関連がすぐにわからなければ補助問題を考え，そして，解答の計画を立てる必要があるとされる．3 段階目は計画を実行せよであり，解答を得るための計画を実行し，機能するか実践することになる．4 段階目は得られた解決を検証せよとなる．ヤングの 5 段階モデルと比べると，問題そのものの理解が重視されたプロセスとなっている．

(c) ゼネラル・エレクトロニクスにおける組織的問題解決プロセス

世界的な電気技術開発企業であるゼネラル・エレクトロニクス（General Electronic Company, GE）は複雑な問題解決を行う組織，で行うためのプロセスを採用している [2]．1936 年では個人の才能に依存する 2 段式のものであったが，1955 年では，組織で段階を踏んで行う 8 段階へと発達させている．

1936 年の 2 段式は「問題」と「解決」に分けられており，すべてにおいて個人の才能に依存するとされる．1950 年では 4 段式となり，問題に対する部分が改良され，「漏れのない要求仕様書作成」，「アイデアの収集」，「アイデアの比較検討」が問題に対して行われ，その後，「解決」

が行われる．そして，1955年段階では8段式となり，「問題点を突き止める」，「漏れのない要求仕様書作成」，「アイデアを集める」，「アイデアを比較検討する」，「アイデアを1つ選択する」，「予備設計を行う」，「実地試験」，「研究続行する」とより具体化されている．

この具体化により，才能のある個人を越えた集合的な才能を作り出されるとされている．

(d) ソフトウェア工学のプロセス [11]

集団でソフトウェアを開発するためのプロセスモデルとして，ウォーターフォール (Water fall) モデルと呼ばれるプロセスモデルが知られている．これは創造的問題解決プロセスをソフトウェア開発に特化したものであるが，デジタル技術を用いたモノ作りには適用可能である．

そのプロセスは，「要求定義」，「外部設計（概要設計）」，「内部設計（詳細設計）」，「開発（プログラミング）」，「テスト」，「運用」である．その中，アイデア発想が重要である部分は，「要求定義」の部分である．また，このプロセスでは，要求対象という課題が定まっているため，課題対象を検討するためにアイデア発想法を適用できる．一方，外部設計の項目を列挙するためにアイデア発想法を使うことも考えられるが，要求がしっかりしている時点では新しい発想というよりは，アルゴリズムなどのシステム実装法を選択することになる．

(e) デザイン思考におけるプロセス [12]

デザイン研究で知られているナイジェル・クロス (Nigel Cross) はデザインプロセスとして「問題の応用を使用によって定義すること (Quantify the problem)」，「コンセプトの生成」，「コンセプトの修正」，「コンセプトの選択」，「設計 (Design)」，「提示 (Present)」としている．基本的に創造的問題解決プロセスと変わらないが，アイデアよりコンセプトという言葉が重視されていることがわかる．

また，2時間におけるデザインプロセスを調査する実験が行われている．その作業プロセスは，タスクを明らかにすること，コンセプトを探すこと，コンセプトを固定することに分かれて調べられている．その結果，3つの行為において，概ね，初期はタスクを明らかにする作業，中期はコンセプトを探すこと，後期はコンセプトを固定することがわかる時系列データを得ている．作業者によっては，3つの行為に行き来が多い場合と，それほど多くない場合があることが明らかになっており，後者は意識して作業プロセスを使い分けているデザイナである．

(f) 問題解決プロセスのサイクルモデル

ここまで，説明した (a)〜(e) のプロセスは線形モデルである．しかし，現実的には問題が複雑になればなるほど，問題解決は直線に進まない．また，1回だけでなく複数のサイクルが必要とされる．よって，現在ではプロセスに周期性をもつモデルや行き来があるモデルが紹介されることもある．線形モデルで紹介された創造的プロセスの各要素はそれらのモデルでも基本要素として使用されている．つまり，線形モデルを学ぶ意義は理想的な問題解決プロセスを通して，そのプロセスを構成する要素の理解にある．

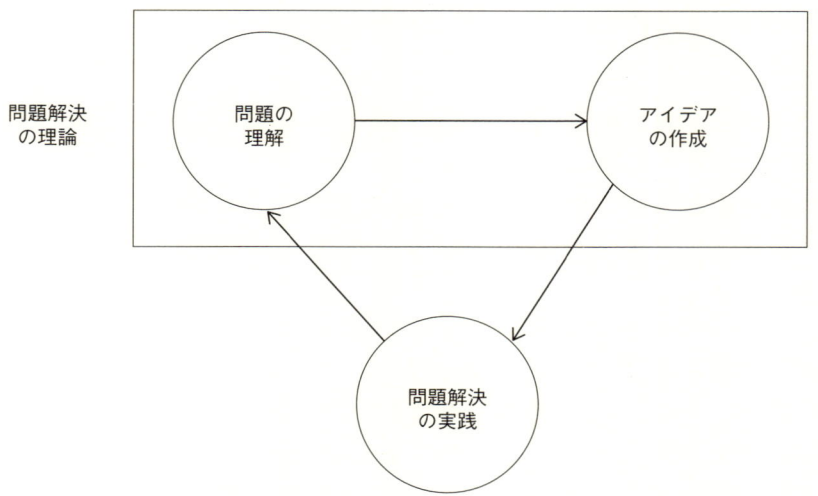

図 2.1 創造的問題解決プロセスの基本三要素

(g) 問題解決プロセスのまとめ

　最後に，創造的問題解決プロセスを単純化し，基本三要素としてまとめたものを図 2.1 に示す．まず問題を理解する必要がある．このためには，問題に対するデータや知識を収集して問題を明確化する必要がある．一方，新しい問題を作るためにアイデア発想法を用いることもできる．次に，理解した問題に対してアイデア発想法を用いて問題解決のためのアイデアを作る．最後に，アイデアを用いて，問題解決の実践を行う．この際，実践の計画のためのアイデア作成に，アイデア発想法を用いることもある．さらに，実践の計画やその行動によって，新たな問題が起こり，問題理解の漸進につながることもある．

　ここで，問題の理解とアイデアの作成は直接的な実践が伴わないため，問題解決の理論としてまとめる．かつて，社会心理学者クルト・レヴィン (Kurt Lewin) は「優れた理論ほど，実践に役に立つものはない」と述べたように，創造的問題解決のプロセスにおいても，問題解決の理論が優れていれば実践に役立つことが期待される．これは科学的手続きと言われる仮説検証のプロセスと同様なプロセスであり，問題解決の理論が仮説に，問題解決の実践が検証に相当する．よって，問題解決の理論が優れたものであるか理解するためには実践が必要である．また，実践を通して問題解決の理論の問題を理解し，洗練することも可能である．

　以上より，アイデア発想法はアイデアを作成するための主たる手段であるが，創造的問題解決プロセスの構成要素にしかすぎないことに気をつける必要がある．

2.2.2 ギルフォードの知性モデルと創造的問題解決フレームワーク

(a) ギルフォードの知性モデル

心理学者ジョイ・ギルフォード (J. P. Guilford) は 1950 年に，アメリカ心理学会会長への就任スピーチにおいて，心理学研究における「創造性」研究の少なさを指摘し，創造性を研究する必要性を主張した．このギルフォード以前，以降で創造性の心理学研究における位置づけは大きく変わった．このスピーチ以降，多くの心理学者が知能研究と同様に，創造性研究を行うようになった．

ギルフォードは創造性を含む人間の知性モデルを作成している [13]．それは 3 つの軸からなる立方体の構造をしており，コンテンツ軸，操作軸，プロダクト軸から成り立つ．情報収集によって得られたコンテンツに，各種操作を加えることによって，生産的行為が行われる．コンテンツ軸は，図形，記号，意味，行動の 4 要素から成り立つ．プロダクト軸は，単位，類，関連，系，変換，影響の 6 つの生産物から成り立つ．そして，これらの要素に対する操作軸として，認知，記憶，発散的思考，収束的思考，評価の 5 つの操作から成り立つ．認知は人間の五感に，記憶は情報を蓄える行為にあたる．一方，発散的思考は，多くの考えを生み出す思考とし，収束的思考は一つの考えにまとめる思考としている．そして，評価は価値付け行為である．

ギルフォードはこの 5 つのうち，発散的思考を創造性に重要な思考とした．それに対して，収束的思考は決まった答えになるとし，従来の答えが決まっている問題と同じであり，創造的とはとりあつかわなかった．このような影響もあり，知能テスト（IQ テスト）に変わる創造性テストにおいて発散的思考を調べるテストが多く開発された．この創造性テストで代表的なものは E. P. トーランス (Ellis Paul Torrance) によるトーランス式創造性テスト (Torrance Test of Creative Thinking: TTCT) であり，ギルフォードの知性モデルにおける発散的思考を参考に開発されている．一方，オズボーンは，創造的思考は 2 種類あるとし，発散的思考と収束的思考であるとした．創造的問題解決に対応させ，発散的思考は多くの選択肢を生み出し，リストを作り上げる思考，収束の思考は選択肢を判断し，意思決定する思考とした．

(b) 創造的問題解決のフレームワーク

オズボーンは 1951 年に出版した *Applied Imagination* においてブレインストーミングと 7 つの段階からなる創造的問題解決プロセスを紹介した [1]．そのプロセスの 7 つの段階は，位置づけ，準備，分析，仮説，培養，統合，立証であった．オズボーンは 1954 年創造性教育財団 (Creative Education Foundation) を成立し，その組織が置かれたバッファロー大学は創造性教育研究の中心地の一つとなった．その後，この創造的問題解決プロセスは次々と改良されていった [14]．1967 年，シドニー・パーンズ (Sidney Parnes) は創造的問題解決プロセスを改良し，事実発見，問題発見，解決発見，受け入れ発見とした．

現在は，創造的問題解決 (Creative Problem Solving) では発散的思考と収束的思考の鼓動が重要と言われている [14,15]．発散的思考はアイデアを出す方法，収束的思考は焦点を合わせる方法とされる．そして，創造的問題解決のプロセスではなく，フレームワークが開発・公開

されている [15].

創造的問題解決は 4 つのコンポーネントから成るとされ，1 つはマネジメント部品であり，3 つはプロセス部品である．

マネジメント部品は，問題解決へのアプローチを計画することであり，解決のためのプロセスを設計し，実行するタスクを判断する．

3 つのプロセスについて説明する．挑戦を理解するプロセスには意見を組み立てる，データを探索する，問題を形作るという 3 種類のタスクがある．アイデアを生成するプロセスにはアイデアを生成するタスクのみがある．行動のための準備を行うプロセスには解決を開発する，受け入れを構築するという 2 種類のタスクがある．

この 3 つのプロセスは，従来の線形的なステージモデルとも対応づけると，挑戦を理解する，アイデアを生成する，行動のための準備と段階を踏むという手順になる．しかし，固定した，慣習的なプロセスモデルではなく，状況に応じたプロセスを行うことがもとめられる．

2.3 アイデア発想法の分類

アイデア発想法の分類法として基本的なものは，発散的思考に加えて，収束的思考も創造的思考としたオズボーンによる分け方が知られている．発散型はアイデアをどんどん発展させていく手法，収束型は出されたアイデアをまとめていく手法である．前述したように，創造的問題解決プロセスにおいて，発散的思考と収束的思考の鼓動が大事とされている．

2.3.1 高橋による分類 [16]

『創造力辞典』の編集などで知られる高橋誠による分類が，日本においては有名である．そこでは，アイデア発想法は，大きく分けると，発散型，収束型，統合型（発散型と収束型），態度技法とに分けられる．統合型は発散型と収束型の双方を含むものである．

発散技法は多くのアイデアを出す方法であり，自由連想法としてブレインストーミング，強制連想法としてチェックリスト法，類比発想法としてシネクティクス，NM 法，ゴードン法が代表的な技法とされる．

収束技法はアイデアをまとめていく方法であり，空間型と系列型に別れる．空間型は演繹法として図書分類法，帰納法として KJ 法があるとされる．系列型には因果法として因果分析法，時系列法として PERT 法が知られている．

統合型技法は，発散型と収束型の双方を含むものとされている．ワークデザイン法があげられている．

態度技法としては，瞑想法として催眠，交流法としてカウンセリング，演劇法として心理劇があるとされている．

ここで，本書で参考にする KJ 法について補足する．高橋の分類では KJ 法は，収束技法の帰納法に分類されている．しかし KJ 法は演繹や帰納を目的とするものでなく，その目的は，仮

説発想を支援するものである．また，KJ法の特徴部分であるグループ編成は野外科学的なデータ収集やブレインストーミングなどのアイデア収集の後に行われるものである．よって，KJ法の使用全体は発散技法と収束技法を含むものであり，統合型技法とみなす．また，KJ法にはアイデア発想のための態度に関するアドバイスが含まれている（例えば，グループ化作業では既存の分類を当てはめるのでなく，集めたデータとその収集環境を考慮した態度が求められる）．よって，KJ法の指針にはアイデア発想法としての態度技法も含むと考える．

2.3.2 創造的問題解決プロセスによる分類

創造性教育財団を中心とするCPSの開発では発散的思考と収束的思考の両方が重要となっている．そこで，それぞれの思考のためのツールが開発されている [14,15]．

発散的思考を行うためにアイデアを出す道具として，属性リスティング，ブレインストーミング，ふせん紙を用いたブレインストーミング，ブレインライティング，強制関連，想像上冒険，抽象のはしご，形態マトリックス，SCAMPER，視覚的関連特定が取り上げられている．

収束的思考を行う焦点を合わせる道具として，ALUo (Advantages, Limitations, Unique Qualities, and Overcoming Limitations): Provides an affirmative approach to strengthen new options，評価マトリクス，判定基準，ヒット選択，Musts/Wants分析，一対比較分析 (Paired comparison analysis)，ハイライト法，スケジュール分析（短期間，中期間，長期間）があるとされる．

なお，創造性財団のCPS教育において，道具立てが発散的思考に集中しており，収束的思考のためのツールが発表されたのは1982年のことである．よって，発散的思考の技法として知られたブレインストーミングに対して，収束的思考としてグループ編成やA型図解化を加えたKJ法はアイデア発想法として開拓的な提案であったことがわかる．

2.3.3 上野や星野による分類

高橋以外の代表的なアイデア発想に関する代表的な教科書2つに取り上げられている分類を紹介する．

オズボーンの考えやブレインストーミングなどの技術を日本で普及させた上野陽一は1958年に書いたアイデア発想に関する教科書において，アイデアを出す技法を問題解決プロセスにあてはめている [2]．問題発見には，特性列挙法，欠点列挙法をあげている．独創性開発のてがかりを得るためには，希望列挙法，設問法をあげている．てがかりに基づいて設計立案するには，入力・出力法，オズボーン法（ブレインストーミング），ゴードン法をあげている．そして，広告文などの創作のためには焦点法，1対連関法，カタログ法をあげている．

星野はアイデア発想法を4つに分類しており，それは，連想による刺激を用いるもの，発想の枠組みを変えるもの，情報の組み合わせを用いるもの，そして，グループ作業によるものと，に分けている [17]．これまで説明した多くが創造的問題解決プロセスを指向していたことに対して，星野による分類はアイデアを出すことに注目している．

2.4 ブレインストーミング

アイデア発想法として最も知られ，使われている技法はブレインストーミングである [1]．その基本，評価と課題，さらなる改良と改善について説明する．

2.4.1 ブレインストーミングの基本

ブレインストーミングはオズボーンが 1930 年代に米国で開発し，世界で最も知られているアイデア発想法である．多くのアイデアを出すことによって，その中に質のよいアイデアを得ることを目的とする発散型の発想法である．ブレインストーミングはテーマを決めて複数人でしゃべりながら行い，出されたアイデアを記述する書記を必要とする．ブレインストーミングには以下に示す 4 つの基本的なルールがある．

(1) 批判をしない（または，評価を先に延ばす）
(2) 自由奔放に意見を出す
(3) 多量のアイデアを出す
(4) 出されたアイデアを結びつけたり改善したりする

ブレインストーミングの際，出されたアイデアをしらみつぶしに検討する方法や，実施する順番を決める方法もある．

その参加構成であるが，議長 1 人，補佐 1 人，メンバー 10 人がよいとされている．その典型的時間は 30〜40 分である．あくまで多くのアイデアを出すための方法であり，問題解決の補助手段，つまり，問題解決プロセスにおいて，多くのアイデアが必要な段階に使われる技法である．

2.4.2 ブレインストーミングの効果

ブレインストーミングの評価についてオズボーンは，いいアイデア数において，グループ（判断を先に延ばした場合）の結果は個人（判断を先に延ばさなかった場合）より 70％増えるという効果を紹介している [1]．一方，社会心理学者のダネットらは，名目上集団 (Nominal Group) という個人の集合を構成し，それをグループと比較することにより，ブレインストーミングの問題点を指摘していった [18]．

名目上集団は 4 名の個人が別々にブレインストーミングを行い，その結果を合成して，グループの結果とするものである．この名目上集団と実際のグループを比較すると，名目上集団の結果がよく，グループでブレインストーミングすることに対して疑問が出された．ただし，集団活動の後，個人活動を行うと，多い，かつ，質の高いアイデアが生まれるという示唆もある．現在では，様々な研究が行われ，ファシリテータ（司会者）の指導やブレインストーミングの規則を徹底すること，さらに，ブレインライティングという手法を用いることによって，名目上集団と比べて同等あるいは越えるような研究成果が報告されている．

ブレインストーミングの集団力学的な問題，言い換えれば，複数人でアイデアを出し合う作業を行う場合の問題として次の3つが指摘できる．プロダクション・ブロッキング (Production blocking)，評価への恐れ (Evaluation apprehension)，社会的手抜き (Social loafing) である．プロダクション・ブロッキングは，グループ活動が優先されるために個人が考えを出すことがブロックされるという現象である．他人の意見を参考にする場合，個人より他人の意見が優先される．また，声で話す場合，声で話す人に注意が向くとともに，同時に複数の人が意見を出すことができない．次に，評価への恐れは，アイデアを出す場合，自分のアイデアに否定的な意見は避けるという現象である．そのため，人々は否定的な意見が出そうなアイデアを出すことは止める．最後に，社会的手抜きであるが，個人はグループにいる場合，グループの誰かが意見を出すことを期待し，自らアイデアを出そうとしない現象である．

この3つであるが，プロダクション・ブロッキングについては手書きにより同時にアイデアを書かせる方法，評価への怖れについては，批判厳禁を徹底させる，または，匿名記入を使う方法，そして，社会的手抜きに対しては，必ずアイデアを出させるような仕組みを導入する方法が試みられている．後で説明するブレインライティングの技法はこれらを克服することに効果がある．

2.4.3 ブレインストーミングの改善とデザイン思考

ブレインストーミングの改善例としてゴードン法とブレインライティング-635法を紹介するとともに，デザイン思考を広めたデザイン会社である IDEO におけるブレインストーミング使用の規則を紹介する．

(a) ゴードン法 [2, 16, 17]

ブレインストーミングでは通常，アイデアを出すための問題が与えられる．一方，与えられた問題によって，問題に合わせた思考をするために斬新なアイデアを出せないという考え方もある．そこで，会議の本当の問題ではない，抽象的な問題をもとにアイデアを出させる方法が W. J. J. ゴードン (William J. J. Gordon) によって提案され，ゴードン法と呼ばれ知られている．このゴードン法では司会者によって，最初は抽象的な問題が示されるが，少しずつ実際の問題に近づけた質問が示される．例えば，「運ぶ方法」というテーマを与えて，本当のテーマは「未来の自動車」ですと与える．

そのため，司会者に高度なファシリテーション能力が要求される．司会者は質問を少しずつ実際の問題に近づけていく必要がある．また，参加者が抽象的で，本当ではない問題に対して協力的に参加するように雰囲気づくりが大事となる．一方，例に上げた「未来の自動車」の場合，「運ぶ方法」という目的を設定しているため，「未来の自動車」の目的が「運ぶ方法」に最初から制限される恐れがある．

(b) ブレインライティング - 635 法 [16, 17, 19]

ブレインライティングは，いろいろな形式があり，声を出す行為を書く行為に変えるだけで

もブレインライティングと呼ぶこともある．ここでは635法という考え方に特徴があるドイツで開発されたブレインライティング-635法について述べる．

最初に，635法について説明する．道具として，アイデアを記入するための用紙として3列かける6段，合計18の入力欄がある用紙を容易する．6人のスタッフが円卓を囲んで，5分間のうちに3つのアイデアを考え，用紙に記入して隣に廻すというものである．これを30分間行うと，5分で6人×3個＝18個のアイデアが出され，6ターン行うことにより108のアイデアが生成できる．この際，ブレインストーミングの4原則を守るように指導する．

この635法に，他人のアイデアを参考にする規則を明確に加えたものがブレインライティング-635法といわれる．この方法では前の人のアイデアに，アイデアを付け加えて行く作業を行う．その際，参考になったアイデアに矢印を付加する．もし，これ以上，アイデアを付加できない状況になった場合，その付加作業の終了を示す太い線を次の枠との間に引き，異なるアイデアを新しく出す．

ブレインライティング-635法は，ブレインストーミングよりアイデアを生む効率が高いことが知られている．また，生み出されるアイデアの質がよくなるという実験結果も報告されている．

(c) IDEOにおけるブレインストーミング経験則 [20]

数多くの工業製品をデザインし，アメリカで優良企業とされるデザイン会社としてIDEOが知られている．そのIDEOのゼネラルマネージャーが中心になって『イノベーションの技術（*The Art of Innovation*），邦題：発想する会社！』が2001年に出版されている．そこには，IDEO社の様々な製品開発の成功事例が語られており，イノベーションは現場をよく観察することから始まるとしている．そして，課題を発見し，その課題を解決するアイデアや，課題そのものを別の見方にかえるアイデアを議論するためにブレインストーミングを行っている．ブレインストーミングはどこの会社でも行われているが，秘訣や落とし穴があり，これまでのブレインストーミングに対して次のアドバイスを与えている．

まず，良いブレインストーミングのためには7つの秘訣があるとされる．それらは，1) 焦点を明確にする，2) 遊び心のあるルール，3) アイデアを教える，4) 力を蓄積し，ジャンプする，5) 現場は記憶を呼び覚ます，6) 精神の筋肉をストレッチする，7) 身体を使う，である．これらを使うと堅苦しい規則然としたブレインストーミングの規則が柔らかく，感覚的に活用できる．

次に，ブレインストーミングの落とし穴を6つ紹介する．それらは，1) 上司が最初に発言する，2) 全員にかならず順番がまわる，3) 専門家以外立ち入り禁止，4) 社外で行う，5) 馬鹿げたものを否定する，6) すべてを書き留めるである．権威主義的な態度，否定的な態度や時間のかかる手続きを避けるアドバイスとなっている．

2.5 様々なアイデア発想法

2.5.1 発散技法

発散的思考は多くのアイデアを生み出す思考であり，その代表的技法はブレインストーミングである．ここでは，別な技法を紹介する．自由連想法としてマインドマップ [21]，強制連想法としてチェックリスト法 [2, 16, 17]，そして，アナロジー連想法としてシネクティクス [22] を紹介する．

(a) マインドマップ [21]:自由連想法

マインドマップはトニー・ブザン (Tony Buzan) が開発した方法であり，脳を活性化させるためのノート記述法として提案された方法である．マインドマップは一般社団法人ブザン教育協会の登録商標である．その原理として，脳システムは，中心点から連想的に思考を拡げる放射思考で働くと想定されている．この思考を外在化して表現する記法がマインドマップである．

マインドマップは従来の一次元的な思考と違い，二次元的な思考を支援するとされている．このマインドマップの特徴を支える作成指針は次の 4 つである．1) 中心イメージを描くことにより，関心の対象を明確にすること，2) 中心イメージから主要テーマを放射状に枝を描いて拡げること，3) 枝には関連するイメージや重要な言葉をつなげること，4) あまり重要でないイメージや言葉も，より重要なものに付随する形で加えることである．これにより，重要なものを関連づけながら記録することに加えて，整理，記憶することの支援を狙っている．

図 2.2 に示す通り，中心に発想の対象とする題目を記述し，それに関連するアイデアをつなげていき，発想をのばしていく．よって，発散的思考を支援している．

(b) チェックリスト法 [2, 16, 17]：強制発想法

これはブレインストーミングの最中などのアイデアを生む作業中にアイデアを出す手がかりやアイデアの発想を刺激する手段である．ある対象に対して，新しい視点を求めるために複数

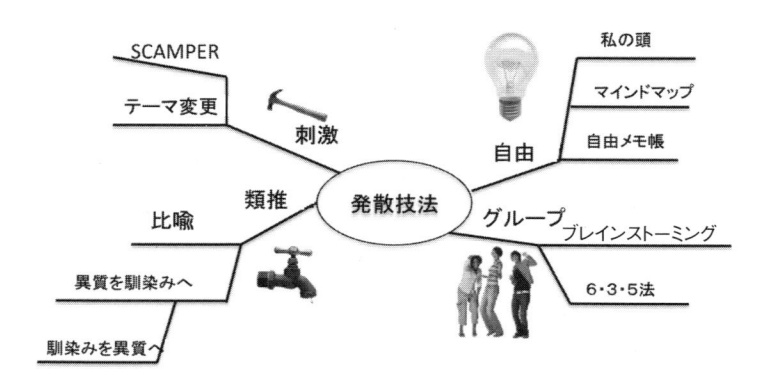

図 2.2 マインドマップの例

の質問項目が検討されている．チェックリスト法と呼ばれるが，質問リストによって強制的な方向付けによるアイデア発想を行わせる技法である．

オズボーンの著作 *Applied Imagination* から MIT の創造工学研究所がまとめた 9 つの質問リストを紹介する．1) 他に使い道はないか，2) 応用できないか，3) 修正したらどうか，4) 拡大したらどうか，5) 縮小したらどうか，6) 代用したらどうか，7) アレンジしなおしたらどうか，8) 逆にしたらどうか，9) 組み合わせたらどうかである [16,17]．なお，オズボーンの著作をそのまま反映した質問リストでは，2) は，他からアイデアは借りられないか，7) は入れ替えたらどうかと，少し意味合いが変わった表現が用いられる [1,2]．

このオズボーンの質問リストは，ボブ・エバレ (Bob Eberle) によって覚えやすく SCAMPER という言葉でまとめられている [17]．この SCAMPER は 7 つの質問リストにおける英語表現の頭文字である．S (Substitute) は「代用品はないか？」，C (Combine) は「結びつけられないか？」，A (Adapt) は「応用することはできるか？」，M (Modify or Magnify) は「修正，あるいは拡大できないか？」，P (Put to other uses) は「他の用途はないか？」，E (Eliminate or minify) は「削除するか，縮小することはできないか？」，R (Reverse or Rearrange) は「逆にするか，再構成できないか？」である．これらの質問を記したトランプ大のカードも製品化されており，質問カードの束から引いたカードに合わせて，対象となる概念を発展させるアイデアを作るという使い方もある．

この質問リストの使用について検討してみる．例えば自動車（普通車）を対象とする．代用 (S) はガソリンをガスに代用してガス自動車を作る．組み合わせ (C) は宿泊施設を付加して，キャンピングカーを作る．応用 (A) は電気自動車へ発展させる．拡大 (M) は大きな車体としてバスを作る．修正 (M) はスクリューを付加して，水陸自動車を作る．転用 (P) は荷台を運ぶ車としてトラックカーのようなものとする．縮小 (E) は 1 人用の原付自動車を作る．逆転 (R) として，電力回生ブレーキと呼ばれる電動機を発電機として利用する方法を作る．このように SCAMPER という質問項目を発展させて複数のアイデア発想につなげることができる．

(c) シネクティクス [22]：アナロジー連想法

シネクティクス (Synectics) はギリシア語に由来し，異質で明らかに関連がない要素を一緒にすることを意味する．この技法は，ゴードンによって提案された方法である．人々の創造行動に用いられる思考スタイルを明らかにし，それを意識的に用いることによって，問題解決の成功可能性を高めることを指針として開発された技法である．

その中で特徴的な思考スタイルは，異質なものを身近なものにすること（異質馴化：Making the Strange Familiar）と身近なものを異質なものとすること（馴質異化：The Familiar Made Strange）である．そのために，アナロジーと呼ばれる類似性を用いた推測を使用する．

シネクティクスの理論を実践にもちいるためのプロセスの概要を紹介する．1 段階目は問題提起である．例えば，新しい屋根を発明することとする．2 段階目は異質なものを見慣れたものにする異質馴化である．従来ある屋根の機能とその欠点を明らかにする．この段階は矛盾す

ることを明らかにすることを目的とし，その解析は行わない．3段階目は問題把握である．この段階では，問題について，詳しく調べる．屋根に対して把握した問題は，屋根を白から黒へ，黒から白に変更し，周囲の熱や日光に対応した屋根を開発することである．4段階目は操作的機構と呼ばれ，問題に関わるアナロジーを作る．直接的なアナロジーとして，屋根の場合，平たい魚であるヒラメを考える．5段階目は身近なものを異質なものとすることであり，屋根の場合，ヒラメの類推から，その背を考える．6段階目は心理的状況とされ，創造的な思考を行う．屋根の場合，ヒラメの背を検討することによって，通常の屋根を考える場合と異なる状況を作り出す．7段階目は，問題と統合する状況を作る．8段階目は見方である．屋根の場合，屋根を平たい魚の背とみなすことを通して，屋根における黒と白の間隔を適切な順番にすることを思いつく．9段階目は解決または調査である．ここでは見方をもとに実際の行動を起こす．

シネクティクスでは異質なものを見慣れたものにする4つの機構として，4つのアナロジーを特定している．それらは比喩的な特徴をもとに，(i) 個人化：個人経験を使用，(ii) 直接アナロジー：具体的な物質，生物などを使用，(iii) シンボリック・アナロジー：詩のような喩えを使用，(iv) 空想アナロジー：この世にあり得ないことや仮定表現を使用するが示されている．

このようなアナロジーを使用する発明事例は数多く知られており，多くのアイデア発想法に影響を与えている．このシネクティクスとKJ法を参考にしてNM法と呼ばれるアイデア発想法が提案されている [16, 17]．また市川亀久彌によって創造性理論として提出された等価変換理論 [23] は，アナロジーの考え方をより精緻化し，2つ以上の事象に等価な関係を見いだすことを理論の基礎としている．

2.5.2 収束技法

日本が国際的に誇ることができるアイデア発想法として KJ法 [4–6] を簡単に紹介する．また，多くのアイデアをまとめるハイライト法 [14] について紹介する．

(a) KJ法：衆知をあつめる発想法

川喜田二郎が開発した日本の代表的な発想法である．人類学者である川喜田が野外において収集した多くのデータ断片から仮説を生み出した経験をもとに作られたアイデア発想法である．1964年時点では「紙キレ法」として紹介されたが，1967年に「発想法」の中で広く KJ法という名称で紹介された．

KJ法を会議に使う場合で説明すると，ブレインストーミングに相当するアイデア発想（発散型）を行う，次に，親しいアイデアをまとめるグループ編成（収束型）の作業を行う．そして，グループ間の関係を明らかにする図解化（ここまでが KJ法 A型という）を行う．最後に，KJ法 B型といわれる文章化を実施する．

このように KJ法はブレインストーミング後のアイデア発想に特徴をもつ収束型にある．しかし，元来データ収集を含む技法であり，発散型と収束型の技法を連続して使用する技法である．これは理想的な会議の形式とされ，発散，収束，評価のプロセスを踏み，前述したギルフォー

ドにおける人間知性における創造性や情報処理に関する思考を支援している．また現場におけるデータ収集とそれをもとにしたアイデア発想はデザイン思考で行われるプロセスの前半部分と変わらない．そして，ソフトウェア工学においては要求獲得に使用する方法 [11]，システム工学においては曖昧な問題の理解に使用する方法 [24] として紹介されている．

以上のように，KJ 法は実践的なアイデア発想法である．第 7 章と第 8 章において，このアイデア発想法を参考とした，アイデア発想の演習や評価について解説する．

(b) ハイライト法 [14]

収束技法はよいアイデアを生み出しつつ，選択することがもとめられる．そこで 20 % のデータから 80 % の価値を生み出す手法が期待されている．その手法としてハイライト法が検討されている．ハイライト法は，多くのアイデアを得た後に次の三段階の手順を踏む．最初は，ヒットするであり，出されたアイデアのなかから最もよいアイデアに印を付ける．次は，クラスターにまとめる作業を行う．ヒットの印がついたアイデアにおいて，重複を避けるために関係したアイデアをまとめてグループとする．そして，最後にグループごとに 1 つの言い換えを与える．これはグループにある本質をつかんだ言い換え作業を行い，グループにおけるアイデアを作り出すことができる．言い換え作業は文章化作業に似ている．

ヒットするアイデアの特徴としては，目的にかなっている，光るものがある，挑戦を解決，明快，魅惑的である，方向性が正しい，実現可能，興味深い，お金になる，適切である，正しいと感じるといったものが知られている．グループによるアイデアのいいかえを検討するために文章の型が検討されている．問題に関する意見表明として，どのようにできるか (How to)，どのような方法ができるか (In What ways might)，どの程度可能なのか (How might)，結局何が言えるか (What might be all the) という型がある．アイデアの固まりとして言い換えるには，われわれ自身がわかってやっているものは WWSODI という言葉ではじめる型があり，その言い換えは一つの文でなく，複数の文であること，そして，一般的な内容や特殊的な内容を書くことにより，そのグループに対するアイデアを複数得ることができるとされる．

KJ 法と同じように収束的技法であるが，すべてのアイデアを使わない点やグループ化作業は関係したものをまとめる分類的作業である点が異なる．

2.5.3 態度技法

(a) 六色帽子思考法 [25]

六色帽子思考法 (Six Hat Thinking) と呼ばれる態度技法が水平思考で知られるエドワード・デボーノ (Edward de Bono) によって提案されている．これは 6 つの思考スタイルを 6 色の帽子に表した状態を使って意識的に制御する方法である．色は，白，赤，黒，黄色，緑，青である．

白い帽子は中立，客観的な態度を意識し，事実や数値に基づいた視点で意見を出す．赤い帽子は，怒り，情熱などの感情的な態度を意識し，思ったままの感情的な視点で意見を出す．黒

い帽子は，生真面目，思慮深い態度を意識し，警戒や注意を促す態度を意識し，弱点に対する意見を出す．黄色い帽子は，明るい積極的な態度を意識し，肯定的な側面を強調する意見を出す．緑の帽子は，草木，植物の成長を意識し，創造的で，新しい考え方を出そうとする態度で意見を出す．青い帽子は，空，冷静，超越した態度を意識し，問題解決のプロセスや全体構成を考慮して意見を出す．

このように六色帽子思考法は，六色の思考を切り替えて，意見を出すことを取り扱うことができる．グループで行う場合は，複数色の帽子を使うことによって多様な視点の意見を出すことを支援する．

(b) アイデア発想に対する準備

良いアイデア発想を行うためのアドバイスについて，多くのアイデア発想法に関する本で述べられている．ここでは，マインドマップを提案したブザンが「アイデア発想に対する準備」として与えたアドバイスを紹介する [21]．なお，マインドマップに依存するアドバイスは除いている．

心構えとして，ポジティブな気持ちをもち，対象とするアイデア発想の作業を行いたいという気持ちをもつことを指摘している．また，馬鹿げたことや美しいことに真剣に取り組む必要性を指摘している．また，必要な材料を用意することも大切である．そして，作業場所・環境を整える点においても，室内の温度を適温にすること，自然光をとりいれること，部屋の空気を入れ替えること，質の高い机や椅子を用意することを含め，心地のよい環境を作り上げることをアドバイスしている．

このような準備は，多くのアイデア発想法を快適に行うために重要である．

まとめ

アイデア発想法は創造的問題解決を行うためのアイデア作成に使う．一方，アイデア発想は創造的問題解決プロセスの段階によって，使用される．その思考は大きく発散的思考と収束的思考に分かれる．発散技法としてブレインストーミングがあり，多くの知見がある．発散的思考には自由連想，強制連想，アナロジー連想を用いた技法が知られている．そして，発散技法で得られた多くのアイデアを活用するために収束技法があり，日本ではKJ法が知られている．また，アイデア発想に対する態度も重要であり，技法として六色帽子思考法が知られている．

> **演習問題**
>
> **設問 1** 発想法に関して以下の (1) から (8) までの問いに言葉もしくは記号で答えなさい．オズボーンは代表的な発想法の一つである [(1)] を提案した．[(1)] で守らなければならないきまりには，[(2)]，[(3)]，[(4)]，[(5)] がある．また，他の発想法の一つである [(6)] はテーマとなる言葉を中央において，そこから連想する言葉を放射状につないでいく発想法である．川喜田二郎の [(7)] と同じような手法である．発想法はソフトウェア開発のライフサイクルの一番はじめの [(8)] 段階に使用して，どのようなソフトウェアを開発するかを決め，外部設計，内部設計と開発が進む．
>
> **設問 2** 問題を解決するためのプロセスについて 1 つ取り上げ，そのプロセスと発散的思考，収束的思考との関係について述べなさい．
>
> **設問 3** ブレインストーミング，635 法，KJ 法の各手法について，以下の問いに答えなさい．
> (1) 3 つの手法の概略を説明しなさい．
> (2) 3 つの発想法の共通点，相違点を説明しなさい．
> (3) アイデアが出なくなったときに用いる代表的な手法について例を交えて述べなさい．
>
> **設問 4** アイデアを発展させるための SCAMPER の質問項目を 7 つ挙げ，「ノート PC」を例に，それぞれの項目に基づいた新しいものを考えなさい．
>
> **設問 5** 問題を解決するためのプロセスについて 1 つ取り上げ，そのプロセスと六色帽子思考法との関係を検討しなさい．

参考文献

[1] オズボーン, A. F.（上野一郎 訳）:『独創力を伸ばせ』ダイヤモンド社 (1982).
[2] 上野陽一:『独創性の開発とその技法』技法堂 (1957).
[3] 梅棹忠夫:『知的生産の技術』岩波新書，岩波書店 (1969).
[4] 川喜田二郎:『発想法』中公新書，中央公論社 (1967).
[5] 川喜田二郎:『続・発想法』中公新書，中央公論社 (1970).
[6] 川喜田二郎:『KJ 法——混沌をして語らしめる』中公新書，中央公論社 (1986).
[7] 川喜田二郎:『野外科学の方法』中央公論社 (1973).
[8] Wallas, G. : *The Art of Thought*, Harourt, Brace and Company (1926).
[9] ヤング, J. W.（今井茂雄 訳）:『アイデアのつくり方』阪急コミュニケーションズ (1988).

[10] ポリア, G.（柿内賢信 訳）:『いかにして問題をとくか』丸善 (1954).
[11] 藤野喜一, 花田收悦:『ソフトウェア生産技術』電子通信学会 (1985).
[12] Cross, N.: *Design Thinking*, Berg (2011).
[13] Guilford, J. P.: *The Nature of Human Intelligence*, McGraw-Hill (1967).
[14] ミラー, B., ヴィハー, J., ファイアスティン, R.（弓野憲一 監訳, 南学, 西浦和樹, 宗吉秀樹 訳）:『創造的問題解決』北大路書房 (2006).
[15] Isaksen, S. G., Dorval, K. B. and Treffinger, D. J.: *Creative Approaches to Problem Solving*, Third edit., SAGE (2011).
[16] 高橋誠 編:『新編創造力辞典』日科技連 (2002).
[17] 星野匡:『発想法入門』日本経済新聞社 (1989).
[18] 斎藤勇 編:『対人社会心理学重要研究集 1–社会的勢力と集団組織の心理』誠信書房 (1987).
[19] Preiser, S.: Creativity Research in German-Speaking Countries, in *The International Handbook of Creativity*, edited by Kaufman, J.C., Sternberg, R.J., pp. 167–201 (2006).
[20] ケリー, T., リットマン, J.（鈴木主税, 秀岡尚子 訳）:『発想する会社！』早川書房 (2002).
[21] ブザン, T., ブザン, B.（神田昌典 訳）:『ザ・マインドマップ』ダイヤモンド社 (2005).
[22] ゴードン, W. J. J.（大鹿譲, 金野正 訳）:『シネクティクス—創造工学への道—』ラティス (1964).
[23] 市川亀久彌:『創造性の科学—図解・等価変換理論』日本放送出版協会 (1970).
[24] 寺野寿郎:『システム工学入門—あいまいな問題への挑戦』共立出版 (1985).
[25] デ・ボーノ, E.（川本英明 訳）:『会議が変わる 6 つの帽子』翔泳社 (2003).

第3章
知識経営と発想支援システム

□ 学習のポイント

人間を中心としたアイデア発想を理解するために，知識の定義（古典定義，暗黙知，形式知），合理的思考（演繹，帰納，発想）や企業組織における知識創造プロセスの説明モデルである SECI モデルを理解する．また，これらを情報システムで取り扱うための発想支援システムについて紹介する．

□ キーワード

知識の古典定義，合理的思考（演繹，帰納，発想），知識経営，SECI モデル，暗黙知と形式知，知識ピラミッド，発想支援システム

3.1 知識と合理的思考

3.1.1 アイデア発想と知識

アイデア (Idea) の意味は，可能な行動の道筋としての考え・提案とされる．また，哲学では，観念（イデア）という言葉があり，ものがもつ普遍的な性質とされ，それは作ったりするものではなく，すでに存在するものとされる．このイデア的な考え方は普遍的真実が存在するという考え方と相性がよく，自然世界の理解や数学世界の理解を目的とする科学者に支持されやすい．一方，人間の実活動に役立つことに真であるという価値を見いだすプラグマティクスと呼ばれる立場がある．本書では，知識は社会に役立つことによって価値があるというプラグマティクス的な立場をとる．数学の基礎論的成果であるゲーデルの不完全性定理などは，一般の生活には役に立ちそうもないが，我々の数学に対する理解を進めたという上で社会に貢献している．よって，純粋な基礎知識もプラグマティクス的に真である．そして，アイデアは社会に役立つ知識の種とみなすことができる．よいアイデアであれば，何かよい行動を行えるものに結び付けることができるであろう．そして，よい可能性を期待できるものであれば，ある個人や集団が出すアイデアというよりは，人々が共有して使える知識といえるであろう．

知識社会の到来と知識労働者という概念を提唱したピーター・ドラッカー (Peter Drucker)

は，プラグマティクス的な知識観を示していた [1]．彼は新しい知識を発見するというイデア論的な知識について，知識経済や知識労働における知識とは大きく異なるとしている．学術書籍や辞書にのっている知識について，単なるデータではないにしろ情報にすぎないとしている．そして，情報は何かを行うことのために使われて初めて知識となる．知識とは，電気や通貨に似て，機能するときに初めて知識となるとしている．さらに，知識経済という言葉を使い，知識経済の出現は，知識の歴史の中に位置づけられるべきでなく，いかに道具を仕事に適用するかという技術の歴史の中に位置づけられるとしている．

以上より，アイデア発想は知識社会において価値ある知識を作るための基本行為，知識の始まり，知識の種といえよう．本書ではアイデア発想という行為は技術となりうるとみなし，アイデア発想法を取り扱っている．そして，その技術はグループウェア，つまり，コンピュータネットワークを用いた支援によって，それ以前，紙と鉛筆のみの時代と比べて人間の知性を支援できるという仮説をもっている．引き続き，知識の古典定義に加えて人間の合理的思考を計算機処理と関連付けながら紹介する．

3.1.2 知識の古典定義と人間の合理的思考

21 世紀は知識基盤社会と呼ばれており，知識が社会における資源として価値があるものとして認識されている．知識とは何かという問いは古く新しい問題である．哲学において，認識論・知識論といった分野で議論されている [2,3]．

(1) 知識の古典定義と人間の思考

古典的な定義は，プラトン (Plato) に由来する正当化された真なる信念 (Justified True Belief) として議論されてきた．この知識の定義は，どの部分を解釈するかによって，いく通りかの知識の見方を検討できる．まず，真である存在を中心としたイデア論的な真理概念を中心に考えてみる．この場合，世の中には真なる知識が存在して，それを何らかの正当化プロセスを用いて信じることを導くことになる．これは，世の中にある真理を発見するという考え方に近く，自然観察に基づく発見に近い．次に，信じるという行為を中心として考えてみる．この場合，知識は主観的な思い込み，信じるということから始まる．その信じていることが何らかの正当化のプロセスを通して，真であることを証明することになる．これは科学的な手続きと呼ばれる仮説・検証型のプロセスとなり，研究室実験のような方法となる．前者の解釈と比べて，この解釈のほうが人間の信じるという行為から始まる点で，人間中心的な解釈となる．ところで，この 2 つの解釈をみると，どちらとも正当化のプロセスが必要となる．

次に，人間の合理的思考について紹介する．人間の合理的思考はアリストテレス (Aristotle) によると演繹 [4]，帰納 [5]，発想 [6] の三種類に分けられるとされる．

演繹 (Deduction) は記号の変換規則をイメージすればよく，記号論理学における自然演繹 [4] のような処理が該当し，"P" と "P ならば Q" が前提として成り立つとき，結論として "Q" を推論できるというものである．計算機の数多くの処理は，演繹に基づいて実行される．この演繹

については，新しい意味を引き起こさないと指摘されることがある．しかし，多くのプログラムが我々の命令通りに，一意の意味に実行されるのは，この演繹がもつ妥当性の性質，つまり，前提が正しければ，必ず結論が正しいという性質によるものである．実際，計算機は演繹の記号処理を高速に処理することができ，プログラマが書いたソースコードが対象となる計算機に合わせたコードを生成するのは，この演繹の考え方を用いたコード生成処理を行っているためである．ここで，計算機の速度を実感するために簡単な計算を行ってみる．1GHz の CPU があるとし，その CPU は 1 命令を実行するために平均 4 サイクルかかるとすると，計算機は 1 秒間に 250×10^6 の命令を処理できることになる．ここで，1 命令にかかる時間を 1 秒とし，250×10^6 秒という時間を考えてみよう．1 日は $60 \times 60 \times 24 = 86{,}400$ 秒であるから，2894 日，約 8 年という時間になる．このように計算機は高速な演繹処理を行うことができる．

次に帰納 (Induction) について説明する．これは事実より多くのことを推論する豊かな推論といえる．記号論的にいうならば，"P" と "Q" が前提として成り立つとき，"P ならば Q" が成り立つことを推測する．もし，現象 P が生じた後に，現象 Q が生じるという事実が数多く観察できるときに現象 P が生じたことによって，現象 Q が生じるということがいえる．この例は自然観察による推論に近い．多くの事象をもとに，ある事象を推論することから統計学とも相性がよい推論である．この推論は，命題論理では妥当であるが，一階述語論理では妥当ではないことを論理証明できる．帰納については哲学者 W. C. サモン (Wesley C. Salmon) によって数多くの形式が説明されるとともに，どのような場合に間違うかも説明されている [5]．説明した "P" と "Q" が前提として成り立つとき，"P ならば Q" が成り立つという形式は，多くの例を上げる必要があるため，枚挙による帰納と呼ばれる．この推論においては，不十分な統計や偏ったデータを用いると間違った結論を導く危険がある．また，権威による推論というものも紹介されている．これは，ある説明が有名な教授によるものであれば，その説明は正しいといった推論である．その他，人身攻撃に基づく推論，類推といったものが帰納の形式として紹介されている．

最後に発想である．仮説を推論する方法である．"Q" と "P ならば Q" が成り立つのであれば "P" が成り立つ可能性があると推論する [6]．ここで，可能性があるという言葉を使った理由は，この推論は命題論理においてでさえも，妥当でない推論だからである．記号の意味が真偽のみの二値論理のみの場合，4 分の 1 の確率で間違う．人工知能の研究において，この発想を計算機で行う取り組みがあるが，演繹や帰納と異なり，仮説には多くの可能性を見いだすことができ，組み合わせ爆発が起こりやすい．また，偶然と本質の区別を多様な状況に応じて処理することは計算機では難しい．よって，計算機にとって，もっとも自動化が難しい推論である．

これら思考をアイデア生成プロセスとして使うことを検討する．演繹は数学的な厳密な証明を行え，前提と結論の関係として取り扱える．そのため，豊かな意味を増やすことはないが確実な記号変換処理（同一意味になる処理）を高速で行える．帰納は統計的な可能性として取り扱え，多くの事象を集めることによって，可能性の高いアイデアを探しうる．よって，ビッグデータという言葉で注目されている大規模なデータに対する計算機処理に向く．最後に，発想

は仮説を推論することであり，発想こそがアイデア発想法の使用が期待される場面である．発想は，意外性があるが価値あるものを探求する思考である．そのため確実性は前者2つよりも低くなるため，そのアイデアが正しいか価値判断するためにアイデアの検証・実践も重要となる．

(2) 古典的知識の定義への反証

古典定義である正当化された真なる信念 (Justified True Belief) について，哲学者エドムント・ゲティア (Edmund Gettier) が反証を構成している [7]．この反証について紹介する．正当化された真なる信念としての「SはPを知っている」という言述は次の (a), (b), (c) で表現できるとする．
(a) P　は　真．
(b) S　は　Pを信じている．
(c) S　は　Pを信じていることが正当化されている．

Smithは次の命題 (d) を信じることが正当化されているとする．
(d) Jonesはフォード車を所有．

Smithの記憶では，Jonesはフォードを所有．また，Jonesはフォードに乗りながら，Smithに車に乗らないかと声をかけた．

さて，SmithはBrownという友人がいて，彼の所在がわからないとしよう．この際，Smithはランダムに3つの場所を上げて，次の命題を作る．
(e) Either "Jonesはフォードを所有" or "BrownはBostonにいる"．
(f) Either "Jonesはフォードを所有" or "BrownはBarcelonaにいる"．
(g) Either "Jonesはフォードを所有" or "BrownはBrest～にいる"．

ここでは，Smithは (d) から正しく (e),(f),(g) を推論している．それゆえ，Smithは三つの命題を信じることが正当化される．もちろん，Brownの居場所を知らない．

もし，
（条件1）Jonesはフォードを所有しておらず，レンタカー使用．
（条件2）Brownは偶然Barcelonaにいる．
が真であるならば，
Smithはたとえ，
 (a')(f) は真，(b')(f) は真だと信じている，
 (c')Smithは (f) が真だと信じることにおいて正当化されている．
としても，
 (f) が真であることを知っていない．

以上のように，ゲティアは正当化された真なる信念で定義された知識の定義文 (a)〜(b) から論理学の妥当な推論（or挿入規則）を用いて，妥当な"正当化された真なる信念"を構成し，かつ，それが，不合理である状況を構成してみせている．これについては，知識の定義において，状況を制約する定義を付加する拡張がロデリック・チザム (Roderick Chisholm) によって

提案されている [8]．ただし，状況を制約することによって，あらゆる状況に適用できる普遍なる知識という真理を追求することは困難となる．つまり，特定の状況において真である知識を支持することとなり，知識の真偽は状況も影響する場合を一般的とする定義となっている．

なお人工知能研究の開拓者であるハーバート・サイモン (Herbert Simon) は，人間の意思決定は限定された合理性に基づくとしていた [3]．よって，人工知能のエージェントも，普遍的な知識はもつことは困難であり，限定された知識を取り扱うほうが現実的かもしれない．この当たりの判断は読者諸氏の判断に任せたい．

3.2 知識経営と知識ピラミッド

3.2.1 知識創造企業モデル：SECI モデル

グループウェア技術と関わりがある計算機支援協調作業 CSCW（1.3.1 項で紹介）の研究において，日本では，技術指向が強い計算機支援 CS よりの研究が多数行われてきた [9]．一方，組織経営の研究において人間の知識創造を重視する理論モデルが野中郁次郎らによって提出されている [2,3]．これは，企業組織における製品開発の成功事例をモデル化したものであり，このモデルは SECI モデル（セキモデル）と呼ばれ国際的に著名であり，1990 年代後半に注目を浴びた知識経営における代表的成果である．これは CSCW における協調作業 CW 側の研究とみなすことができる．知識を創造することの重要性を組織経営の核心として捉えており，アイデア発想を対象とするグループウェア研究においても重要なモデルである．

野中の SECI モデルは『知識創造企業』と題した本で広く知られ，その英語題は *Knowledge Creating Company* であり，創造するという行為を ing 表現を用いて強調している．知識を暗黙知 (Tacit Knowledge) と形式知 (Explicit knowledge) とに分け，それらの動的な相互作用により，知識創造とその普及が進む知識スパイラルを提案している．知識創造プロセスである SECI モデルは，共同化 (Socialization)，表出化 (Externalization)，連結化 (Combination)，内面化 (Internalization) の 4 つの段階からなり，その英語の頭文字を取って，SECI モデルと呼ばれるようになった．そのモデルにより作り出される知識創造スパイラルを人と記号，および，記号処理との関係も含めてまとめたものを図 3.1 に示す．

この SECI モデルは，ある個人やグループに留まるだけではなく，知識の創造・普及が個人からグループへ，グループから組織へ，そして，組織間へと起こる知識スパイラルも対象としている．このような知識スパイラルを起こすためには，新たな人，新たなグループ，新たな組織を取り込む必要がある．それでは，暗黙知と形式知，SECI モデルの各段階について詳しくみてみよう．

(1) 暗黙知と形式知

暗黙知は主観的で言語化・形態化困難なものである．暗黙知は，言語・文章で表現するのが難しい，主観的・身体的な知，特定の文脈ごとの経験の反覆によって体化されるもの，思考スキ

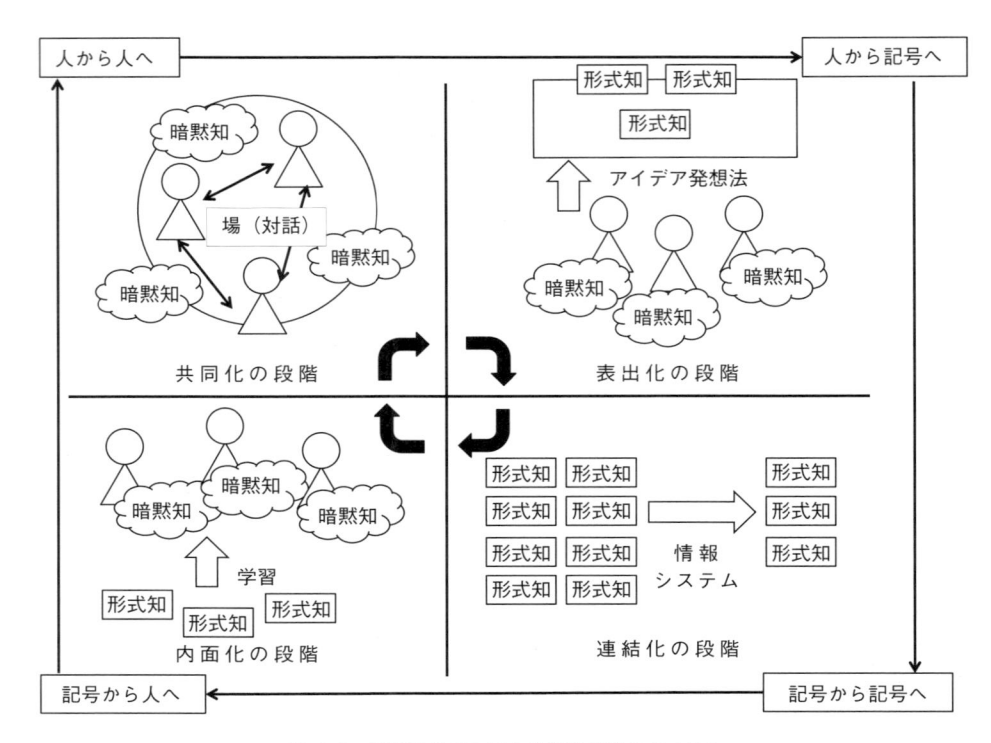

図 3.1 SECI モデルによる知識創造スパイラル

ル（思い・メンタル・モデル）や行動スキル（熟練・ノウハウ）といったもので説明される．なお暗黙知という言葉は，科学哲学者マイケル・ポランニー (Michael Polanyi) が人間はなぜ知識を獲得できるかという哲学的問いに対する議論に使用した"暗黙的に知る"という表現に由来する [10]．ポランニーは暗黙的に知るという行為を示す文として「我々は語る以上に多くを知ることができる ("We can know more than we can tell")」と書いている．ポランニーは静的な暗黙知 (Tacit Knowledge) という言葉は一切用いず，暗黙的に知る (Tacit Knowing) という用語のみで議論している [11]．一方，暗黙知という言葉は心理学者ロバート・スタンバーク (Robert Sternberg) による人間の技能に関する研究で使用されている．

形式知は言語または形態に結晶された表面に表されるものである．形式知は，言語・文章で表現できる，客観的・理性的な知，特定の文脈に依存しない一般的な概念や論理，理論・問題解決手法・マニュアル・データベースなどといったもので説明される．形式知は端的に言葉で明白に述べることができる知識である．恐らく，形式知のみを対象として知識を議論すると，我々の思考を制限する恐れがある．かつて，哲学者ルートヴィヒ・ヴィトゲンシュタイン (Ludwig Wittgenstein) は論理性でもって哲学を検討した著書『論考』において，「われわれは語りえぬものについては，沈黙しなければならない (What we cannot speak about we must pass over in silence)」と結論づけ，しかも，哲学の諸問題を結論づけるものとした [12]．その後，

ヴィトゲンシュタインはこの立場を改めて，著書『探求』を著し，生活に根ざした動的な行動も含む，言語ゲームというコンセプトを作るなど，幅広い議論を行うようになった [13].

以上のように，知識を作り出すというアイデア発想のような営みを理解するためには，暗黙知と形式知という双方を理解することが望ましい．

野中は，知識を「個人の信念が人間によって"真実"へと正当化されるダイナミックなプロセス」として定義している [2,3]．そして，知識と情報の違いと類似点を次のようにまとめている．1) 知識は情報と違って，「信念」や「コミットメント」に密接にかかわり，ある特定の立場，見方，あるいは意図を反映している．2) 知識は情報と違って，目的をもった「行為」にかかわっている．知識は，つねにある目的のために存在する．一方，知識と情報の類似点は，両方とも特定の文脈やある関係においてのみ「意味」をもつことである．以上のように，社会科学の組織論研究者からみた知識と情報の違いは自律性のある人間の存在が中心であることがわかる．

(2) 知識創造プロセス [2,3]

ここでは，SECI モデルの各プロセスについて，事例付きで説明する．

(a) 共同化

共同化では暗黙知が暗黙知のまま共有されるプロセスであり，経験を共有することによって，メンタル・モデルや技能などの暗黙知を創造するプロセスである．人々が出会う「場」作りがツールとされる．事例として，次のものがある．自動車会社ホンダにおいて，車のコンセプトを作るために泊まり込みでブレインストーミングを行う．松下電機（現在，パナソニック）では「家庭用自動パン焼き器」開発において，おいしいパンで知られているホテルのパン職人に開発者が弟子入りし，その職人技を学ぼうとする．日本電気（NEC）は計算機「TK-80」のために秋葉原にショールーム兼サービスセンタを開設し，高校生から専門家・マニアが訪問して，経験を共有できる場所を作り上げている．このように複数の人が集まる場が重要とされる．

(b) 表出化

表出化は，暗黙知を明確なコンセプトである形式知に表すプロセスである．暗黙知がメタファー，アナロジー，コンセプト，仮説，モデルの形を通してしだいに形式知となる．対話（共同思考）がツールとされる．ホンダが開発した自動車シティは，クルマ進化論というメタファーをもとに「マン・マキシマム，マシン・ミニマム」，球のアナロジーをもとに「高くて短いクルマ"トールボーイ"」という二つのコンセプトを創造し，開発されたものである．デジタル複写機で知られるキャノンは，複写機製品ミニコピアのために，製造コストの安いアルミ缶とアルミ製感光ドラムの類似から，低コストのドラム製造プロセスのコンセプトを創造している．松下電機のホームベーカリーはホテルのパン屋からおいしいパンのヒントを得るとともに，ホテルのチーフ・ベーカリーのアナロジーから「ひねり伸ばし」というコンセプトを創造している．

(c) 連結化

　連結化は形式知を形式知に変換するプロセスであり，コンセプトを組み合わせて一つの知識体系をつくり出すプロセスである．異なった形式知を用いて新たな形式知を作るプロセスとされる．この部分に関しては，コンピュータネットワークやデータベースで支援できるとされる．ある食品会社では，小売業の POS (Point of Sale) システムから「販売情報」だけでなく「売り方」にも活用している．どのような顧客がどこでものを買うかを分析し，製品の仕入れ管理などに使用している．なお POS システムは各店舗における販売情報を入力・獲得するための情報システムのことである．NEC は C&C (Computer & Communication) という分散処理のコンセプトを作り，PC-8000 という製品を開発している．キヤノンは「カメラを越えた優良企業の創造」というコンセプトを作り，ミニコピアにおいて「イメージメインテナンス」というサービスを生み出している．自動車会社マツダは「新しい価値創造と喜びの提供」というコンセプトを作り，それをもとに「走りと快適性を高度にバランスさせた本格的スポーツカー」である自動車 RX-7 を開発・販売した．

(d) 内面化

　内面化は形式知を暗黙知として身体に埋め込む (Embodiment) プロセスである．行動による学習と密接に関連しているとされる．書類，マニュアル，物語の作成には言語化・図式化が必要であり，これらの作成によって，他の人の体験を内面化する追体験を支援できるとしている．また電気会社では，顧客の苦情・問い合わせをデータベースに蓄積し，製品開発者が顧客とオペレータのやりとりを追体験可能にしている．ホンダでは，創業者「本田宗一郎」の伝記で創業者の精神・経験を追体験できるようにしている．松下は，労働時間 1800 時間／年という想像しにくい長期的な労働を 150 時間／月という月の体験に変換することにより，働き手にその意味を体験させたこともある．最後に，製品開発においてはラピッド・プロトタイピングを行うことにより体験学習が有効に機能としている．

　以上の4つにおいて，野中は記号処理を主体とする情報システム（サイモン流の情報システム）が支援している部分は，形式知と形式知の変換を取り扱う連結化部分であると指摘している．そのため，SECI モデルは従来の情報システム的な組織モデルを超えるモデルとして提言している．しかし，情報システムにアイデア発想法と協同作業支援（グループウェア）を取り込むことにより，連結化以外も情報システムで支援できるようになる．

(3) 発想支援グループウェアと SECI モデル

　1.4 節で紹介したように発想支援グループウェアはアイデア発想法を支援するグループウェアである．そして，日本では KJ 法を参考にしたものが数多く考案されている．発想支援グループウェアという枠組みを用いることによって，次のように SECI モデルを支援可能と考えている．

　人間によるアイデア発想が主たる役割を果たすのは表出化である．グループウェアによる人々が集う場作りは共同化である．よって，発想支援グループウェアは表出化と共同化に関わりがある．連結化も既存のアイデアを組み合わせたり，多くのアイデアを組み合わせたりすること

にあるので，コンピュータネットワークを介したアイデア共有でよいと考える．内面化はコンピュータを用いた学習支援システムが活用できる．もちろん，遠隔地は簡単に対面環境と同じ環境を実現できない，例えば，人間の五感を処理する技術や伝達する技術にはまだ制限がある．なお，表出化と連結化の部分については，GUNGEN-SECI の取り組みがある [14]．

このようにアイデア発想法と協同作業支援を用いることによって IT 技術を用いた知識経営を検討できるとともに，未来のイノベーション環境を思い描くことができる．

3.2.2 知識経営の変遷

知識を組織の重要資源とみなす知識経営が多くの組織で注目されたのは 1990 年代後半であり，その大きな潮流をつくったモデルが前述した野中の SECI モデルである．そして，ナレッジ・マネジメントを支援する情報システムが検討されだした．それらシステムは情報共有システムとしては機能するが，なかなか知識創造のダイナミクスまでは取り扱えなかったと考えられる．そのナレッジマネジメントシステムを設計する上で，二つの戦略が知られている，一つはコード化戦略であり，もう一つは個人化戦略である．コード化戦略は知識を形式知と蓄えることを目指すものである．組織の構成員の専門や技能をデータベース化して KnowWho システムを作るといった試みが行われた．個人化戦略は知識を個人に埋め込むことを目指し，経験者と新人がペアとなって仕事を行うオン・ザ・ジョブ・トレイニングのような試みが行われる．

(a) 実践コミュニティ

次に知識経営の概念として注目されたものは，実践コミュニティ（コミュニティ・オブ・プラクティス）という考え方である [15]．これは社会参加による学習観で知られるエティエンヌ・ウェンガー (Étienne Wenger) を中心に提唱されたものである．同じ分野に興味をもつ専門家で構成されるコミュニティであり，そのコミュニティ成員が互いに学びあうことにより，知識を生成・共有することになる．コミュニティの知識を発展させることによって，組織内の知識を発展できるため，組織経営において重要とされる．ただし，長期的に継続するためには，成員に動機や人的ネットワークが重要とされている．またコミュニティにおける知識のインタラクションを支援する場作りが重要である．印刷機器メーカである Xerox では Eureka というノウハウ共有システムを作成することにより，世界中に散らばる訪問修理人の知識共有に成功したとされる．なお，知識共有を専門家コミュニティにおいて促進するためには，報酬システムではなく，専門家という自尊心を尊重するほうがよい事例も知られている．

(b) ストリーテリング

その後，21 世紀に入って経営に語り（ナレティブ）や物語（ストリーテリング）を取り入れることが知識経営において注目された [16]．この能力は，混沌とした世界における，組織リーダーに必要な競争的価値とされている．組織リーダーは語り・物語を用いて組織観を伝えることができる．例えば，組織の伝統構造，プロセス指向，制御ベースに加えて，組織の生きた流れを取り扱う．組織経営においては，リーダーシップをとる豊かなビジョンが必要とされ，リー

ダーは組織がなすべきことや人々を導く物語を語る必要があるとされる．

このような知識経営研究の発展において，た野中は，遠山，林らとともに，さらなる知識スパイラルモデルを提案している [17]．そのモデルでは，SECI モデルを活用するために暗黙知と形式知をまわすための方向付け・リーダーシップに対応するビジョンや駆動目標を加えるとともに，それら活動を支える場 (Ba) という概念を加えている．このような組織理論の結果をもとに，組織活動を支援するグループウェアを検討することが実際には期待される．

3.2.3 知識ピラミッド

哲学における知識の定義である正当化された真なる信念と人間の合理的な思考との関係について 3.1 節で述べた．ここでは，データマイニングなどの情報処理技術と相性がよい視点を与える知識ピラミッド（図 3.2）について説明する．知識ピラミッドはデータをもとに情報が作られ，情報をもとに知識が作られるという階層構造で説明される．

情報は，「データ」を加工し，意味を付加したものと捉えることができる．知識は「情報」を用いた信念による行動を通して，その行動の成否をもとに，主観から客観に成長するものである．この場合，知識には主体として存在し，行動できる人間またはエージェントのようなものが必要である．この知識ピラミッドでは，知識が最上位にあるが，様々なモデルがあり，知識の上に知恵や真理を置くモデルや，人間による理解という行為を挟むモデルも提案されている．

知識経営において情報システムの活用を検討したトーマス・ダベンポート (Thomas Davenport) らは，データから情報への変換方法，情報から知識への変換方法として次の変換法を紹介している [18]．

(1) データから情報の変換方法
- 文脈を考える (Contextualize)：データ収集の目的を知る．
- 分類する (Categorize)：データを分ける．

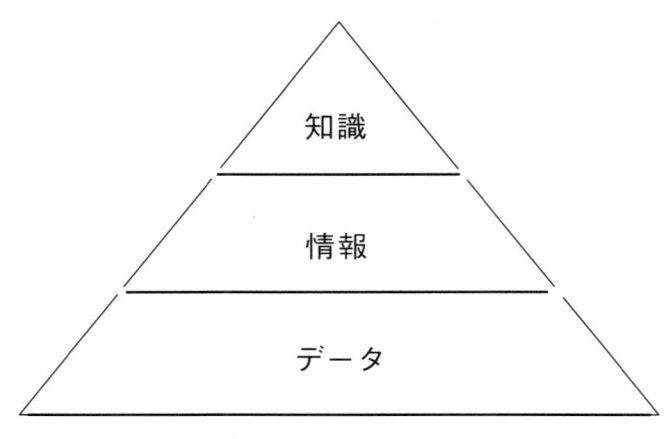

図 3.2 知識ピラミッド

- 計算する (Calculate)：データを数学・統計的に分析する．
- 修正する (Correct)：データから誤差をなくす．
- 圧縮する (Condense)：データを簡潔な形に要約する．

(2) 情報から知識の変換方法
- 比較 (Comparison)：この状況に関する情報は，すでに知っている別の状況とどれくらい似ているか比べる．
- 結果 (Consequences)：この情報は，意思決定や実践行為にどういう結果をもたらすか，その意義を与える．
- 関係 (Connections)：この情報は，他の情報とどのように関係しているか，それらを結びつける．
- 会話 (Conversation)：人々はこの情報に関してどう考えているかを，実際に話して確かめる．

以上の変換は情報システムを中心に考えているため，記号で処理できる知識，つまり，形式知を扱っており，SECI モデルにおいては連結化に該当する．よって，知識ピラミッドにおける情報と知識の間において行動する主体となる存在が必要なソフトウェアを開発する場合，エージェント指向 [19] というパラダイムが注目される．このエージェント指向という考え方は，プログラミング言語のオブジェクト指向に，オブジェクトの自律性や移動性を付加したものである．一方，グループウェアの場合は，基本的にデータと情報を取り扱い，それらを処理・活用できる人間知性を支援するというアプローチで知的処理を行える．

3.3 発想支援システム

3.3.1 日本国内における取り組み

発想支援システム [20] には富士通国際研究所の國藤による GRAPE [21]，杉山，三末らによる D-ABDUCTOR [22]，それに，Keyword Associator を加えた神田らによる GRIPS [23] がある．また東京大学の堀による CAT は人工知能的な支援を行う [24]．また，豊橋技術科学大学の大岩，河合らは，KJ エディタを実現した [25]．そして，鹿児島大学の宗森らによって開発された GUNGEN [26, 27]，島根大学の由井薗らによって開発された KUSANAGI [14, 28] がある．その中グループウェアとして進められた研究は，GRAPE, D-ABDUCTOR, GRIPS, KJ-Editor, GUNGEN, KUSANAGI である．このグループウェアはいずれも日本を代表する発想法である KJ 法を参考にしている．

発想支援システムの枠組みとしては計算機を用いた発想処理やグループ意思決定支援システムを研究した國藤による DCCV モデルが知られている [20]．このモデルでは，創造性プロセスは，発散，収束，結晶化，検証の 4 段階に分かれる．過去に川喜田が良い会議プロセスとして，発散，収束，評価があると指摘しており [29]，それに，概念グラフの研究で知られている

ジョン・F・ソーワ (John F. Sowa) が提唱した知識の結晶化 [30] を付け加えたものと考えられる．なお，この結晶化よりもアイデア発想支援として，堀は，固定観念に捉われた個人に新たな視点を提供する液状化という視点が重要としている [31]．なお，結晶化は収束の一種，液状化は発散の一種として捉えられないこともない．

発想支援システムのための方式は大きく分けて発散型と収束型の支援があり，その両方を含むことが重要と考えている．発散型の代表はブレインストーミングであり，収束型の代表は KJ 法である．一方，問題解決プロセス全体を支援することを考えると，単にアイデアや仮説を作るだけでなく，それに評価・検証を加えることも必要である．また，それら全体を環境として仕事現場にシームレスに埋め込むことも必要となる．

3.3.2 海外における取り組み

発想支援システムの研究は日本国内で 1990 年代に行われてきたものであるが，それら研究で参照されてきた発想支援システム（参考文献ではアイデア処理システム）の三段階を紹介する [32]．この三段階は知識処理を主とする計算機中心の見方から提案されている．また，海外では 21 世紀に入り，人間の創造性を IT 技術で支援する研究が数多く行われるようになっている．その先駆けの一つであるヒューマンインタフェース中心の見方から提案された発想支援システム（参考文献では創造活動支援ツール）の枠組みを紹介する [33]．

(1) 発想支援システムの三段階 [32]

発想支援システムとして L. F. ヤング（L. F. Young，なお第 2 章のヤングとは別人であり，情報システムの研究者である）はシネクティクスと呼ばれるアイデア発想法に影響を受け，メタファーによる類推を中心とする支援システムを提案している．それはデータベースを用いた支援を行う．

その中で，アイデア処理システムを 3 つのレベルに分けている．そのレベルは，秘書レベル，枠組みレベル（パラダイムレベル），生成レベルである．秘書レベルは計算機を動的な黒板として捉え，ユーザの思考作業を反映する環境として捉えるものである．枠組みレベル（パラダイムレベル）は秘書レベルに加えて，ユーザの思考に相応しいフレームワークを適用するものである．例えば，思考の刺激やユーザへの指針を示したりする．最後に生成レベルは，これまで説明した 2 つのレベルに加えて，計算機が自動的にアイデアを合成したり，新しいアイデアの案を提供したりするものである．

このようにレベルが上がるにつれて，計算機はユーザの思考に関与することになる．この見方は個人向けの発想支援システムを対象としている．一方，発想支援グループウェアの場合，掲示板レベルの秘書レベルの処理を支援する場合でも，他のユーザが生成レベルに相当する機能を果たすこともできる．よって，発想支援グループウェアでは，人間が生成レベルの機能を果たしており，枠組み-パラダイムレベルと生成レベルの支援における階層構造はない．

(2) 発想支援システムの枠組み [33]

計算機と人間との相互作用を対象とした CHI (Computer Human Interaction) 研究で知られるベン・シュナイダーマン (Ben Shneiderman) は，優秀さを創出することを目的とした GENEX (Generator of Excellence) を提案している．これは，ブッシュの提唱した Memex と音感が似た名称付けである．その GENEX は4つの段階，収集 (Collect)，関連 (Relate)，創出 (Create)，提供 (Donate) から成り立ち，情報通信技術を用いた支援を想定している．従来の複雑な問題解決プロセスと比べて4つに段階を絞ることにより，利用者が創造活動に集中できるとしている．

収集は，電子図書館や Web にある先行した仕事から学習することである．主たる行動は，電子図書館の検索・閲覧，データやプロセスを視覚化することである．関連は，同僚や助言者から，早期，中期，最終段階において相談することである．主たる行動は同僚や助言者と相談することである．創出は，可能な解決策を探索，構成，評価することである．主たる行動は，自由連想を用いて考えること，解決策を探索すること（もしも〜ならば，という仮定を用いた思考も含む），人工物や実行を作り出すこと，集団活動の履歴を再吟味・再現することである．最後に，提供は結果を普及させることや電子図書館に貢献することである．主たる行動は，結果を普及させることである．

まとめ

企業組織における知識創造企業モデルとして知られる SECI モデルは暗黙知と形式知の相互作用を取り扱い，共同化，表出化，連結化，内面化の4段階からなる．知識は古典的定義として「正当化された真なる信念」という見方がある一方，知識ピラミッドという，データ，情報，知識を取り扱う階層システムも知られている．また発想支援システムについて紹介した．

演習問題

設問1 知識の古典定義と演繹，帰納，発想との関係を述べなさい．

設問2 暗黙知と形式知を説明しなさい．

設問3 野中の SECI モデルについて説明しなさい．何かの技術開発物語を調べて，そのプロセスが SECI モデルで解釈できるかどうか検討しなさい．

設問4 第2章で述べたアイデア発想法と SECI モデルとの関係を検討しなさい．

参考文献

[1] ドラッカー，P. F.（上田惇生 訳）：『断絶の時代』ダイヤモンド社 (2007)．
[2] Nonaka, I. and Takeuchi, H.: *The Knowledge-Creating Company*, Oxford University Press (1995).
[3] 野中郁次郎，竹内弘高：『知識創造企業』東洋経済新報社 (1996)．
[4] Nolt, J. and Rohatyn, D.（加地大介 訳）：『現代論理学 (I)』オーム社 (1995)．
[5] Salmon, W. C.（山下正男 訳）：『論理学 三訂版』培風館 (1987)．
[6] 米盛裕二：『アブダクション―仮説と発見の論理』勁草書房 (2007)．
[7] Gettier, E. L.: Is Justified True Belief Knowledge?, *Analysis*, Vol. 23, pp. 121–23 (1963).
[8] チザム，R. M.（上枝美典 訳）：『知識の理論 第3版』世界思想社 (2003)．
[9] 松下温，岡田謙一，勝山恒男，西村孝，山上俊彦編：『知的触発に向かう情報社会−グループウェア維新−』共立出版 (1994)．
[10] ポランニー，M.（高橋勇夫 訳）：『暗黙知の次元』筑摩書房 (2003)．
[11] Polanyi, M.: *The Tacit Dimension*, Peter Smith (1983).
[12] ウィトゲンシュタイン，L.（野矢茂樹 訳）：『論理哲学論考』岩波書店 (2003)．
[13] ウィトゲンシュタイン，L.（藤本隆志 訳）：『哲学探求』ウィトゲンシュタイン全集8，大修館書店 (1976)．
[14] 由井薗隆也，宗森純：研究グループの知識創造活動を支援するGUNGEN-SECIの表出化と連結化，『情報処理学会論文誌』Vol.48, No.1, 30–42 (2007)．
[15] ウェンガー，E.，マクダーモット，R.，スナイダー，W. M.（野村恭彦 監修，櫻井祐子 訳）：『コミュニティ・オブ・プラクティス』翔泳社 (2002)．
[16] Brown, J. S., Denning, S., Groh, K. and Prusak, L.（高橋正泰，高井俊次 訳）：『ストーリーテリングが経営を変える』同文館出版 (2007)．
[17] 野中郁次郎，遠山亮子，平田透：『流れを経営する　持続的イノベーション企業の動態理論』東洋経済新聞社 (2010)．
[18] ダベンポート，T. H.，ブルサック，L.（梅本勝博 訳）：『ワーキング・ナレッジ』生産性出版 (2000)．
[19] 本位田真一，飯島正，大須賀明彦：『エージェント技術』共立出版 (1999)．
[20] 國藤進：発想支援システムの研究開発動向とその課題，『人工知能学会誌』Vol. 8, No. 5, pp. 552–559 (1993)．
[21] 國藤進：GROUPWARE ―これからのグループウェア研究, *bit*, Vol. 25, No. 7, pp. 4–14 (1993)．
[22] 三末和男，杉山公造：図的発想支援システム：D-ABDUCTORの開発について，『情報処理学会論文誌』Vol. 35, No. 9, pp. 1739–1749 (1994)．

[23] 神田陽治，渡部勇，三末和男，平岩真一，増井誠生：グループ発想システム GrIPS, 『人工知能学会誌』Vol. 8, No. 5, pp. 601–610 (1993).

[24] Hori, K.: A System for Aiding Creative Concept Formation, *IEEE Trans. Systems, Man, and Cybernetics*, Vol. 24, No. 6, pp.882–894 (1994).

[25] 河合和久，塩見彰睦，竹田尚彦，大岩元：協調作業支援機能をもったカード操作ツール KJ エディタの評価実験，『人工知能学会誌』Vol.8, No.5, pp.585–592 (1993).

[26] Munemori, J. and Nagasawa, Y.: Development and trial of groupware for organizational design and management: distributed and cooperative KJ method support system, *Information and Software Technology*, Vol. 33, No. 4, pp. 259–264 (1991).

[27] 由井薗隆也，宗森純：発想支援グループウェア郡元の効果〜数百の試用実験より得たもの〜，『人工知能学会論文誌』Vol.19, No.2, pp.105–112 (2004).

[28] 由井薗隆也，宗森純：大画面インタフェースを持つ発想支援グループウェア KUSANAGI が数百データのグループ化作業に及ぼす効果，『情報処理学会論文誌』Vol.49, No.7, pp.2574–2588 (2008).

[29] 川喜田二郎：『チームワーク』光文社 (1966).

[30] Sowa, J. F.: Crystallizing Theories out of Knowledge Soup, in the book entitled *Intelligent Systems, State of the Art and Future Directions*, Edited by W. Ras, Z., Zemankova, M., pp. 456–487, Ellis Horwood (1990).

[31] 堀浩一：『創造活動支援の理論と応用』オーム社 (2007).

[32] Young, L. F.: The Metaphor Machine: A Database Method for Creativity Support, *Decision Support Systems*, Vol. 3, pp. 309–317 (1987).

[33] Shneiderman, B.: User Interface for Creativity Support Tools, *Proc. of Creativity&Cognition'99*, pp. 15–22, ACM Press (1999).

第4章
協同作業支援〜グループウェア基礎

□ 学習のポイント

本章ではグループウェアの分類方法とグループウェアを学ぶ上で重要な協調の次元階層モデル，アウェアネスなどの概念を学ぶ．

□ キーワード

グループウェアの分類，同期型，非同期型，協調の次元階層モデル，アウェアネス，コプレゼンス

4.1 グループウェアの分類（時間／空間）

4.1.1 グループウェアの時空間的分類

グループウェアは，ネットワーク化したコンピュータ群を集団の組織的な活動に役立てる情報システムである．システムが時間的，空間的にどのような領域を扱うかを考えると，時間的には同時（同期型）かそうでないか（非同期型），空間的には同じ場所で対面しているか（対面型）そうでないか（分散型）があり，表4.1のような2×2に分類できることがよく知られている[1]．

対面型とは地理的に同一の場にいる参加者を支援するものである．分散型とは地理的に何箇所かに分散した場にいる参加者を支援するものである．同期型とは同時に活動する参加者を支援するものである．非同期型とは異なる時間に活動する参加者を支援するものである．どのようなシステムがこれらそれぞれの分類に当てはまるだろうか．

同期対面型には，会議に人が集まっているときにその会議を支援する電子会議室システムな

表 4.1 グループウェアの時空間的分類

	同期型	非同期型
対面型	同期対面型	非同期対面型
分散型	同期分散型	非同期分散型

どが当てはまる．同期対面型の電子会議システムの代表例として Colab (XEROX) [2] がある．
Colab のアプリである Cognoter [3] では 1.7 節で述べた KJ 法に似たダイヤグラムが動いていた
と言われている．

　非同期対面型には，同じ場所で入れ替わる人の間を支援する伝言システムなどが当てはまる．
同期分散型には，ビデオ会議システム，在席会議システム，協同描画システムなどが当てはまる．同期分散型のビデオ会議システムの代表例として MERMAID (NEC) [4] がある．

　非同期分散型には，ワークフロー管理システム，協同執筆システム，協同情報検索システム，協同推薦システムなどが当てはまる．非同期分散型システムの代表例として Lotus Notes (IBM) [5] がある．Lotus Notes/Domino は事実上の業界標準（デファクト・スタンダード，de facto standard）となっている．Lotus Notes/Domino は会社での仕事を電子化する統合的環境で，電子メール，データベース，スケジュール管理，電子会議，課金などの機能が揃っている．例えば従来，書類を社員から課長へ，部長から部長へ，判を捺いて流していたひな形（テンプレート）を作れば，電子メールで順にワンタッチで流したりすることができる．

4.1.2　時空間的分類の利点と欠点

　前項では，グループウェアの分類としてよく知られる，時空間的分類を紹介した．この分類によって，広範囲にわたるグループウェアを目立つ違いによって比較的すっきりと整理することができる．これはこの分類の利点である．

　一方でこの分類にこだわることは必ずしもよいこととはいえない．グループウェアが支援対象とする，複数の人間の協調的な活動は，必ずしもこの分類のようにきれいに分けられるとは限らないからである．むしろ，このようにきれいに分けられることは少ないであろう．例えば，それぞれ別のオフィスにいる 2 人がビデオ会議システムによって協同作業の打合せをし，その後その協同作業を支援するワークフローシステムに沿って，それぞれに作業を進めるということがあるだろう．さらに，作業の途中で対面でも打合せをすることもあるだろうし，その際にこれまでの協同作業の内容を一緒に確認して，その場でも一緒に作業ができればなおよいということも多いだろう．このように，本来グループウェアは時間的，空間的に分けられるものでなく，時間的，空間的にどの領域の活動であっても柔軟に支援できることが望まれる．

　このようなわけで，グループウェアはその当初から進化し，今では 4 つの分類のうち複数をカバーするグループウェアも一般的である．

　要約すると，概念的にはグループウェアの時空間的分類は概念的整理に役立つが，実際のグループウェアは一つの分類にはとどまっていないということである．

4.2　構造による分類

　グループウェアに関する分類では他に構造による分類がある [6]．構造による分類では時間に関しては同期型と非同期型に分けるのは変わらないが，その各々で「通信」と「情報共有」に分けら

れる．同期型の情報共有はさらにシングルユーザ（同時には一人のみ使用可能）とマルチユーザ（同時に多人数が使用可能）および MUD（Multi User Dungeon or Domain：多人数で空間を共有する）などに分類される．電子会議などがシングルユーザ，DiamondTouch Table [7] を使ったアプリケーションがマルチユーザ，オンラインゲーム (World of Warcraft [8]) などが MUDs にあたる．非同期型では議論支援と協同執筆に分かれる．Lotus Notes [5]，Facebook [9] などが議論支援に，Google Docs [10] などが協同執筆にあたる．表 4.2 にこの分類を示す．なお Twitter [11] は「通信」の同期型と非同期型の混在したものであると考えられる．

表 4.2 構造による分類

	通信	情報共有
同期	チャット，ビデオ会議	シングルユーザー
		マルチユーザー
		MUD，プレース，アウェアネス
非同期	電子メール，ボイスメール，ビデオメール	議論支援
		協同執筆

4.3 協調の次元階層モデル

4.3.1 協調の次元階層モデル

グループウェアは協調活動（コラボレーション）を支援する情報システムであるが，ではコラボレーションとは何だろうか．コラボレーションはコミュニケーションとどのように違うのだろうか．コラボレーションとコミュニケーションはどのような関係にあるのだろうか．コラボレーションを支援するために他に考えなければならない人の営みはないのだろうか．このような人間同士の関わり方を説明するモデルに「協調の次元階層モデル」（図 4.1）がある [12, 13]．

このモデルでは，コラボレーション，コミュニケーション，アウェアネス，コプレゼンスが 4 階層をなしている．そしてある層が成立するためにはそれよりも下位の層が必要になるとする．つまり，コラボレーションが成立するためにはコミュニケーションが必要である．同様に，コミュニケーションが成立するためにはアウェアネスが必要で，アウェアネスが成立するためにはコプレゼンスが必要である．したがって，コラボレーションが成立するためには，コプレゼンス，アウェアネス，コミュニケーションという 3 つの下位層が必要であることになる．

ここでそれぞれの言葉を説明しておく．プレゼンスとは存在していることを表す．このことから，コプレゼンスとは「共に存在していること」をいう．一般に，アウェアネスとは，互いの状態がわかることをいう．（ここでは特に相手に気づいていること，すなわちコプレゼンスに気づいていることをいう．）コミュニケーションとは，相手とのやり取りをいう．コラボレーションとは，相手との協同作業をいう．

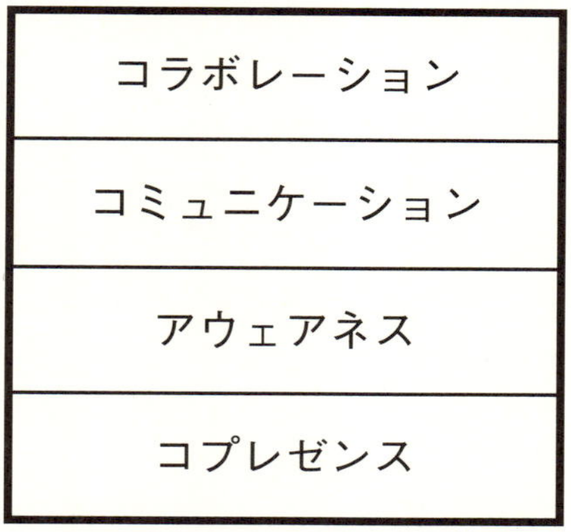

```
┌─────────────────────┐
│   コラボレーション    │
├─────────────────────┤
│  コミュニケーション   │
├─────────────────────┤
│     アウェアネス     │
├─────────────────────┤
│    コプレゼンス      │
└─────────────────────┘
```

図 4.1　協調の次元階層モデル

それぞれの意味を考えれば，この階層は当たり前のように思われる．協同作業をするためには，相手とのやり取りができることは必要であるし，相手とのやり取りができるためには互いの状態がわかっていなくてはならない．互いの状態がわかるためには，そもそも相手が存在していなくてはならない．例えば，協同で執筆している原稿の修正をするという協同作業を考えてみよう．一人で勝手に修正したのでは協同作業ではないから，どこを修正するか，どのように修正するかといったことを打合せしなければならない．つまり，コラボレーションにはコミュニケーションが必要である．このような打合せをするためには，相手をつかまえる必要があるが，相手が今どこにいるかであるとか，今すぐに打合せができるのかそれとも今は取り込んでいるのかといった相手の状態がわからなければならない．つまり，コミュニケーションにはアウェアネスが必要である．相手の状態がわかるためには，自分だけがいても（プレゼンス）だめで，そもそも対象となる相手がいなくてはならない．つまり，アウェアネスにはコプレゼンスが必要である．

4.3.2　協調の次元階層モデルの意義

以上は，相手が対面状況にいる場合の話である．我々は，対面状況ではこれらを特に意識する必要がない．というのも，対面状況ではコラボレーションにあたってコミュニケーションがあり，アウェアネスがあり，コプレゼンスが当たり前にあるからである．しかし，グループウェアでは対面状況にない相手との協同作業も支援する．むしろ，これまでにできなかった状況での協同作業を支援するのがその役割ともいえる．そのようなケースでは，この階層が成り立っていることが当たり前ではなくなる．そしてこの階層モデルが設計の指針を与える．

協同作業の相手が遠隔地点にいる場合を考えよう．遠隔地点間のコミュニケーション，アウェアネス，コプレゼンスは，対面状況と区別すれば，それぞれ，テレコミュニケーション，テレアウェアネス，テレプレゼンスとなる．遠隔地点間のコラボレーションを支援するためにはこれら3つを成立させなければならないことになる．これまでの説明を読んでくるとこれも当た

り前と思われるかもしれないが，実はこれはまったく当たり前ではない．

初期の代表的なグループウェアにはコラボレーション機能だけを考えて，コミュニケーション以下を考えていないシステムが山とある．協同描画システム，協同執筆システムはその機能だけしかなく，コミュニケーション機能はなかった．コミュニケーションは別の方法でする必要があった．コミュニケーション支援システムはアウェアネス機能をもたない方が普通である．例えば，代表的なコミュニケーション支援システムである電話にはアウェアネス機能はない．電話をかける前に相手の状況を知ることはできず，相手が車を運転中であっても就寝中であってもただ呼び出すだけである．もちろん，電話も今では受け手側でドライブモード，バイブレーションモード，留守電モードなどと色々設定しておくことができるものの，いまだにかけ手側が相手側の状況を電話をかける前に知る機能は一般化していない．

階層モデルを利用することによって，人間の関わり方を踏まえた設計が可能になる．すなわち，ある活動を支援するためには，システムが何を支援することが必要なのかがわかる．

4.3.3　協調の次元階層モデルの拡張

協調の次元階層モデルは，さらに各階層の質を考えて拡張され，「コラボレーション・アーキテクチャ」（図 4.2）と呼ばれている [14]．

図 4.2 の左側が階段状になっているのは，関わりの深さによってはすべての階層が必要とは限らないことを表している．例えば，ベンチで隣同士に座った 2 人が互いの存在あるいは本を読んでいるというような行動に気づいても，話をしなければアウェアネスの段階までしか関わりがないということである．また反対に各階層において達成されている関わりの質にはいくつかのレベルがあり，どのレベルまで達成されているかということは，その上の階層で達成され

コラボレーション	関わりの深さ	
	ビジネスライク	協調的／競合的
コミュニケーション	言語的	非言語的
	文字　　語調	ジェスチャ　　視線一致
アウェアネス	存在　　　行動	雰囲気
	在不在　　手	視線　　オーラ
コプレゼンス	共有感	
	非同期　　音声　　動画　　対面	

図 4.2　コラボレーション・アーキテクチャ

るレベルにも影響を与える．それでは各階層のレベルについて見てゆこう．

　第1層のコプレゼンス層における質は共有感の程度であり，人々の間の情報交換媒体すなわち空間的距離，時間的距離，通信路容量などに左右される．空間的には遠隔環境よりも対面環境の方が，時間的には非同期環境よりも同期環境の方が，通信路についてはテキスト通信しか実用的でない低速ネットワークよりも高精細動画通信の可能な高速ネットワークの方が，それぞれより高い共有感を与える．第2層のアウェアネス層における質としては，存在感に対するアウェアネス（プレゼンスアウェアネス），身振りや視線などの行動に対するアウェアネス（アクションアウェアネス），場の雰囲気や人の感情などに対するアウェアネス（アトモスフィアアウェアネス）の3つのレベルが考えられている．周囲の人々の状況の把握の程度に対応する．第3層のコミュニケーション層における質としては，言語コミュニケーションと非言語コミュニケーションの2つに大別されている．ここでいう非言語コミュニケーションとは言語も非言語も含むという意味であり，利用可能なコミュニケーションチャネルの程度であるといえる．第4層のコラボレーション層における質は関わりの深さの程度であるといえる．特に感情を伴わないビジネスライクな協同と，強い連帯感や思いやりを伴う協調，あるいはその反対の競合や感情的な衝突を区別する．

4.4 アウェアネスの理論

　前節では主にアウェアネス，コミュニケーション，コラボレーションという，人々の協調活動を考えるときに重要な用語とその概念，それらの関係について説明した．ここからは，それらに関わるいくつかの理論について説明する．

　アウェアネスという概念は我々にとって非常に理解しやすいものである．階段と廊下の間のドアについて考えてみよう [15]．このドアが鉄扉の場合は，ドアを開けたときに反対側の人がいるとドアをその人に当ててしまう．しかしこのドアがガラス製の透明なものである場合は，開ける前に反対側に人がいることがわかるので，ゆっくり開けるだろう．ここで，「開ける前に反対側に人がいることがわかる」ということが，アウェアできているということである．そしてガラス製のドアはアウェアネスを提供しているということになる．

　アウェアネスという概念は，Portholes というシステムに関する Paul Dourish らの論文 [16] によって広く知られるようになった．Portholes は，遠隔多地点に分散しているそれぞれのオフィスにいる人々がどのような状況かを一目でわかるように，各地点で一定の時間間隔ごとに撮影した静止画像を一画面に並べたものである．また，そのように状況を確認した後，同じ画面から呼び出しを行い，チャットを開始することもできるようになっている．

　この論文でアウェアネスは「誰が周りにいるか，何が起きているか，誰が誰と話しているか，を知ることに関するもので，日常の作業環境で相互の様子を与える」と説明されている．

4.4.1 アウェアネスの分類

先に説明したように，松下，岡田はアウェアネスを関わりの質によって，プレゼンスアウェアネス，アクションアウェアネス，アトモスフィアアウェアネスとレベル分けしている．

Gutwinは共有作業場の他のメンバーのインタラクション状況を与えるものとしてワークスペースアウェアネスという概念を提唱した．ワークスペースアウェアネスを考える際に次の要素を挙げている（表4.3）[17]．

また，國藤ら[18]は多様なアウェアネス支援を分類する観点として，支援目的，母体となるグループウェア，アウェアネスのレベル，五感，支援タイミングを挙げている．

表 4.3 ワークスペースアウェアネスの要素

要素	関連する質問
参加者	その活動には誰が関わっているか
場所	どこで作業しているか
活発度	ワークスペースでどのくらい活発か
行動	何をしているか
	現在取り組んでいる作業や活動は何か
意図	次に何をするつもりか
	次にどこにいるつもりか
変化	どのような変化をどこで発生させているか
対象物	どのような対象物を使っているか
射程	何を見ることができるか
	どこまで届くか
能力	何をすることができるか
影響範囲	どこを変化させられるか
期待	次に何をしてほしいと考えているか

4.4.2 様々なアウェアネス

その後グループウェアにおけるアウェアネスの重要性が広く認識され，多くの研究が進められるとともに，その概念もより広範に適用されるようになっている．例えば次のようなアウェアネスが挙げられる．

・ゲイズアウェアネス [19]
　見ている場所を認識できること
・アクティビティアウェアネス [20]
　共有場だけでなく個人環境の関連活動も含めた状況を把握できること
・ナレッジアウェアネス [21]
　協調行動過程支援において必要となる情報共有過程に関してグループメンバが相互認知し，気づくということ

・位置アウェアネス [22]

　メンバに定位置を与えることで，在・不在を認識できること

4.5　コミュニケーションの理論

　コミュニケーションにはどのような視点で考えるかに応じた多くのモデルがあるが，ここでは，コミュニケーションを情報伝達とみなす観点と，相互の共通理解を構築していくものであるとする観点を紹介する．前者はシャノンとウィーバーの情報伝達モデル [23] として知られている．また後者はクラークらの共通基盤理論 [24] として知られている．それぞれについて説明しよう．

　シャノンとウィーバーの情報伝達モデルでは図 4.3 のように，送信者がメッセージを送り出し，それを受信者が受け取るととらえる．送られるメッセージは符号化され，その信号が通信路あるいはメディアを通して伝えられる．その過程で信号にノイズがのることがある．伝えられた信号は復号化されて受信者に伝えられる．言い換えると，話者が何かを伝えたいと考えていることがあり（メッセージ），それを伝えるために言葉を話したり身振りにしたりする（符号化）．言葉の一部がちょうど隣を通り過ぎる車の音にかき消されることもあるだろう（ノイズ）．聞き手は聞き取られた言葉や見ることのできた身振りを聞き手の知っている意味で解釈する（復号化）．このように話し手の伝えたいことが聞き手に伝わる．ここで注意すべき点は，送り手の意図するメッセージそのものが聞き手に意図通りに伝わっているとは限らないということである．

　シャノンとウィーバーの情報伝達モデルは情報が一方から他方への一方向に伝わる様子をモデル化している．しかし，コミュニケーションは一方向的なものではなく双方向的なものである．この点を明確にした情報交換モデルもある．

　クラークらの共通基盤理論は，対人コミュニケーション理論のひとつである．コミュニケーションは協調的な活動 (Joint action) であり，その活動とは，共通基盤，共通理解 (Common ground) を作っていくことであると考える．この考え方に基づいて，どのように共通基盤が使われ，また会話により形成されてゆくかを説明している．

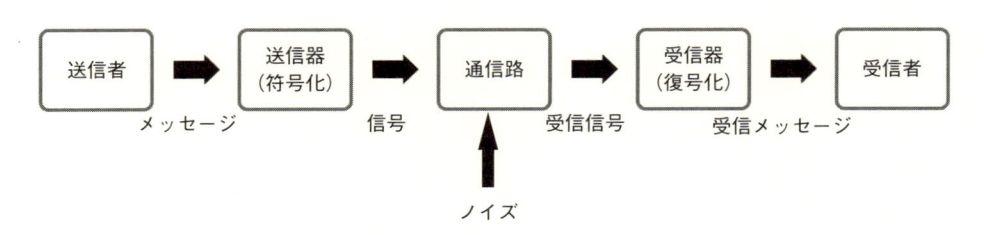

図 4.3　シャノンとウィーバーの情報伝達モデル

まとめ

グループウェアは同期型と非同期型に分類される．グループウェアを学ぶ上で必須な概念である，協調の次元階層モデル，アウェアネスなどの概念をまとめた．

演習問題

設問1 アウェアネス (Awareness)，コラボレーション (Collaboration)，コミュニケーション (Communication)，という言葉を使って，グループウェアの協調作業が良好に実施できる条件について説明しなさい．また，アウェアネスとはどのような意味か説明しなさい．

設問2 アウェアネス (awareness)，コプレゼンス (co-presence)，コラボレーション (collaboration)，コミュニケーション (communication) という言葉を使って，協調の次元階層モデル (a dimension hierarchy model) を説明しなさい（どのような順序で言葉を使ってもよい）．また，アウェアネスが効果的に使われているサービスを一つ示しなさい．

設問3 グループウェアの分類に関する以下の問題に答えなさい．
(1) グループウェアの創成期（1980年代）のグループウェアの分類についてシステムの例も挙げて述べなさい．
(2) 構造によるグループウェアの分類の枠組みを述べなさい．また，そのような分類をする理由について述べなさい．

設問4 協調の次元階層モデルに関して以下の問題に答えなさい．
(1) 各階層の名称と内容について説明しなさい．
(2) 視線の一致はどの階層に入るかを述べ，それを実現する具体的なシステムの例をあげなさい．

設問5 グループウェア技術と SECI モデルとの関係を検討しなさい．

参考文献

[1] Ellis, C. A., Gibbs, S. J. and Rein, G. L.: GROUPWARE: Some issues and experiences, *CACM*, Vol.34, No.1, pp.39–58 (1991).

[2] Stefik, M., Foster, G., Bobrow, D. G. Kahn, K., Lanning, S. and Suchman, L.: Beyond the chalkboard: computer support for collaboration and problem solving in meetings, *Communication of the ACM*, Vol.30, No.1, pp.32–47 (1987).

[3] Foster, G. and Stefik, M.: Cognoter: theory and practice of a colab-orative tool,

Proc. *ACM Conf. on Computer-supported cooperative work (CSCW'86)*, pp.7–15 (1986).

[4] Watabe, K., Sakata, S, Maeno, K., Fukuoka, H. and Ohmori, T.: Distributed multiparty desktop conferencing system: MERMAID, *CSCW'90*, pp.27–38 (1990).

[5] Lotus Notes/Domino 8.5: http://www-06.ibm.com/software/jp/lotus/products/nd85/

[6] Kellogg, W., Whittaker, S. and Patterson, J. F.: A Grand Tour of CSCW Research, Tutorial1, *CSCW'2000* (2000).

[7] Dietz, K. and Leigh, D.: DiamondTouch: A Multi-User Touch Technology, *Proceedings of the 14th Annual ACM Symposium on User Interface Software and Technology (UIST 2001)*, pp. 219–226, November (2001).

[8] WORLD OF WARCRAFT: http://us.battle.net/wow/en/

[9] Facebook: https://ja-jp.facebook.com

[10] Google Docs: http://www.google.com/google-d-s/intl/ja/tour1.html

[11] Twitter: https://twitter.com

[12] 岡田謙一，松下温：協調の次元階層モデルとグループウェアへの適用,『情報処理学会研究報告』93-GW-4, pp.87–94, (1993).

[13] 松下温：人間のかかわりの階層化の試み,『情報処理学会研究報告』93-GW-4, pp.1–5, (1993).

[14] 岡田謙一，松下温：人間のかかわりをいかにモデル化するか,『情報処理学会研究報告』95-GW-14, pp.25–30, (1995).

[15] Erickson, T., Halverson, C., Kellogg, W. A., Laff, M. and Wolf, T.: Social translucence: designing social infrastructures that make collective activity visible, *Communications of the ACM*, Vol.45, No.4, pp. 40–44 (2002) より要約

[16] Dourish, P. and Bly S.: Portholes: Supporting Awareness in a Distributed Work Group, *Proc. CHI'92*, pp.541–547 (1992).

[17] Gutwin, C., Stark, G. and Greenberg, S.: Support for workspaces awareness in educational groupware, *CSCL'95*, pp.147–156 (1995).

[18] 國藤進 編：『知的グループウェアによるナレッジマネジメント』第 4 章, 日科技連, 2001.

[19] 小林稔，石井裕：ClearBoard：シームレスな協同描画空間のデザイン,『情報処理学会研究報告』92-HI-41-18, pp.133–140 (1992).

[20] Nomura, T., Hayashi, K., Hazama, T. and Gudmundson, S.: Interlocus: workspace configuration mechanisms for activity awareness, *Proc. CSCW'98*, pp.19–28 (1998).

[21] 山上俊彦，関良明：Knowledge-awareness 指向のノウハウ伝播支援環境：CATFISH,『情報処理学会研究報告』93-DPS-59-8, pp.57–64 (1993).

[22] 本田新九郎，富岡展也，木村尚亮，岡田謙一，松下温：在宅勤務者の疎外感の解消を実現

した位置アウェアネス・アウェアネススペースに基づく仮想オフィス環境, 『情報処理学会論文誌』Vol.38, No.7, pp.1454–1464 (1997).

[23] Shannon, C. E. and Weaver, W.: *A Mathematical Model of Communication*, University of Illinois Press (1949).

[24] Clark, H. H. and Wilkes-Gibbs, D.: Referring as a collaborative process, *Cognition*, Vol.22, pp.1–39 (1986).

第5章
マルチメディアと五感通信

―□ 学習のポイント ―――

　グループウェアの通信は動画像，音声，チャットが主である．動画像を使ったからと言って必ずしも効果的な通信にならないことを示す．また，触覚，嗅覚といった五感を駆使して通信する方法も研究されている．本章ではマルチメディアと五感情報による通信の特徴について確認する．

―□ キーワード ―――

　センソラマ，チャパニス，五感情報通信

5.1　マルチメディア基礎

　マルチメディアシステムの元祖はモートン・ハイリグが 1961 年に発表したセンソラマ (Sensorama) と言われている [1]．センソラマは立体映画，ステレオ音響，匂いの噴射，振動の機能をもつエンタテイメントシステムで，「ニューヨークを走るバイク」などの映画が上映された．1964 年サンタモニカの海岸に設置されたがビジネス的には成功しなかったと言われている．
　マルチメディアは以下のように定義される [2]．
　「情報の物理的表現としての文字，図形，イメージ，音声，動画などをそれぞれ一つのメディアとし，複数のメディアが関連付けられ，何らかの同期をとりながら，同時に扱うこと．」
　つまり，単にパソコンで動画像や音声が扱えるだけではマルチメディアと呼ばず，お互いに関連してこそ，マルチメディアということになる．
　IT の分野だけではなくアーティストによるマルチメディアの利用も盛んに行われた．1993 年にロックバンドの元ジェネシスのピーター・ゲイブリエルが CD-ROM として販売したマルチメディア作品『エクスプローラ 1』が有名で，音楽以外に QuickTime ムービーなどの動画も用意されていた．プログラミングは HyperCard で行われていて，マルチメディアの作成が身近となった．

5.2 マルチメディアのコスト

　グループウェアにおいてマルチメディアは，コミュニケーションもしくはヒューマンインタフェースと，お互いに密接に関連しあっている．マルチメディアの利用をコミュニケーションとの観点に絞って考えると，マルチメディア，特にビデオ（動画）を用いるとテキストで情報を送るよりは，はるかに多い情報を得ることができるが，それを送るコストがかかる．

　例えば「マルチメディア」という言葉をテキスト文字，音声，静止画，動画で送信する場合を考えてみよう [2]．テキストのチャットで送る場合，7 文字なので 7 バイトとなる．これを電話で 1 秒の音声で送れるとすると，約 8 K バイトとなる約千倍のデータ量が必要となる．電話の音質は比較的悪いので，これが CD の音質だとさらにデータ量が大きくなる．比較的質が低い静止画でも約 400 K（1000 ドット ×1000 ドット ×3 ビット/8）バイト，動画はさらに静止画の 30 倍（1000 ドット ×1000 ドット ×3 ビット ×30 フレーム/8）のデータ量 1.2×10^7 バイトが必要である．テキストと動画には 1.7×10^6 倍の差がある．

　もちろん実際には静止画なら GIF や JPEG，動画なら MPEG や QuickTime などの圧縮方法があり，データの圧縮がかかるのであるが，それでも，ケタ違いのデータを送ることになる．動画の MPEG2 は DVD の品質，MPEG4 は携帯電話の品質である．このデータ量の差に見合う効果はあるのであろうか？

　このようにマルチメディアはコストがかかる．いかにデータ量を減らすかがグループウェアにおけるマルチメディアの課題である．先のデータ圧縮に加え，1 秒当たりに送る画像の枚数を減らし動画像の質を落としたり，送る画像自体の領域を減らしてデータの量を減らしたりして対応している．

5.3 チャパニスの研究

　グループウェアにおけるマルチメディアについて重要な論文の一つにアルフォンス・チャパニス (Alphonse Chapanis) の論文がある [3]．これは 1975 年にチャパニスがサイエンティフィック・アメリカンで発表した論文であり，タイトルが「人間相互のコミュニケーション (Interactive human communication)」である．この論文は会話型計算機を開発するため，人間と人間間の相互のコミュニケーションを知るために，2 人一組で問題解決型の 10 種類の実験を各種のメディアを使って行ったものである．ここで参加者の一人（情報提供者）は理想的な計算機，もう一人（質問者）は計算機の利用者の役割になっている．使われた通信メディアは音声，テレタイプ（タイプ文字，つまりテキスト），ビデオ，手書き文字である．手書き文字の送受信はテレオートグラフ（Fax の原型）で行っている．部屋の真ん中にパネルがあり，ガラスにカーテンがかかっている．図 5.1 に実験環境を示す．

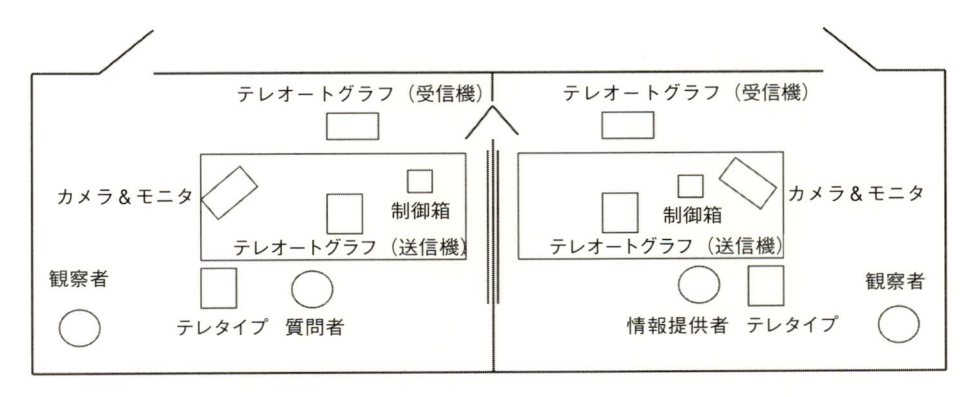

図 5.1　チャパニスの実験環境（参考文献 [3] より作成）

実験の例
(1) ゴミ捨て用キャリアの組立
・質問者―部品の一覧表（組立前の部品がのっている）
・情報提供者―組み立て用の図と指示
(2) 情報検索問題
・質問者―指定された年のニューヨークタイムスに載った，指示された話題に関するすべての記事を探す．
・情報提供者―ニューヨークタイムスの索引
(3) 地図上の方向づけ問題
・質問者―仮定された自宅の住所に最も近い医者を探す．街路図，地図の街路の索引．
・情報提供者―電話帳の医者のリスト

　いずれも答えが一つである問題解決型実験である．この論文にはチャパニスの実験結果とオクスマンの実験結果とが掲載されている．
　まず最初の実験結果では対面と，音声，手書き，タイプ文字（熟練者と初心者）のコミュニケーションとを時間をパラメータとして比較している．対面では 29 分，音声では 33 分，手書き文字では 53.3 分，タイプ文字では 66.2 分（熟練者），69 分（初心者）かかっている．この結果から以下のことがわかった．
・隔離された場所で音声を使うと対面の場合とそれほど時間がかわらず問題が解ける．
・対面の実験と比較するとタイプのみのコミュニケーションでは 2 倍以上の時間が問題解決にかかる．
・考えながら入力しているため，タイピング時間は全体の時間の 1/3 以下で，タイピングの経験はあまりコミュニケーションには関係ない．
　次に，様々な伝達手段の組み合わせたものと対面とをオクスマンの実験で比較している．こ

の結果から以下のことがわかった．
・音声とビデオ，音声と手書き文字，音声とタイプ文字でコミュニケーションをとると対面とほぼ同じ時間で問題を解決できたが，音声を使わなければ（例えばタイプ文字とビデオ）2 倍の時間がかかった．これらから音声がコミュニケーションには必須であることがわかる．
・音声だけと音声とビデオとを比較すると，それらはほとんど問題解決時間が変わらない．

　つまり，音声がコミュニケーションの鍵となることがわかり，ビデオはその大きなデータ量にもかかわらず，あまり役立っていないことがわかる．また，コミュニケーションに割く時間の割合が少ないため，ビデオのみ以外ではなんとか仕事が完遂できることが予想される．
　次に，答えが一つある問題解決型実験でない場合はどうか．その一例として発想法を行った場合について述べる．我々は発想法を複数人で発想支援グループウェアを使って行ってきた．コミュニケーションの手段をチャットのみの場合と，画像と音声とチャット（テキスト）の組み合わせとを比較しても有意差がでなかった．つまり，非常にデータの送信量が少ないテキストベースのチャットでも結果に大きな違いが出ないのである．では，画像と音声がない場合に何が違うのか．これはチャパニスの今後の評価のパラメータにも記述されているが，一つは疑問を表す文のパーセンテージに影響することがわかっている．つまり，テキストベースのチャットでコミュニケーションをとると，チャットのなかのクエスチョンマークの割合が 20 ％にも達する [4]．ところがこれに画像や音声を付けると 10 ％に減るのである．ちなみに 10 ％は対面のときに使う程度と同じである．したがって，画像や音声は不安感や心配を取り除くアウェアネスに大いに利くことになる．

5.4 顔文字

　インスタントメッセージがこれだけ普及しているのはとりもなおさずチャットだけでもある程度のコミュニケーションが可能であることを示している．しかし，テキストのチャットだけでは微妙なニュアンスを伝えづらい．これを埋めるためにフェースマークがある．欧米では :-) や :-< など，横向きの顔文字が使われるが，日本では (^^;（苦笑），(;_;)（泣く），m(__)m（お願いする）など，縦向きの顔文字がよく使われる．特にグループウェアでは m(__)m がよく使われる．これは他の人に操作や仕事を頼むことがあるからである．図 5.2 に顔文字の一覧表 [5] を示す．

5.5 入出力機器

　入力機器としてはキーボード，マウス，タブレット，マイク，ビデオカメラ，出力機器としては画面が主流であった．しかし，グループウェアはもともと離れたところで実施しているため現実感がない．例えば離れたところで学生を教えていても，すぐに飽きて集中しなくなってしまう．最近ではこれだけでは密度の濃いコミュニケーションが取れないことがわかってきて，入

(^_^)　(^・^)　(^・^;)　(^_^;)　(;_;)　(;^;)
(- -;)　(-_-)　(-_-;)　(@_@)　(@_@;)
(_ _)　(_._)　(?_?)　(>_<)　(T_T)
(=^^=)　(+_+)　(~_~)　(~_~")　(^_-)　(*_*)
(^_^")　(*^_^*)　(^^;)　(^o^)　v(^o^;)　v(^o^)v
m(_ _)m　(^^;)　)^o^(　)^o^(　(<^!^>　>^^<
:-)　;-)　'-)　B-)　:-(　:-<　X-(　:-C　:-p

図 **5.2** 顔文字

図 **5.3** ゲームコントローラに付加した圧力センサ

出力に触覚を使ったインタフェースが増えてきている．つまり，実際に触れられたり実体がある（画面でなくハードウェア）インタフェースが増えてきている．例えば石井の Tangible Bit はその一つである [6]．図 5.3 はゲームのコントローラに圧力センサを付加した例である [7]．白丸で囲まれた部分が圧力センサである．圧力センサの押す強さに応じて，それに応じた顔文字が相手に表示される．

マイクロソフトの Kinect[1]が新しい入力インタフェースとして急速に普及している．これは画像認識機能，音声認識機能のほか，奥行きも測定できるところに特徴がある．

新しい出力素子としてペルチェ素子がある．これは電圧をかけることによって，熱くなったり冷たくなったりする素子であり，触覚にかかわる出力素子である．やや反応に時間がかかることや，放熱に関する工夫が必要である．図 5.4 にペルチェ素子を用いたインタフェースの例を示す [8]．ゲームの進行状況によりペルチェ素子（左手の下）の温度が変化する．

---

[1] Kinect はマイクロソフトの登録商標である．

図 5.4　ペルチェ素子を用いたインタフェースの例

5.6　マルチメディアのまとめ

マルチメディアの各効果を以下にまとめる [9, 10]．

(1) ビデオの効果
-際立った優位性は確認されていない．
-作業の質的な側面に効果的．例えばアウェアネスに効果的．テキストと比べて合意形成がやりやすくなる．
(2) 音声の効果
-音声は効果的であるが極端に冗長．
(3) テキストの効果
-データ量の少ないのがメリット．
-匿名性がある．対立しやすくなるが，比較的平等になる．
-アウェアネスが欠如する（不安になる）．

　マルチメディアと騒がれているが，実は掛けたコストほど効果が出ていないのが現実である．特にグループウェアにおけるマルチメディアは通信とからんで使われることが多いが，テキストだけのインスタントメッセージのような手段でも，コミュニケーションの観点から大きな差は出ないと言われている．音声があれば，適切な指示ができる．つまり，仕事にはブロードバ

ンドが必要かは疑問である．一方，娯楽にとってはマルチメディアは不可欠なものであろう．

5.7 五感通信

5.7.1 視覚および聴覚情報通信の研究に関する現状

　遠隔地間を何らかのネットワークで結び，動画像と音声でコミュニケーションをとる電子会議が普及しつつある．その場に行かなくても打合せができるので効率的であり，当初はモチベーションも高く熱心に会議を行うが，そのうち厭きてしまう．どこか遠くから送られてくるテレビを眺めているような状態になってしまうからである．この原因の一つとして相手の「存在感」が無いことが挙げられる．これを解決するために視覚や聴覚を問わず様々な研究がなされてきた．これらはアウェアネス（気付き）の研究と呼ばれている [11]．アウェアネスがうまくとれて，コミュニケーション（通信）やコラボレーション（協同）が成立するのである．これらの研究の結果，相手と視線が一致しないと話している感じが出ないことや，相手の像が小さいと，遠くに感じるため，等身大が良いことがわかってきた [11]．また，動画像と音声だけで遠隔から作業の指示をするだけではなく，その場にあるペット型ロボットが対象物の方を向いたり，レーザポインタで指示することを併用した方が効果的であるという報告もある [12, 13]．その場にある実体のあるものによる指示が良い効果を与えるようで，ロボットの将来的な使用方法が示唆される．音声に関しては，相手がどの位置に座っているかを伝える音像の定位が重要であることがわかっている [11]．

　一方，電子メール，Twitter，チャット，インスタントメッセンジャーなど，テキスト形式のコミュニケーションが手軽さから普及し，いまでは世界的に電話と同じように使用されるようになっている．しかし，テキストによるコミュニケーションではどうしてもニュアンスが伝わらず，顔文字や絵文字を用いて，ニュアンスを補うことが多い [14]．特に携帯電話のように画面の小さなところではハートマークなどの絵文字の効果が大きい．絵文字だけのチャットでも，ごく簡単な日常会話なら日本人と外国人との間でおおよそのコミュニケーションを取ることが可能であるという報告もある [15]．

5.7.2 触覚情報通信の研究に関する現状

　人間には視覚，聴覚，触覚，嗅覚，味覚の五感がある．多くのグループウェアでは，このうちの二感，すなわち動画像と音声しか使っていない．そのためリアルタイムグループウェアでインターネットなどを介して共同作業をする場合，元々実在しない遠隔地間の空間で作業を行っているため，画像や音声だけでは現実感が薄くなる．

　現実の世界において人は作業するときに手を使う．ところが現在ではキーボード入力作業とマウス入力作業程度しか行わないため，実際に作業している感覚が希薄となり，現実世界との遊離を引き起こす一因ともなっている．そこで，これを補うために握ったり触ったりするインタ

フェースが現れてきた．代表的なものに石井らが開発した Tangible Bits (Tangible interfaces) がある [6]．inTouch [6] はローラー状のものが並び，これを押すと，ネットワークを介した相手方のローラーも回転される．離れたところの相手が力を感じる．TangibleChat [16] はキーボード入力の強弱をキーボードに備えた加速度センサで検知し，その振動を相手の椅子に伝えるものである．HeartyEgg [18] は風船様なものを握った感じが相手に伝わるものである．これらはいずれも触覚をそのまま相手に伝える．アグレッシブな刺激の利用については不足している．

5.7.3 嗅覚および味覚情報通信の研究に関する現状

嗅覚に関しては，光の3原色のような"原臭"がないため，合成方法が難しい．限定された匂いを共有する装置はいくつか開発されている [18]．香りの通信は，例えば，食品や香水などのテレフォンショッピングに効果的であると考えられ，実用的な研究が進んでいる．嗅覚の問題点は微妙な香りを発生するためには機器が大掛かりとなることや，香りがいつまでも籠って，簡単には変えられないことである．そのために，あらかじめ決められた香りだけを背景香として使ったり [19]，香りの発生の停止を速やかに行えるようにしたり，香りをファンで飛ばすなどの研究が行われている [20]．微量の香料を噴射させるためプリンターのインクジェットの技術が使用されている．図 5.5 に香りを発生するシステム（Fragrance Jet II とその改良型）[21] の例を示す．

味覚に関しては，基本味（甘味，苦味，辛味，酸味，うまみ）があるため，いかなる味も合成可能である．すでにビールの銘柄を当てるくらいの分析能力をもつセンサーが開発され，販売されているが [22]，香りの研究と同様に，出力側で味を合成するための簡単な装置を構築するところにはまだ達していない．

香りや味覚はまだまだ研究の余地がある分野である，

5.7.4 五感情報通信モデル

五感情報通信の方法には様々な形態があるが，視覚（動画像），聴覚（音声）以外のデータは

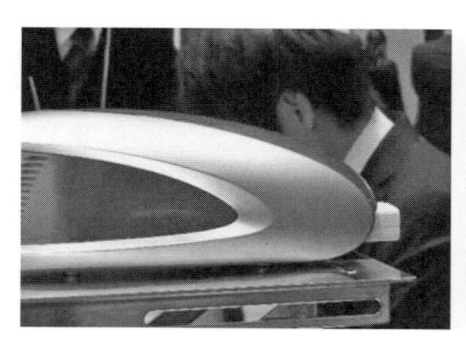

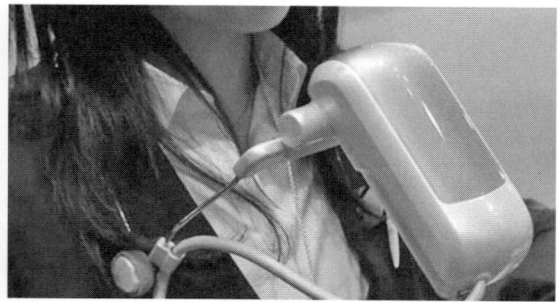

図 5.5 嗅覚に関するインタフェース

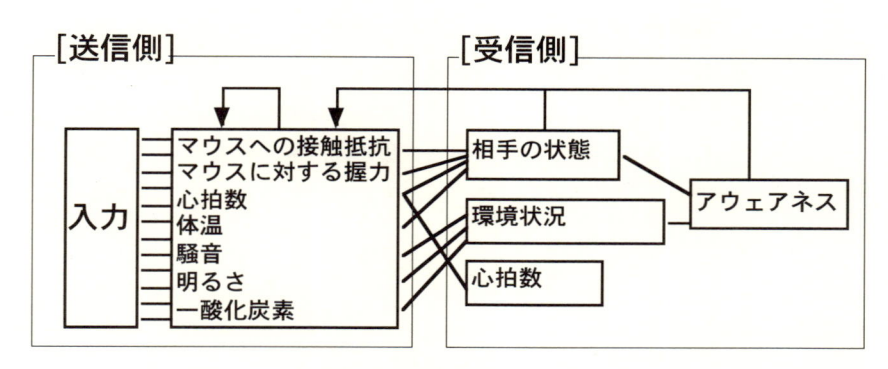

図 5.6 五感情報通信モデル

基本的には各種センサで得られた情報を電気信号に変換し，これをテキスト形式のデータとしてネットワークを介して相手に送る．動画像や音声を除けば，他の様々な感覚のデータを送信してもデータ量はわずかであるため，高速なネットワークが普及している現在においては，動画像や音声とともにこれらの情報を送信することには問題がない．

ここで示した五感情報通信モデルの例（図5.6）は，脊椎動物の視覚系の情報処理にヒントを得たモデルである [23–25]．脊椎動物では目から視覚に関する刺激が入力されるが，その場でその処理は行わず，大脳まで伝送され，そこで処理が階層的に行われる．これを五感情報の通信にあてはめると，例えば，相手のアウェアネスを知るために，センサから収集したその人の心拍数，体温，マウスを握っている力などの時系列データと，周りの明るさや騒音などの環境のデータとを送信し，受信側でそのなかから必要なデータを取り出して，それを処理することになる（図5.6）．

さらにこのモデルを拡張すると，その人の見ているテレビ番組，ラジオ番組，チャット，SNS，Webの操作，電子メールなどのログをとり，これと上記の各種センサから収集した五感情報データとを合わせて入力とする．これらを送信側では加工しないですべて受信側（ロボット）に送り，これを受信側（ロボット）で送信側の「存在感」を表現する処理を行うことが考えられる．

これらをまとめると，以下のような「存在感」を示す方法が考えられる．五感情報通信を基盤としたロボットで「存在感」を表現するためには，対象となる人のテレビ，パソコン，電話などから収集した操作のログやセンサで人の状態や動作，環境の状況などを収集し，五感情報通信を用いてロボットに伝える．蓄積されたデータからロボットは例えば野中のSECIモデル [26]（第3章参照）に基づき，これらのデータを共同化，表出化，連結化，内面化する．これで得た形式知，形式知化した暗黙知を自動的に分析し，行動パターンを推測して，これとリアルタイムな五感情報とから自律的にロボットを動作させ「存在感」を表現する．

まとめ

本章ではグループウェアの通信に関して各メディアの特徴を示し，音声が効果的で，動画像は必ずしも効率的な通信にならないことを示した．また，触覚，嗅覚といった五感を駆使して通信する方法も示し，マルチメディアと五感情報による通信の特徴について確認した．

演習問題

設問1 時間をかけてもよいから，離れたところに居る参加者に企画したことの意図を正確に伝え，合意を取り付けたい場合を考える．どのようなコミュニケーション手段を使えばよいかを理由を付けて述べなさい．

設問2 チャパニスが 1975 年に発表した論文「人間相互のコミュニケーション」はマルチメディアのコミュニケーションに与える影響を示す重要な論文である．ビデオ，音声，テキスト（文字）の各コミュニケーションのメディアの観点から，その内容を簡潔に記述しなさい．

設問3 グループウェアでコミュニケーションの手段として，(1) 動画像，音声，テキストによるチャット，(2) 音声のみ，(3) テキストによるチャットのみ，を考える．各々適切な適用対象とその理由を述べなさい．

設問4 人に意図を伝えるコミュニケーションの手段として，(a) ビデオ，(b) 音声，(c) テキスト形式のチャットがあるとする．
(1) (a),(b),(c) のコミュニケーションの手段としての特徴を述べなさい．
(2) 嗅覚の通信を応用できる分野について述べなさい．

参考文献

[1] Darken, R. and Zyda, M. : VR - The Historical Context, http://www.movesinstitute.org/~zyda/courses/1HistoryOfVR.pdf
[2] 阪田史郎：『グループウェアの実現技術』ソフトウェア・リサーチ・センター (1992).
[3] Chapanis, A.: 人間相互のコミュニケーション，pp.62–69,『日経サイエンス』1975 年 5 月号 (1975).
[4] 宗森純, 五郎丸秀樹, 長澤庸二：発想支援グループウェアの実施に及ぼす分散環境の影響,『情報処理学会論文誌』36, 6, pp.1350–1358 (1995).
[5] 黒川隆夫：『ノンバーバルインタフェース』オーム社 (1994).

[6] Brave, S., Ishii, H. and Dahley, A.: Tangible Interfaces for Remote Collaboration and Communication, *Proceedings of CSCW'98*, pp.169–178 (1998).

[7] 宗森純，萬谷僚太，伊藤淳子：相手との対戦感覚を高めるゲーム向け感情共有システムの提案と評価,『情報処理学会論文誌』Vol.54, No.1, pp.318–329 (2013).

[8] 木村鷹，伊藤淳子，宗森純：ペルチェ素子を用いたゲーム向け温度知覚インターフェース, *DICOMO2013*, pp.1248–1254 (2013).

[9] 松下温，岡田謙一，勝山恒男，西村孝，山上俊彦 編：『知的触発に向かう情報社会 グループウェア維新』bit 別冊，共立出版 (1994).

[10] スプロウル，L．，キースラー，S：変わる労働環境：特集コンピュータネットワーク,『日経サイエンス』, Vol.21, No.11, pp.104–112 (1991).

[11] 松下温，岡田謙一：『コラボレーションとコミュニケーション』共立出版 (1995)

[12] 板原達也，葛岡英明，山下淳，山崎敬一，中村裕一，尾関基行：対話型作業支援システムにおけるロボットの補助効果に関する研究,『情報処理学会論文誌』Vol.48, No.2, pp.949–957 (2007).

[13] 小山慎哉，葛岡英明，山崎敬一，山崎晶子，加藤浩，鈴木栄幸，三樹弘之：実空間上の遠隔作業指示を支援するシステムの開発,『情報処理学会論文誌』Vol. 40, No. 11, pp.3812–3822 (1999).

[14] 川上善郎，川浦康至，池田謙一，古川良治：『電子ネットワーキングの社会心理コンピュータ・コミュニケーションへのパスポート』誠信書房 (1993).

[15] 宗森純，大野純佳，吉野孝：絵文字チャットによるコミュニケーションの提案と評価,『情報処理学会論文誌』Vol.47, No.7, 2071–2080 (2006).

[16] 山田裕子，平野貴幸，西本一志：TangibleChat: 打鍵振動の伝達によるキーボードチャットにおける対話状況アウェアネス伝達の試み,『情報処理学会論文誌』Vol.44, No.5, pp.1392–1403 (2003).

[17] 安部美緒子，大村和典：遠隔地間対話における触力覚チャネルの効果，日本認知科学会第17回大会，P1-13 (2000).

[18] 「香り PC」公開のお知らせ～香りのでるパソコンが，電力館に登場～(2004): http://www.tepco.co.jp/cc/direct/041007-j.html

[19] 伊藤修一，相場秀太郎，山下泰生，重野寛，岡田謙一："香り情報通信における嗅覚情報モデルの提案", マルチメディア, 分散, 協調とモバイル（DICOMO 2004）シンポジウム, pp.417–420, 2004 年 7 月 (2004).

[20] Kim, D. W., 西本一志, 國藤進：FragrantMemories: 香りつき映像を編集可能なホームビデオシステム，インタラクション 2006，インタラクティブ発表 (2006).

[21] Fragrance Jet II: http://www.engadget.com/2010/12/15/fragrance-jet-ii-receives-video-demonstration-

still-looks-like/
[22] 都甲潔：味のデジタル革命,『電気学会論文誌』電学論 E, Vol.123, No.5, pp.147–151 (2003).
[23] Munemori, J.: Modified Brain Model Hyper Communication Mechanisms, *Proceedings of 2001 IEEE International Conference on Systems, Man, and Cybernetics (SMC2001)*, pp. 622–627 (2001).
[24] Munemori, J. and Yoshino, T.: THE PROTOTYPE OF BRAIN MODEL HYPER COMMUNICATION MECHANISMS, *IEEE 2002 International Conference on Consumer Electronics*, pp.232–233 (2002).
[25] 経済産業省：人間生活技術分野の技術戦略マップ
http://www.meti.go.jp/policy/kenkyu_kaihatu/TRM2006/55human-all.pdf.
[26] 野中郁次郎，武内弘高：『知識創造企業』東洋経済新報社 (1996).

第6章
マルチユーザインタフェース

☐ 学習のポイント

ユーザが一人である従来のコンピュータシステムと異なりグループウェアはマルチユーザを対象とする．このことに対応するために，アクセス制御，WYSIWIS の原則，テレポインタなどが使われる．また，大画面インタフェースやテーブルトップインタフェースもマルチユーザインタフェースとして工夫して利用されていることを学ぶ．

☐ キーワード

LiveBoard，テーブルトップインタフェース，DiamondTouch，マルチタッチディスプレイ

6.1 アクセス制御

協調作業をする場所のことを共有作業空間 (Shared Workspace) と呼ぶ．共有作業空間には複数ユーザがアクセスし作業をする．例えば今 A さんと B さんが一つの文書を共同で編集しているとしよう．A さんが編集をしている様子を B さんが見ているだけならば，WYSIWIS（後述）を実現しておけばよいが，B さんも編集するとなったらどうだろうか．このような場合にも作業が破綻なく進められるようにするためにアクセス制御が必要である．

アクセス制御の方法には大きく分けて3つある．1つ目はアクセス制御をしないという方法である．ユーザが複数であっても，ユーザが互いに相手がいま何をしているかという状況がわかる場合には，人は互いに作業をうまく調整できるし，そのように振る舞う．この，人が共有している調整のしかたは「社会的プロトコル」と呼ばれる．2つ目は，A さんが文書を編集している間は，B さんが編集できないようにするという方法である．つまり，誰かが編集中の文書ファイルは他の誰かが触れないようにロックしてしまう．これを厳格なロックということもある．3つ目は，2つ目よりも細かく，A さんが編集している文書の全体ではなく，ページあるいは段落だけをロックする方法である．このような細かなロックにすることによって B さん

も同時に同一文書を編集することができる．これを緩やかなロックということもある．

GUIにおけるマルチユーザインタフェース：WYSIWIS

グラフィカル・ユーザ・インタフェース(GUI)では，コンピュータに相対するユーザは1人であることが前提になっている．しかし，協調作業では共有作業空間の状態を各ユーザに知らせなければならない．このための原則としてWYSIWISということばが知られている．

WYSIWISとはWhat You See Is What I Seeの頭文字をとったもので，複数ユーザがひとつの共有アプリケーションを利用する場合に重要な原則を表したことばである．協調作業をするときには「相手の見ているものと自分の見ているものが同じである」というように，互いのやり取りの基盤となる状況やその認識が一致していることが重要であることを示している．

WYSIWISを実現する方法には大きく分けて2つある．1つは集中制御型であり，もう1つは分散制御型である．集中制御型では中央に1つの状態管理サーバを置き，各ユーザが操作するアプリケーションは，このサーバにクライアントとして接続する．クライアントで操作があった場合は，その情報がサーバに送信される．サーバはその情報をすべてのクライアントに同報する．このようにして，すべてのクライアントの状態を同一に保つ．分散制御型では各アプリケーションで状態を保持する．

GUIにおけるマルチユーザインタフェース：テレポインタ

グラフィカル・ユーザ・インタフェース(GUI)では，画面上に視覚的に表現されたウィンドウやアイコンなどの操作オブジェクトをマウスなどのポインティングデバイスで操作する．この，コンピュータへの入出力の操作体系はユーザが一人であることが前提になっている．そこで，1つの画面に対して複数ユーザがいる場合について，テレポインタが考えられている．テレポインタには，大きく分けて2種類ある．

1つはユーザごとにポインタを用意する方法である．この場合は，画面には複数のポインタが表示される．どのユーザも自由に自分のポインタを操作でき，複数ポインタによる協調的な操作なども可能である．一方でどれが誰のポインタなのかがわかりにくくなるので，区別ができるように，ポインタにユーザの名前を付けたり，ユーザごとにポインタの色を変えたりすることが多いが，描画アプリケーションなどではそのポインタがペンとなって様々な色の線を描いたりするので，色による識別は混乱を招くという問題がある．またユーザが色盲で区別できない場合もあるので，ユーザごとにポインタの形状を変えるという工夫が必要である[1]．また，ユーザ数が多い場合にはポインタ数も多くなり実際的ではない．

もう1つは，1つのポインタを複数ユーザが共有する方法である．この場合は，画面が多数のポインタで見づらくなるようなことはないが，ポインタの操作を誰がするかという，ポインタの操作権については，共有作業空間に対するアクセス制御と同様の問題がある．また，今誰がポインタの操作権をもっているのかをポインタの色などを変えてわかりやすく表示する工夫がなされる．

6.2 大画面インタフェース

1980年代から2000年頃までは一般に利用されるコンピュータはパーソナルコンピュータが大半であった．これは文字通り1台のコンピュータを個人が専有利用するものである．実はそれ以前のコンピュータの利用方法は個人の専有利用ではなく，1台のコンピュータ（大型コンピュータやミニコン）を多数のユーザが利用するものであったが，これは，コンピュータが高価である，処理能力が十分でないというように希少資源であったため，1人当たりの利用時間を限定して皆で使うというものであり，処理される作業そのものはユーザごとに異なるものであった．

パーソナルコンピュータが個人の作業を十分に処理できるようになると，次には複数ユーザの協調作業のような，さらにコンピュータの処理能力が必要な作業もコンピュータの利用対象となってきた．コンピュータの処理能力の進歩は主にユーザインタフェースに利用されており，特に情報表示に処理能力の多くが使われてきた．このような流れで情報の大画面表示が広まってきた．一方で，複数ユーザが対面で協調作業をする場合には，作業画面をその場で共有することになるので，この点からも大画面を利用することが望ましい．そこで協調作業支援システムでは以前より大画面の情報表示が積極的に検討されてきた．

たとえば，ユビキタス・コンピューティング・プロジェクトのプロトタイプの1つとして知られるLiveBoardは対面での作業共有に必要な画面の大きさを備えた電子ホワイトボードである（図6.1）[2]．

ドイツのGMDでは，i-LANDという未来の情報作業環境を構築したプロジェクトにおいてDynaWallと呼ばれる幅4.5 m高さ1.1 mの大型壁面共有スクリーンが導入された（図6.2）[3]．

6.3 テーブルトップインタフェース

対面での協調作業ではホワイトボードがよく使われる．大画面インタフェースはこれに対応すると考えることができるが，このようなホワイトボードは垂直に立てて利用されるだけでなく，テーブルに置いて利用されることも多い．垂直に立てて置かれたホワイトボードではユーザはその前に立って利用するが，水平に置かれたホワイトボードではユーザはその周りを囲んで利用する．テーブルトップインタフェースと呼ばれる，水平に置かれた画面は，このように水平に置かれたホワイトボードに対応すると考えることができる．垂直に置かれたスクリーンでは，大画面であっても1箇所に表示されている情報には同時に2人程度しか書き込めないが，水平に置かれたスクリーンではもう少し多人数が同時にアクセスすることができる．

テーブルや机は我々にとって大変馴染み深い作業場であるので，テーブルを情報空間のインタフェースとすることによる多くの工夫がなされてきている．1つは机の上で行われる作業を情報技術により支援するものである．たとえば，Digital Deskでは，カメラとデジタイザによっ

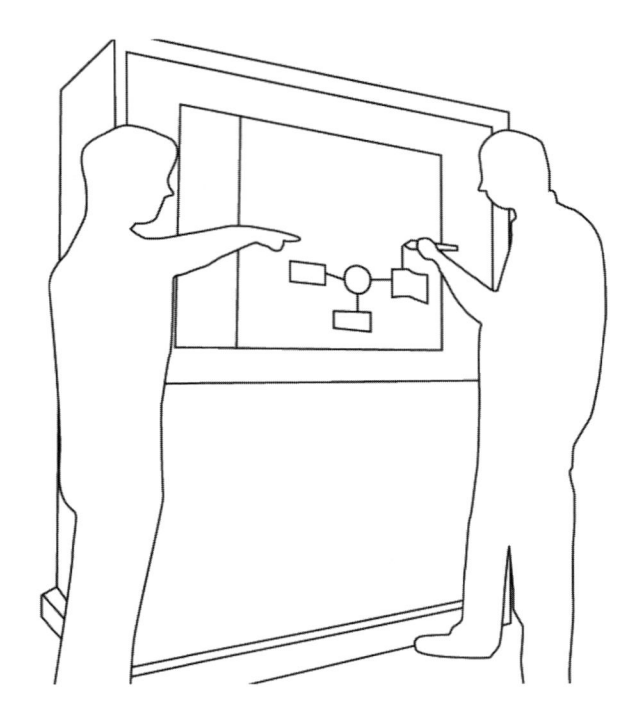

図 6.1 LiveBoard（文献 [2] を参考に作成）

図 6.2 DynaWall（文献 [3] を参考に作成）

て机上の指差しやペン，書類の位置を認識し，また，プロジェクタから映像を机上に投影することによって，ペンで描かれた絵を電子的にコピーして複製したものを表示したり，書類上の数字を指差しによって電卓ソフトウェアに入力したりといったことを可能にしている（図 6.3）

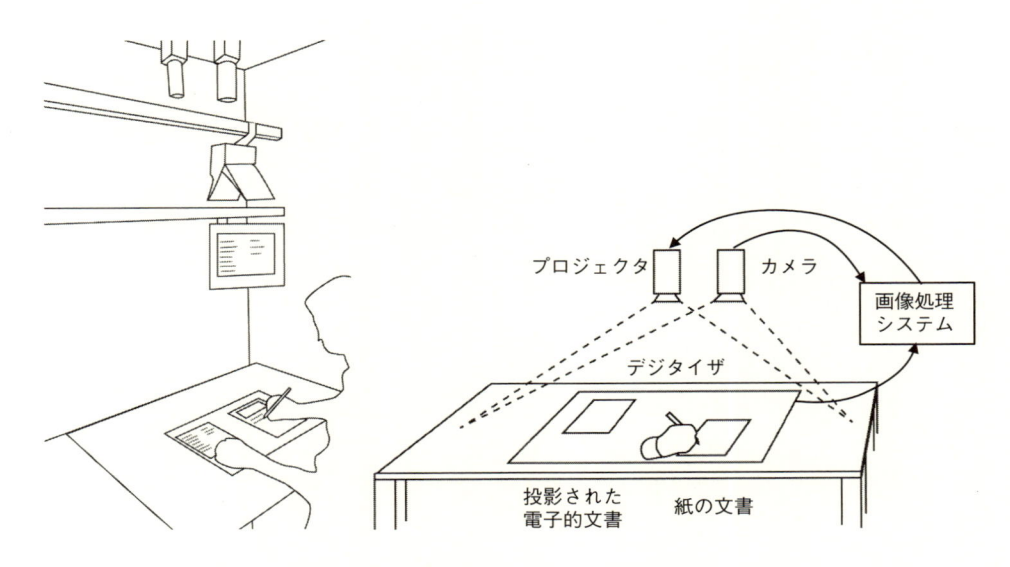

図 **6.3** Digital Desk（文献 [4] を参考に作成）

[4].

　テーブルを情報空間のインタフェースとする際の工夫のもう1つは，複数人で作業ができるようにすることである．このためには，複数人が同時にテーブル上の情報や物体を操作してもそれらの位置がわかったり，誰が操作をしているのかがわかったりすると都合が良い．Diamond-Touchは，2次元格子状の電極を白い絶縁シートで覆ったテーブル面で，その周囲の電極面に座った人が指でテーブル面に触れると，静電容量の変化によって誰がどこに触れたかが検出できる．上部空間に設置したプロジェクタから情報を投影表示するマルチタッチディスプレイである（図 6.4）[5].

　FTIR方式のマルチタッチディスプレイもよく知られている．FTIRとはFrustrated Total Internal Reflectionの頭文字をとった呼び名である．アクリル板の側面から赤外線LEDで赤外線を照射すると，赤外線はアクリル板の境界面で全反射して板面内に閉じ込められているが，板面を指で触れるとそこから赤外線が外に漏れる．この漏れ出た赤外線をカメラで検出することで触れた位置がわかる仕組みである（図 6.5）[6].

　Sensetableは，テーブル上の複数の物体の位置と向きの認識を，初期には電磁誘導方式で，その後は静電容量方式で実現している（図 6.6）[7,8].

　物体の認識では付与したマーカによる方法もよく知られているが，reacTableは，reacTIVisionと呼ぶビジュアルマーカ認識によって，底面にマーカのついた複数のオブジェクトの位置や方向を認識する．オブジェクトを音源やエフェクタなどに割り当てることでリアルタイムの音楽パフォーマンスを実現した．装置の外見も美しく，ミュージシャンのBjorkのライブで使われて有名になった（図 6.7）[9].

図 6.4 DiamondTouch（http://en.wikipedia.org/wiki/File:MERL-LOBBY.JPG を参考に作成）

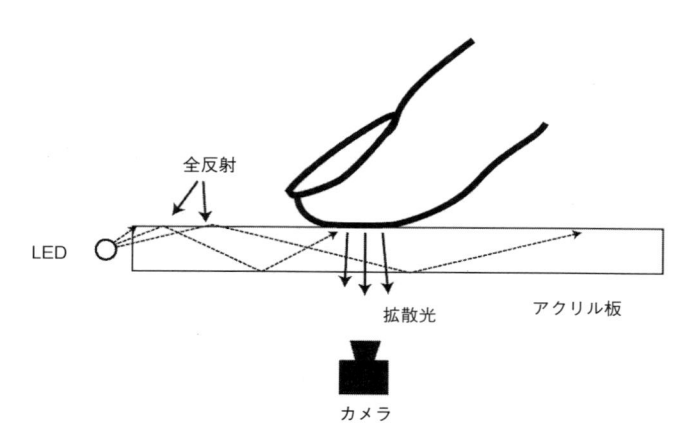

図 6.5 FTIR 方式マルチタッチディスプレイの仕組み（文献 [6] を参考に作成）

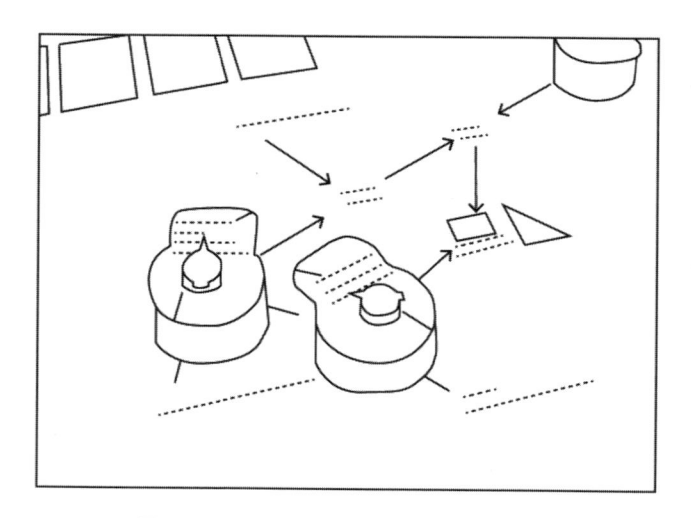

図 6.6 Sensetable（文献 [7] を参考に作成）

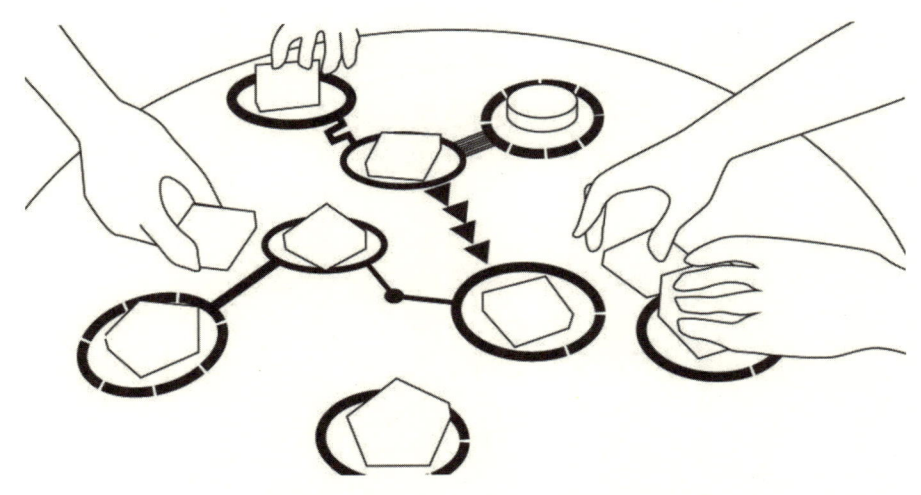

図 6.7　reacTable（文献 [9] を参考に作成）

6.4　テーブルトップインタフェースの多人数利用

　適切なマルチユーザインタフェースの開発には，前章で紹介したようなテーブルトップインタフェースが，多人数の作業では実際にどのように利用されるかを知ることが重要である．知られている問題の1つは，書類などの情報を皆で見ようとすると，その向きが問題になることや，大きなテーブルでは遠くの情報が見にくいという，情報の見やすさの問題である．回転できる円卓のメタファを採用している例や（図 6.8），テーブルの縁に沿ったレールで受け渡しをする例がある（図 6.9）[10,11]．一方で，物の向きは，情報の理解や活動を順序立てることやユーザ間のコミュニケーション手段として利用されているので，単にユーザの方を向ければいいというわけではない [12]．

　また，実際には作業をするために個人領域，グループ領域，蓄積領域の3種類に場所が使い分けられているということも知られている [13]．このような実際の使われ方を考慮してユーザインタフェースをデザインする必要がある．

まとめ

　複数ユーザの利用に対応するための仕組みとインタフェースとして，アクセス制御，WYSIWISの原則，テレポインタがよく知られている．また，大画面インタフェースやテーブルトップインタフェースもマルチユーザインタフェースとしてよく使われている．

80 ◆ 第6章 マルチユーザインタフェース

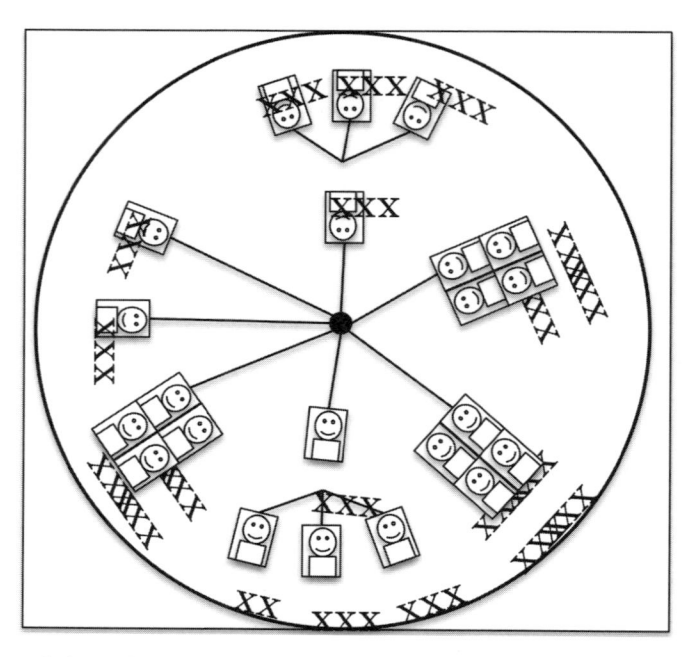

図 6.8 回転する円卓メタファによるインタフェースのイメージ（文献 [10] を参考に作成）

図 6.9 レールメタファによる情報の受け渡し

演習問題

設問1 複数のユーザが1つの作業をする場合に生じる問題について説明しなさい．

設問2 垂直に立てられたディスプレイと水平に置かれたディスプレイについて，利用のされ方がどう異なるか説明しなさい．

設問3 マルチタッチディスプレイの仕組みについて説明しなさい．

設問4 テーブルトップインタフェースにおける情報表示で生じる問題について説明しなさい．

設問5 テーブルトップインタフェースにおける協調作業で生じる問題について説明しなさい．

参考文献

[1] Myers, B. A., Stiel, H. and Gargiulo, R.: Collaboration using multiple PDAs connected to a PC, *Proc. CSCW'98*, pp.285–294 (1998).

[2] Elrod, S., Bruce, R., Gold, R., Goldberg, D., Halasz, F., Janssen, W., Lee, D., McCall, K., Pedersen, E., Pier, K., Targ, J. and Welch, B.: Liveboard: a large interactive display supporting group meetings, presentations, and remote collaboration, *Proc. CHI'92*, pp.599–607 (1992).

[3] Streitz, N. A., Geißler, J., Holmer, T., Konomi, S., Müller-Tomfelde, C., Reischl, W., Rexroth, P., Seitz, P. and Steinmetz, R.: i-LAND: An interactive Landscape for Creativity and Innovation, *Proc. CHI'99*, pp.120–127 (1999).

[4] Wellner, P.: Interacting with paper on the DigitalDesk, *Communications of the ACM*, Vol.36, No.7, pp.87–96 (1993).

[5] Dietz, P. and Leigh, D.: DiamondTouch: A multi-user touch technology, *Proc. UIST'01*, pp.219–226 (2001).

[6] Han, J. Y.: Low-cost multi-touch sensing through frustrated total internal reflection, *Proc. UIST'05*, pp.115–118 (2005).

[7] Patten, J., Ishii, H., Hines, J. and Pangaro, G.: Sensetable: A Wireless Object Tracking Platform for Tangible User Interfaces, *Proc. CHI'01*, pp.253–260 (2001).

[8] Patten Studio: Design and Technology for Interactive Experiences, http://www.pattenstudio.com/projects/sensetable/ (2012).

[9] Jordà, S., Geiger, G., Alonso, M. and Kaltenbrunner, M.: The reacTable: Explor-

ing the Synergy between Live Music Performance and Tabletop Tangible Interfaces, *Proc. TEI'07*, pp.139–146 (2007).

[10] Shen, C., Lesh, N. and Vernier, F.: Personal digital historian: story sharing around the table, *Interactions*, Vol.10, No.2, pp.15–22 (2003).

[11] 北原圭吾，丸山祐太，井上智雄，重野寛，岡田謙一：協調学習支援を目的としたテーブルトップインタフェース,『情報処理学会論文誌』Vol.47, No.11, pp.3054–3062 (2006).

[12] Kruger, R., Carperdale, S., Scott, S. D. and Greenberg, S.: Roles of Orientation in Tabletop Collaboration: Comprehension, Coordination and Communication, *Computer Supported Cooperative Work*, Vol.13, No.5–6, pp.501–537 (2005).

[13] Scott, S. D., Sheelagh, M. Carpendale, T. and Inkpen, K. M.: Territoriality in collaborative tabletop workspaces, *Proc. CSCW'04*, pp.294–303 (2004).

第7章
アイデア発想法実習

☐ 学習のポイント

学生を対象とする KJ 法を参考にしたアイデア発想法実習の実施例をテーマの設定から文章化までを述べる．そのアイデア発想法の実習はアイデア出し，グループ編成，図解化，文章化に分かれる．特に，グループ編成を初めて行うとどうしてもアイデアを分類してしまうが，そうならないように注意点を記述した．

☐ キーワード

発想法，ブレインストーミング，ブレインライティング，635 法，グループ編成，図解化，文章化，分類ではない

7.1 発想法実習

ここでは情報系の学生数十人単位の授業で行う例にアイデア発想法実習の実施方法に関して述べる．KJ 法 [1–4] は基本的には川喜田研究所で研修を受けてのみ使用できるとされている．ここで紹介する内容は書籍として公開された KJ 法を参考にした方法であり，そのためアイデア発想法実習と呼ぶ．

また，アイデアを出すのは授業に参加する学生全員であるが，実習自体はグループや個人で行うことができる．

実習では，まず，最初に目的となるテーマが決められ，次にアイデア発想作業が実施される．

7.2 テーマの設定

会社で KJ 法などのアイデア発想を行う場合は必要に迫られたテーマを用いるとよい．一方，学生実習においては，テーマ設定には注意を要する．

アイデア発想法には当然限界がある．例えばヨーロッパのある国の経済危機を救う方法を議論するために各国の経済担当者がアイデア発想を行うのは好ましいが，当事者でない日本の工

学部の大学生が議論しても実効的な結果が得られない可能性は高い．逆に将来の携帯電話について議論するために，日本の工学部の大学生がアイデア発想を行うのは好ましいが，各国の経済担当者がこれに関して議論するのも適切とはいえない．つまり，アイデア発想法は新製品の開発や改良の担当者など，そのテーマに関して差し迫った状況の人が行うのが適切であり，問題解決の対象にまったく関わっていない人が行っても良いアイデアは出てこないし，まとめきれないことが予測される．そこで，アイデア発想法を行う場合，参加者ほぼ全員が興味をもっているテーマを選択する．

これまで行ったアイデア発想法実習のテーマを以下に列挙する．
・究極のネットワークサービス（ハードウェアも含む）
・究極のITサービス
・究極のモバイルアプリケーション
・究極のケータイ
・究極のスマートフォン
・究極の幼児用ソフト

「究極の……」となっているのは，今は存在しなくてこれから作るとすればこうなる，という発想法らしさを強調するために，この言葉を付けている．

7.3 アイデア出し（ラベル作り）

7.3.1 ブレインストーミング

アイデア発想法のアイデア出しの部分はブレインストーミング[5]に相当する．したがって，一般的には下記のブレインストーミングのルールがアイデアを出すときに適用される．
(1) 他人の意見を批判しない
(2) 自由奔放に意見を述べる．
(3) できるだけ多量のアイデアを出す．
(4) 結合．他人の意見をうけて，さらにそれを発展させる．
各参加者がテーマに関するアイデアを意見として出し，付箋紙などにそれを記述し，テーブル上の模造紙（B1判）上に並べる．意見が書かれている付箋紙をラベルと呼ぶ[3]．思い付いた意見を躊躇なくだすことが重要である．

ブレインストーミングで出たアイデアの例を図7.1に示す．

7.3.2 ブレインライティング [5]

沈黙のブレインストーミングと呼ばれる手法である．635法を改良した手法と言われている[5]．用紙にアイデアを書き込み，それを次の人に回す手法である．ブレインライティングは

7.3 アイデア出し（ラベル作り） ◆ 85

図 **7.1** 紙面上のアイデア出しの例

課題			

	A	B	C
1			
2			
3			
4			
5			
6			

図 **7.2** ブレインライティングの用紙の例

6名で机を囲んで行い，テーマに沿って5分間に3個のアイデアを出し，5分後に次の人に用紙（図7.2）を渡す．次の人は以前の人のアイデアを参考にしたり，また全く異なったアイデアを記入する．30分間で終わり，最大で108個（1人18個×6名）のアイデアが生まれる．ブレインライティングは授業でアイデア出しに使うのには適している．その理由としては，(1) 静かに行えるので，他の教室の授業に迷惑がかからない，(2) ブレインストーミングと比べて明らかに出るアイデアの数が多い．ただし，その出るアイデアがブレインストーミングと同程度の

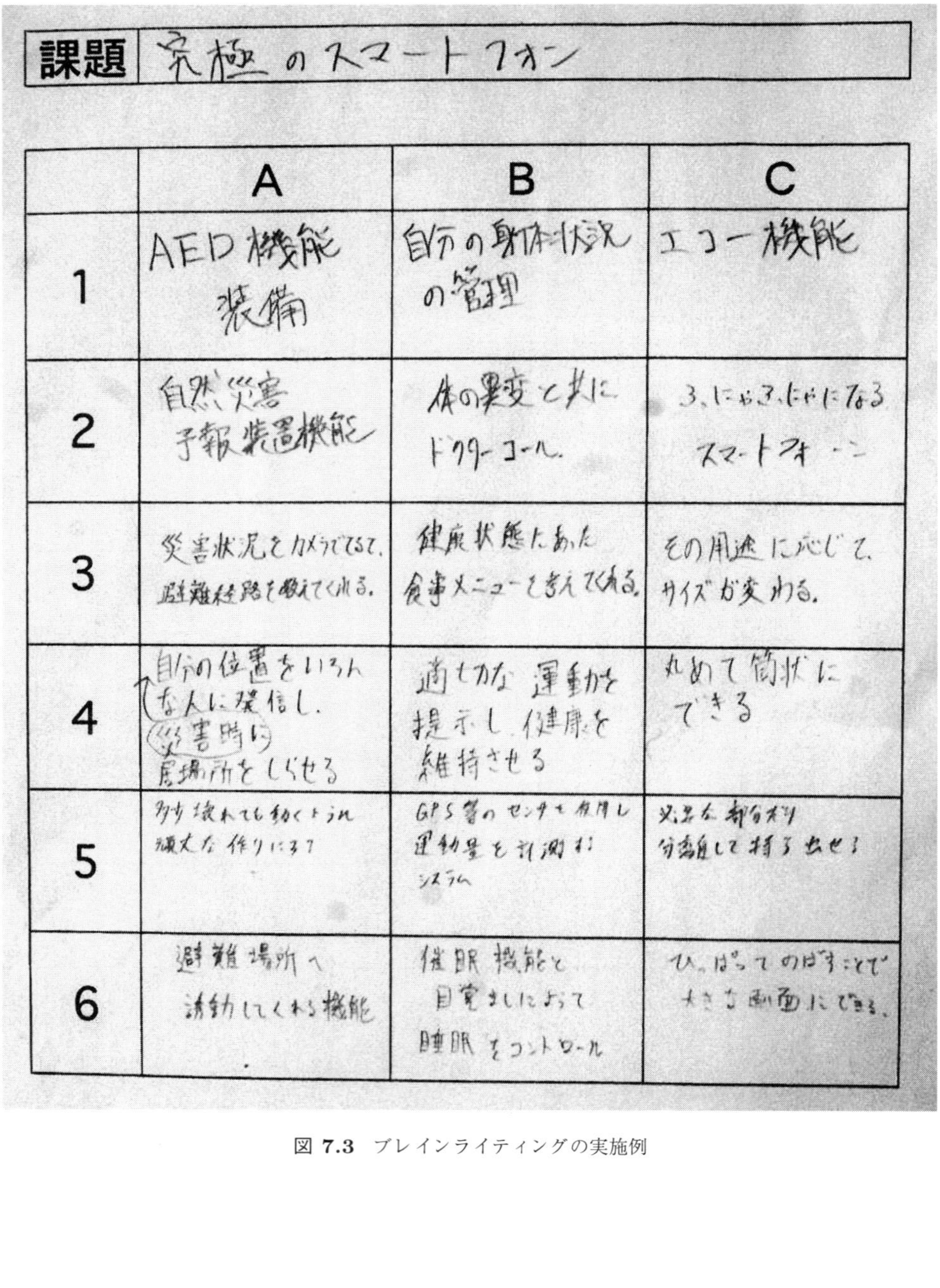

	A	B	C
課題	究極のスマートフォン		
1	AED機能装備	自分の身体状況の管理	エコー機能
2	自然災害予報装置機能	体の異変と共にドクターコール	3, にょろにょろになるスマートフォン
3	災害状況をカメラでみて，避難経路を教えてくれる．	健康状態をみた食事メニューを教えてくれる．	その用途に応じて，サイズが変わる．
4	自分の位置をいろんな人に発信し，災害時に居場所をしらせる	適切な運動を提示し，健康を維持させる	丸めて筒状にできる
5	多少壊れても動くよう頑丈な作りにする	GPS等のセンサを利用し運動量を計測するシステム	必要な部分だけ分離して持ち出せる
6	避難場所へ誘動してくれる機能	催眠機能と目覚ましによって睡眠をコントロール	ひっぱってのばすことで大きな画面になる．

図 7.3　ブレインライティングの実施例

表 7.1 過去のアイデア発想法の学生実験の経験データ

		紙面上 （3人）	計算機使用 （1人）	計算機使用 （3人）
意見入力	全意見数（個）	59.1	29.2	47.4
	意見文字数（文字）	23.9	19.9	20.4
	意見入力時間（分）	59.6	100.0	86.2
グループ編成	島の数（個）	10.1	4.8	6.9
	島名文字数（文字）	8.6	16.0	16.7
	グループ編成時間（分）	49.6	49.2	75.2
文章化	まとめ文字数（文字）	443.2	374.8	398.9
	文章化時間（分）	44.5	57.7	69.5
全体	所要時間（分）	153.7	206.8	230.9
備考	実験回数	20	13	12

品質であるかどうかは保証の限りではない．

実際に実施されたブレインライティングの結果を図 7.3 に示す．

原則的に KJ 法では出たアイデアをすべて使うが，アイデアが多くなると時間がかかる傾向がある．そのため，多段ピックアップ法 [3] という手法で良いアイデアを選択し，絞ったアイデアで KJ 法を行う時間短縮も考案されている．初めてアイデア発想法の実習を行う学生にとっては 100 データを越すとまとめるのが困難となり，この手法を使い良いアイデアを選ぶとよい．

ブレインライティングを行うと最大で 1 人あたり 18 個のアイデアが生まれる．この中から直感的に良いアイデアを選んでもらうのであるが，良いアイデアを選択する基準の一つとして，すでにあるものより，まだ存在しないものを高く評価するとよい．これまでの経験（表7.1）[6] から初めてアイデア発想法の実習を行う学生には 50 データ前後で行うのが適切である．

7.4 グループ編成（図解化を含む）

7.4.1 グループ編成概要

アイデア発想法において，失敗しやすい部分の一つである（もう一つは文章化に際して自分の意見を書いてしまうことである（後述））．

参加者は作成されたラベルを吟味し，議論を通じてそれらをいくつかのグループに分ける（図7.4）．このグループ化の基準は意見の内容の類似性（なんとなく似ている）である．分類するのではないことに注意を要する．各グループを島と呼び，その内容を表す表題，いわば表札を付加する．これを島名と呼ぶ．内容の似ている島は近くに配置する．島の中に他の島が含まれる階層化も行う．また，グループ化の作業中に新たに閃いた意見を付け加えることもできる．島間の関係を矢印などを使って図示する（図解化）[3]．

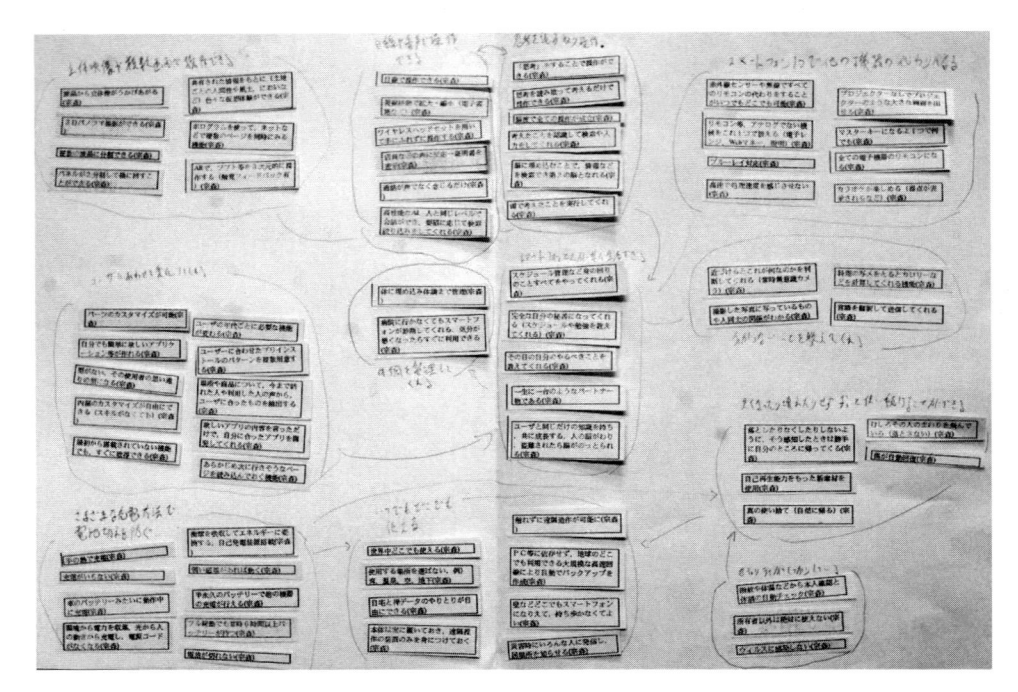

図 7.4 アイデア発想法実習におけるグループ編成の例

7.4.2 グループ編成

グループ編成において重要なことを以下にまとめる．

(1) 分類するのではない

分類というのは，ある基準があり，それに基づいて分けるので，あくまでアイデアを整理することになっており，新たなものを生み出す発想法の実施とは相容れないものがある（デザインの分野などでは最初からアイデアの整理を目的とする"分類型"のアイデア発想法を行うことがある）．分類になってしまった場合，島名が文章ではなく，例えば「通信系」とか「バッテリー関係」とか，文章ではなく，単語になってしまう場合が多い．また，このように分類になってしまうと一つの島に多数のアイデアが入ってしまうのも特徴である．誤解を避けるために再度述べるが，これは発想法の結果ではない．図 7.5 に分類となってしまった例を示す（部分（未完））．図 7.5 は「究極のケータイ」というテーマでアイデア発想法を行ったときのグループ編成の一部である．データをもとにした仮説生成を目的とするアイデア発想法について，正しい知識・理解がないとほぼ分類となってしまう．

(2) 直感的に同じ意見を集める

それでは，どのようにすれば分類を避け，島を作成できるのであろうか．直感的に同じ意見をまとめるのは KJ 法の基本である．長年のアイデア発想法の実習で得た結果から，アイデア

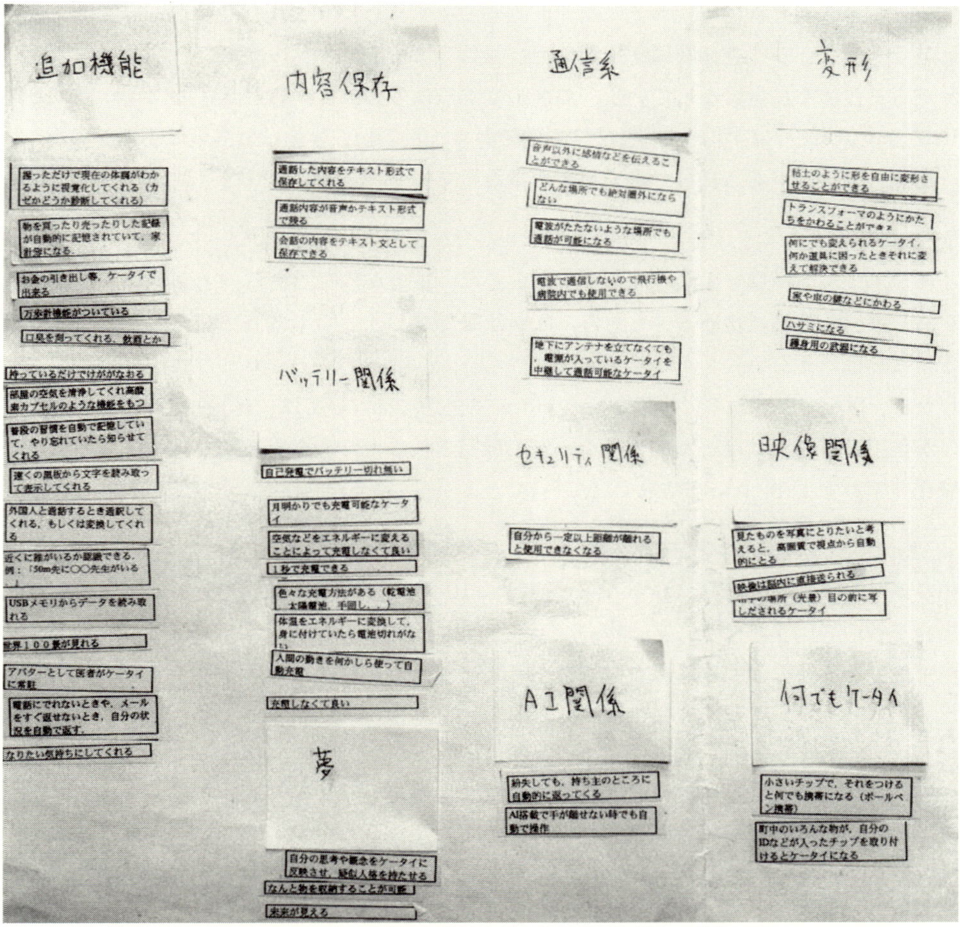

図 7.5 分類となっている例（部分（未完））

の文言を表層的にそのまま読み，それで分けると分類となることが多い．一方，アイデアの出てきた背景を読み，同じ背景をもつもので島を作成するとうまく直感的に分けられることが多い．第3章のSECIモデルで説明したように暗黙知を形式知に変換するものが発想法といわれているが [7]，アイデアの背景を読む，すなわち，アイデアとして書かれている文言の暗黙知を求めて，それを島名という形式知に変換する作業と直接的に対応するとも考えられる．図7.4は比較的直感的に集められた島の例である．

(3) 島の内容を表す島名を付ける

同じアイデアの背景を示す名前を島名とすればよいことがわかるが，うまく内容を表す名前として島名を書けない場合が多い．「どのような」もしくは/かつ「どのように」がわかるような文章にするとより具体的な島名となり，内容がわかりやすくなる．図7.4の例では「スマー

トフォン1つで他と機器の代わりになる」とか「なくなったり壊れたりせずずっと使い続けることができる」とか「立体映像や複数画面で操作できる」など，「どのように」，「どのような」がわかる具体的な島名になっている．島名の文字数は多いほど内容が具体的になり良いと考えられる．学生実験では平均して10文字程度であり（表7.1）．学生には島名は単語ではなく，主語，動詞，目的語がある文章で書くことを指導している．

(4) 島の階層化

これがKJ法の神髄と主張される人もいるくらい重要な作業である．ある島の上位の概念の島があれば，その島に含める．もちろん階層は2階層以上も可である．いくつかの島に共通に含まれる島は考えない．

しかし，学んでからすぐに実習を行うアイデア発想法においては，KJ法の理解が未熟であるものが多く，階層化はほとんど行えない例が散見されるので注意が必要である．ある実験では階層化の率が1.1 [8] という結果で出ている．

(5) 島の中に含まれるアイデアの数

先に述べたように，分類になると一つの島に10個，20個と多数のアイデアが含まれてしまう場合が多い（図7.5参照）．一つのアイデアでは島にならないが，2個以上のアイデアで島は作成可能である．なお，島に入らないアイデアを離れ猿と呼ぶ．

7.4.3 図解化

内容が近い島は近くに移動させる．そして島間の関係を示す記号を記入する．以下に島間の関係を示す記号を示す（図7.4参照）．

-> : 原因，結果
<-> : 相互関係
>-< : 対立

一つの島は複数の島と関係があることが多い．また，対立関係があると，正＋反→合の考え方から上位の概念が新しい考え方になることがある．対立関係があると良い結果を生む可能性がある．

7.5 文章化

作成された島を参考にテーマに関する結論を文章化する．KJ法ではB型と呼ばれる段階であるが，この書き方についての説明が少なく，B型文章の例も少ない．せっかくアイデア発想法を行い，グループ編成まで行ってきたのに，その結果を反映せず，ここで自分の意見を書いてしまうことが少なくない．この段階においては自分の考えている意見を文章化するのではなく，KJ法の基本である「データそれ自体に語らしめつつ，いかにして啓発的にまとめたらよいか」[3] に忠実なことが重要である．このために実習の経験から以下のように行うと，自分の

アイデアを排除し，データをして語らしめる可能性がある．図 7.6 に文章の例（「究極のモバイルアプリケーション」を示す．

(1)「己をむなしゅうしてデータをして語らしめる」が基本であるため，自分の考えを書けないようにすればよい．つまり，文章は島名（=アイデアの代表）だけを入れて文章を作成するとデータをして語らしめることになる．そのためには，島名を接続詞で結び文章を作成する．良い文章にする必要はない．

(2) 島名だけでなく，ラベルまで読み返して，これを文章に入れてもよい．データをして語らしめることから外れてはいない．

(3) 最後に，この島名を結んだ文章を読んで，それが何を言っているかを 2-4 行でまとめると新しい考え方が出てくる可能性がある．図 7.6 に文章の 2-4 行のまとめを示す．「つまり，xx（アイデア発想のテーマ）とは，xx である．」と書く．

文章化をすることで終わらせるのではなく，この結果が正しいかどうか，当然，評価する必要がある．特に，システムの仕様を考える場合，ある部分に抜けがあったり，仕様を詳細化する場合，同じ程度の機能の深さまで述べている必要がある．つまり，発想法は評価や実践と結びつく必要がある．

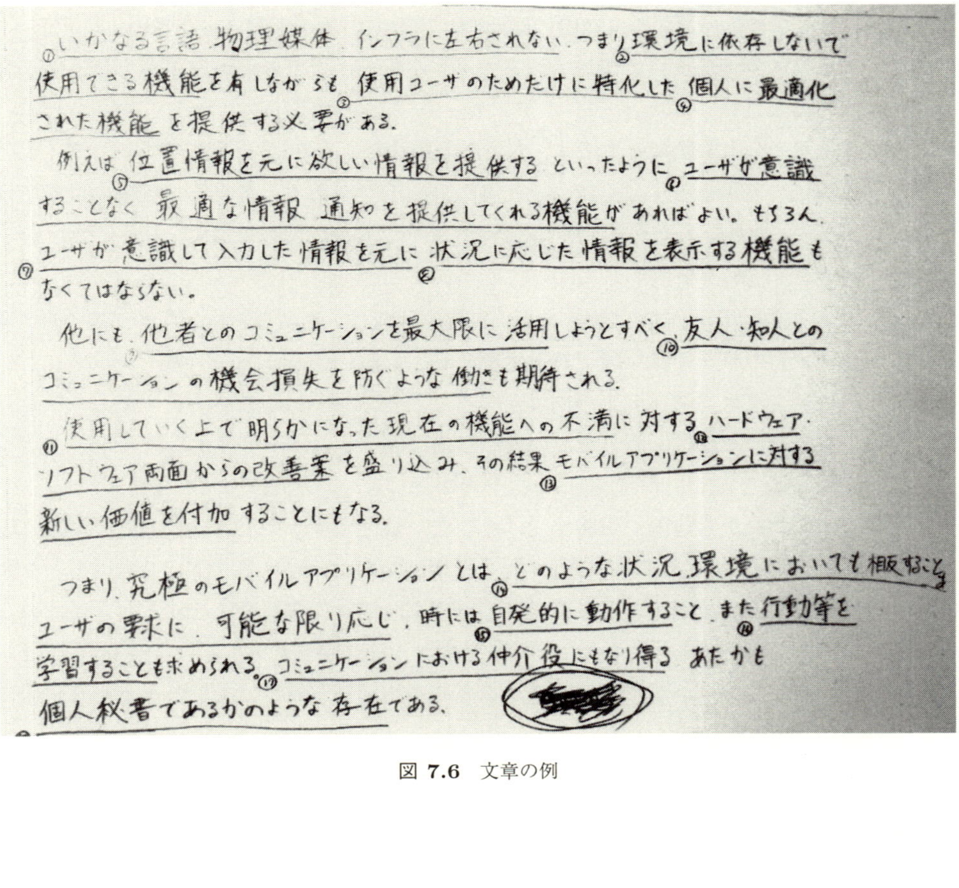
いかなる言語、物理媒体、インフラに左右されない。つまり環境に依存しないで使用できる機能を有しながらも使用ユーザのためだけに特化した個人に最適化された機能を提供する必要がある。

例えば位置情報を元に欲しい情報を提供するといったようにユーザが意識することなく最適な情報、通知を提供してくれる機能があればよい。もちろん、ユーザが意識して入力した情報を元に状況に応じた情報を表示する機能もなくてはならない。

他にも、他者とのコミュニケーションを最大限に活用しようとすべく友人・知人とのコミュニケーションの機会損失を防ぐような働きも期待される。

使用していく上で明らかになった現在の機能への不満に対するハードウェア・ソフトウェア両面からの改善案を盛り込み、その結果モバイルアプリケーションに対する新しい価値を付加することにもなる。

つまり、究極のモバイルアプリケーションとは、どのような状況、環境においても概すことユーザの要求に、可能な限り応じ、時には自発的に動作すること、また行動等を学習することも求められる。コミュニケーションにおける仲介役にもなり得る あたかも個人秘書であるかのような存在である。

図 7.6 文章の例

まとめ

本章ではアイデア発想法実習の実施方法・例をテーマの設定から文章化までを示した．グループ編成を初めて行うとどうしても分類してしまうが，そうならないように気をつけて行うことが大切である．

演習問題

設問1 本章のアイデア発想法実習に関して以下の問いに答えなさい．
(1) 最初の意見出し段階は，ある発想法と同じである．この発想法の名前を答えなさい．
(2) (1)の発想法では，良い発想を得るために4つの規則がある．これを答えなさい．
(3) グループ編成段階で行ってはいけないことを2つ述べなさい．
(4) 文章化で行ってはならないことを1つ述べなさい．また，そのことに関してKJ法の開発者である川喜田二郎は何と述べているかを記述しなさい．

設問2 アイデア発想法実習に関して以下の(1)から(8)までの問いに言葉もしくは記号で答えなさい．
アイデアを出す段階の手法は，有名な発想法である [(1)] と同じである．アイデアの評価の基準としては [(2)]，[(3)]，[(4)] がある．グループ編成の段階では [(5)] にならないように注意する必要がある．島間の関連を示す記号として [(6)]，[(7)]，[(8)] を使う．

設問3 以下（破線以下）のアイデアを用いて島を作成し，島名も入れなさい．アイデア発想法実習のテーマは「理想の学生生活」とする．［注意］島を作成したときに，その島に含まれるアイデアの内容が一目でわかるようにしなさい．すなわち，意見に番号などを付け，番号などのみを島内に並べるのは不可とする．

- - - -

「家にいながら遠隔で講義を受けたい」，「課題が少ない」，「学校の近くに遊び場所がある」，「大学が家から近い」，「授業がマンツーマン」，「下宿でもペットを飼いたい」，「学校が山の上にない」，「好きな時間に授業が受けられる」，「時給の高いバイトがある」，「毎日，ネットで学内ニュースが流れる」，「授業が60分」，「学校の中にコンビニがほしい」，「テストの過去問題が簡単に入手できる」，「自由に使えるテニスコートがほしい」．

設問 4　アイデア発想法実習に関する以下の問に答えなさい．
　　　　「究極のケータイ」というテーマでアイデア発想法実習を行ったときに，以下のアイデアが出た．
　　　　アイデア：「やりたいことを勝手にわかってくれる」，「今日の一日の行動を採点してくれる」，「自分の嗜好や概念をケータイに反映させ，疑似人格をもたせる」，「電話に出られないときや，メールをすぐ返せないとき，自分の状況を自動で返す」，「地下にアンテナを立てなくても，電源が入っている携帯を中継して通話可能なケータイ」，「見たものを写真にとりたいと考えると，高画質で視点から自動的にとる」，「どんな場所でも絶対圏外にならない」，「映像は脳内に直接送られる」，「自動で周囲の画像を立体映像として取り込める」，「普段の習慣を自動で記憶していて，やり忘れていたら知らせてくれる」，「個人特定ができるスイッチがあり，指紋判別で機器をロックできる」，「人工知能搭載で手が離せないときでも自動で操作」，「電波が立たないような場所でも通話が可能」．
　　　(1) これらを用いて島を 3 個作成し，島名も入れなさい．［注意］島を作成したときに，その島に含まれるアイデアの内容が一目でわかるようにしなさい．すなわち，意見に番号などを付け，番号などのみを島内に並べるのは不可とする．
　　　(2) この島から結論の文章を作成しなさい．

参考文献

[1] 川喜田二郎：『発想法』中公新書，中央公論社 (1967).
[2] 川喜田二郎：『続・発想法』中公新書，中央公論社 (1970).
[3] 川喜田二郎：『発想法—混沌をして語らしめる』中公新書，中央公論社 (1986).
[4] 川喜田二郎記念編集委員会編：『融然の探索』清水弘文堂書房 (2012).
[5] 星野匡：『発想法入門』日経文庫，日本経済新聞社 (1989).
[6] 由井薗隆也，宗森純：発想支援グループウェア郡元の効果〜数百の試用実験より得たもの〜，『人工知能学会論文誌』Vol.19, No.2, pp.105–112 (2004-03).
[7] 國藤進 編，『知的グループウェアによるナレッジマネジメント』日科技連 (2001).
[8] Viriyayudhakorn, K.: Creativity Assistants and Social Influences in KJ-Method Creativity Support Groupware, 北陸先端科学技術大学院大学博士論文 (2013), https://dspace.jaist.ac.jp/dspace/handle/10119/11339?mode=full

第8章
アイデア発想法の実施結果の評価

□ 学習のポイント

アイデア発想法の実施結果の評価方法について紹介する．アイデア入力段階，グループ編成段階，文章化段階に分けて説明する．特に文章化段階の評価はペトリネットとAHPを使って文章の構造と内容から評価する独特なものなので，内容をよく理解する．

□ キーワード

流暢性，多様性，独創性，ペトリネット，AHP，総合満足度

8.1 はじめに

これまで発想法は数々提案されてきたが，その結果がうまく行くかどうかの評価はあまり行われてこなかった．特に支援システムにおいては，その手法が有効かどうかを示すためには，従来の支援システムとの比較による評価が必要である．そこで，KJ法[1]を参考にしたアイデア発想法を対象として，意見入力段階，グループ編成段階，文章化段階において，評価法を示す．

8.2 アイデア入力段階の評価法

この段階はブレインストーミングに対応するので，ブレインストーミングの評価方法に準じる．一般にブレインストーミングでは量が質を保証するという考え方があるので，アイデアが多いとうまくいっていると考えられる．しかし，ただ単に数が多いだけでは良くないという考え方もあり，高橋[2]は流暢性（アイデアの数），柔軟性（多様な観点があるか），独創性（オリジナリティ）の3つを評価項目としている．元来のアイデアの柔軟性は様々なものに適用できるという意味があるため，本書では多様性と呼ぶ．

(1) 流暢性

流暢性に関しては，基本的には出たアイデアの総数であり，多ければ多いほど良いとされるが，出たアイデアの総数ではなく，そこから意味のないアイデアや同じアイデアの数を引いたも

のとする考え方もある．

(2) 多様性

多様性は具体的には各アイデアの観点を数え，総和を求める方法である．あらかじめ観点を決めておくやり方と，アイデアが出てから観点を決めるやり方がある．

(3) 独創性

独創性に関しては，他の人が同一テーマでアイデア発想法を行ったときに，そこに出ていないアイデアを独創的なアイデアとする考え方がある．ただし，意味のないアイデアなどは対象とはしない．

例えば，大学生3人でアイデア発想法を行うと平均約50個のアイデアが生成される例がある [3]．関連した言葉やランダムに選んだ言葉を示したり，写真やスケッチなどを見せるとアイデアが増えるが，多くの場合は数に有意差がなく，また，必ずしも質は伴わないことが報告されている [4]．

8.3 グループ編成段階の評価法

以前は，島の数が多いほどアイデア発想法の質が高いという評価も考えられたが，現在では一般的ではない．また，KJ法を十分知らずにアイデア発想法を行うと島が分類になっている可能性が高く，当然，これはアイデア発想法がうまくいっていない例となる．島名が文章ではなく単語になっている場合はこの可能性が高い．

このように島の評価方法は簡単ではないため，まず，一般に使われているパラメータについて述べる．

(1) 島の数

島の数が多ければ良いというのではないが，島の数が比較のパラメータとなる．

(2) 島内のアイデアの個数

島名を漠然とつけたり分類となっていると，一つの島内のアイデア数は増えることになる．最近の傾向として，島の階層化をすすめるため，一つの島内のアイデアが2〜3個であることもある [1]．

(3) 島の階層の深さ

島の階層化がKJ法の神髄であるという意見もある．しかし，一般の人がKJ法を行っても，ほとんど階層化は行われず，平均では1階層程度であることが多い．

(4) 島名の文字数

島名の文字数が短いと分類になっていることが多い傾向がある．逆に，島名の文字数が多い

ときは，内容がよく表されていることが多い傾向がある．

(5) AHP による評価
島名を AHP [5] により評価する．

8.4 文章化段階の評価法

文章の文字数が一つの指標になる．文字数が多いほど良い結果になる傾向が高いが，必ずしもすべてはそうとは限らない．最終的には文章の内容を吟味する必要がある．一般的に文章の内容を吟味する手法として AHP がある．AHP は一対比較を基本とした手法で，評価項目を決め，それを重み付けして，その観点から文章を評価する 2 段階の評価法であることに特徴がある．これを簡易化した手法も開発されている [6]．

また，文章の構造をペトリネットで示す方法がある．ペトリネット (PetriNet) は非同期，並行系システムのモデル化および解析の手法である [7]．ペトリネットはペトリ (Carl Adam Petri) が 1962 年に発表した計算機システムの要素間の非同期的通信に関する学位論文から発展した．生産システムへの応用，計算機への応用などが行われ，本来はデッドロックの検出や可達性の検証といった解析を前提とする研究に適用されることが多いが，通信の形式的仕様記述，つまり設計図作成にも用いられる [8]．

8.5 作業プロセスの理解手法

共同作業支援の効果を把握するためには作業結果だけでなく，作業プロセスを理解することも必要となる．そこで，共同作業プロセスを理解するための方法について述べる．最初に，データ収集法について述べる．次に，共同作業プロセスを理解するための視覚化表示例を示す．

8.5.1 データ収集法

ここでの手法は発想支援グループウェアを用いた経験 [9] を基に述べるが，一般的なコンピュータを用いた共同作業に適用可能である．また，コンピュータを用いない場合でもビデオ記録は使用できる．コンピュータを用いる場合，その操作や結果をデータとして残すことによって，コンピュータによるデータ解析を行いやすいという特長がある．

(1) ビデオ記録
参加者同士のコミュニケーションや会議全体の様子を記録するためにデジタルビデオカメラを使うことができる．デジタルビデオカメラを用いることによって，長時間の会議を記録できる．記録対象に応じて画像の解像度，音声の品質を選択する必要がある．また，目的・状況に応じて複数のカメラを使用することや集音装置の検討も必要である．デジタルカメラの位置を固定するために三脚がよく用いられる．

一方，コンピュータ画面そのものをビデオ記録することもできる．コンピュータ画面すべてを定期的に画像ファイルに保存することや動画像として保存できるソフトウェアを使用できる．

いずれの場合も，目的を満足するための記録設定と，充分な記憶装置を準備する必要がある．

(2) ログデータ

コンピュータを用いた共同作業の場合，操作記録をコンピュータに記録させることができる．この記録されたデータのことをログデータと呼ぶ．専用アプリケーションとして開発したグループウェアの場合，ログデータとして残しておきたい作業が発生したときに，その作業に対応したイベントやその内容を時間と共にデータとして記録できる．

一方，既存のアプリケーションを使う場合は，キーロガーなどのソフトウェアを使えば，キー入力をすべて時系列で記録することができる．また，前述したようにコンピュータ画面を動画として保存することができる．ただし，操作の意味的かたまりとなるイベントを自動的に処理することは困難であり，後から人手による時系列データを作成する必要がある．

(3) 計算機使用の特長

会議の記録がデジタルデータとして蓄積できることは，コンピュータを共同作用に使用する特長である．このデータを用いて発想支援グループウェアがどのように用いられたかを後から調査することができる．また，共有イベントをログデータとして記録した場合，その応用として，会議の実行を後から再生してみる機能や途中参加の機能を実現することができる．

なお，初めてデータ収集を行う場合，必要とするデータ収集に失敗しやすい．そのような事態を避けるためにも，予備実験などの事前演習を行い，必要なデータ収集を行えるか確認・検討することが大事である．

8.5.2 作業プロセスの理解方法：作業内容の視覚表示

ここでは発想支援グループウェアを用いた共同作業を理解するために行われた作業内容の時系列表示について紹介する．

(1) 画像音声解析について

発想支援グループウェアを用いて共同作業を行っているときの作業画面と画像音声を記録した．コンピュータ上に表示された共同作業画面とビデオ会議画面をビデオテープに記録した．その中，画像と比べてテキストで表現しやすい音声会話を調べた．

音声会話はある被験者が話し始めてから，話し終わるまでを1つの会話とした．ある被験者が少し話しをして，ある程度空いてから再び話し始めた場合はある程度空くまでを1つの会話とした．相づちなどの短い音声も1つの会話とした．その音声会話を人手で紙に書き出した．そして，テキスト会話のログ記録と同様な形式に人手で変換し，ログデータに組み込んだ．

(2) 時系列表示の作成

共同作業の作業内容はどれもが同じというわけではない．そこで，ログデータを用いて作業

内容を時系列表示することを行った．時系列表示とは，作業の様子を時間の経過と共に，視覚的に理解できる図である．共同作業ごとに，それぞれのログデータと画像音声の解析結果を利用し，横軸に時間軸をとり，個人別に操作内容を表示した．図 8.1，図 8.2 に時系列表示の例を示す．

時系列表示では，ログデータをもとに，共同画面に対する操作権を取得している時間帯（太い帯で表示），テキスト会話（○で表示），音声会話（△で表示），意見表示（◇で表示）を個人ごとに表示している．時系列表示の左側には，共同作業者それぞれの名前を表示し，誰がどのような作業をいつ行ったかわかる．実験開始から終了までの時間を横軸に取るとともに，共同作業として行った分散協調型 KJ 法の作業プロセスに対応して，意見入力段階，グループ編成段階，文章化段階と左から順に区切を入れている．

図 8.1 のケースでは，音声会話がよく用いられ，操作権を参加者 A が占有している様子が見て取れる．一方，図 8.2 のケースでは，音声会話だけでなくテキスト会話が用いられ，全員が協力して作業をしている様子がわかる．このような分析から，テキスト会話を利用するほうが，全員が共同作業の画面を操作している傾向が見出され，グループ編成や文章化で作成されたデータ量が多い結果が得られている [9]．

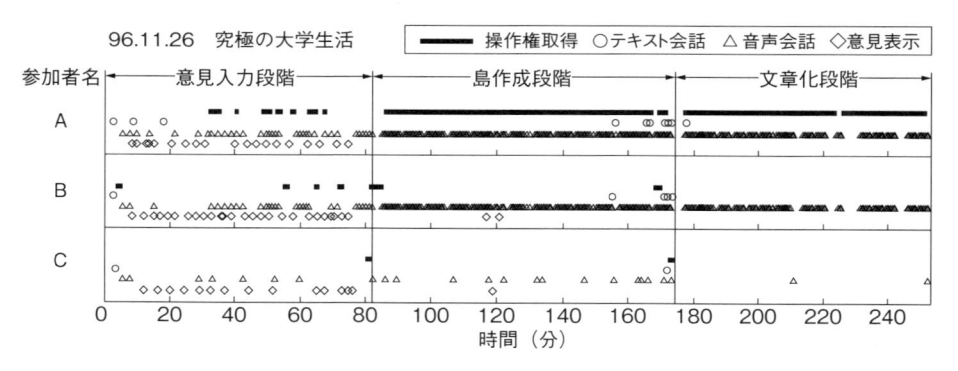

図 8.1　音声が主として用いられ，操作権利用者が 1 人である会議の時系列表示 [9]

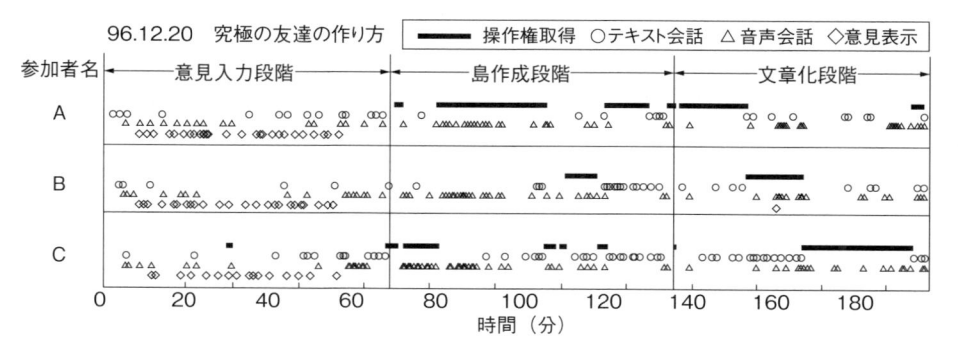

図 8.2　テキストが主として用いられ，操作権利用者が 3 人である会議の時系列表示 [9]

8.6 ペトリネットによる文章構造の評価

8.6.1 ペトリネットグラフの適用理由

　発想法を行った結果の文章の構造を評価する場合，文章中のアイデアの流れを記述することが重要となる．そこで，「1つのアイデアが明確に表示可能」で，かつ「アイデアの発生/まとまり状況」や「アイデア間の関係」が表示可能なグラフを適用する必要がある．一方，ペトリネットグラフはプレース（○）とトランジション（-），そしてそれらを結びつけるアーク（→）の3つの要素から構成されている．したがって，ペトリネットグラフを用いれば，1つ1つのアイデアをプレースに対応させ，プレースをトランジションから分岐させたりあるいはトランジションへ結合させたりすることによってアイデアの発生やまとまり状況をあらわすことができる．また，プレースをアークとトランジションとを用いて結びつけることによってアイデア間の関係を表示することができるため，文章中のアイデアの流れを記述することができる．そのため，ペトリネットを適用した．

8.6.2 文章のグラフ化規則

　文章中のアイデアの流れをグラフ化することを念頭において，文章構造のグラフ化規約としてペトリネットグラフを利用し，さらに文章中のアイデアの流れが一目で把握できるように縦横を直行させるという規則を追加して，以下に示すようなグラフ化規則を定めた．

　まず，文章から意味を有する熟語や文節を抽出し，プレースとする．また，アイデア発想法の文章は目的（アイデア発想法のテーマ）と結論を明確にもつという特徴を有することを利用して，アイデア発想法のテーマを文章全体の最初のプレース (Start)，最終的な結論を文章全体の最後のプレース (Goal) とする．プレースを決定した後に議論の展開や接続詞から判断して因果関係が弱く互いに独立と考えられるプレースは横方向に，論理的につながりがあると考えられるプレースは縦方向に配置する．また，アイデア発想法の文章は発想の出発点（アイデア発想法のテーマ）から結論に向かうように書かれているため，ペトリネットグラフの1番上と1番下に文章全体の最初と最後のプレース（Start と Goal）を配置する．そして因果関係をもつと思われるプレースをトランジションとアークとによって結びつけていく．なおここではトランジションにはプレースから出たアークをまとめるだけの記述上の意味のみを与えるものとする．こうしてすべてのプレースをトランジションとアークとによって連結することで，文章の流れを1つのペトリネットグラフで記述することが可能となる．

8.6.3 ペトリネットによる記述

　ペトリネットで文章の構造を記述する．人が通常，物事を考えたことを文章化すると，文章が論理的なつながりで作成されるため，ペトリネットで記述されると縦に長い構造となる．それに対して KJ 法のようなアイデア発想法を行うと独立なアイデアが増えるために，横に広が

るようになる．図 8.3 に KJ 法のようなアイデア発想法を行わなかった場合の構造，図 8.4 に KJ 法のようなアイデア発想法を行ったときの構造を示す．いずれも「究極の幼児用ソフト」をテーマとしている．

このペトリネットによる記述の特徴として，アイデアの抜けている部分が明らかになることがある．ペトリネットにより縦方法に詳細に記述されている部分と，同レベルに詳細に記述されていない部分とがある．そこで，この他と比較して詳細に記述されていない部分（漠然と書かれている部分）にさらにアイデアを追加して，アイデアの抜けを埋める．例えば，図 8.4 の場合，左から 1 番目，2 番目の縦方向のアイデアの流れは途中に 8 番と 18 番しかない．他のアイデアの流れは 2 つ以上ある．そのため，「追加 1」と「追加 2」のプレースを追加する．例えば「追加 1」の内容は「一時的に報われなくても努力し続ければ必ず良いことがある仕組みを作る」，「追加 2」の内容は「具体的には 10 分間ソフトの使用をやめないと次の段階に移れない」

「究極の幼児用ソフト」Start を作るとき，何を考えなければならないか，まず最初に考えることとして，幼児が使う(1) ということであろう．その点に注目すると，操作の問題，インタフェースにおいて，幼児がいかに理解できるかという点が挙げられる．アイコンやボタンはわかりやすい絵を使い直感的に操作ができるようにしなければならない(2)だろう．これが一番の問題だと考える．絵はできるだけシンプルでなおかつその内容がわかりやすい(3)．限られた条件のなかでこれを実現することは大変だろう．また，ソフトの内容も大切(4)である．幼児は興味をもったものには熱中するが，興味をもたないものには全く無関心である．だからいかに幼児が興味をもつ内容にするかが非常に重要(5)になってくる．この 2 点を十分に満たしているソフトが究極 Goal といえるのではないだろうか．

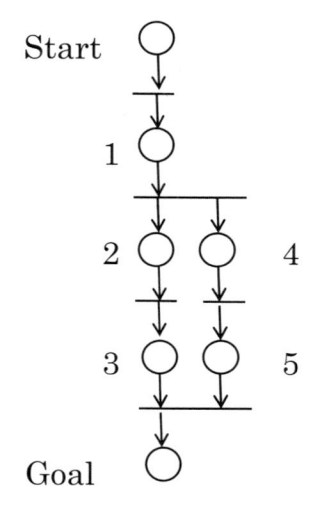

図 8.3 KJ 法のようなアイデア発想法を行わなかった場合の文章とペトリネットグラフ

8.6 ペトリネットによる文章構造の評価　◆　101

「究極の幼児用ソフト」Start を考える．まず，子供，特に幼児を対象とした場合に考えなければならない点として，丈夫である(1)，ということが挙げられる．これは，子供の荒い取り扱いに耐えうる外側の強さだけでなく，中身，つまりプログラム的な強さにも気をつけなければならない．(2)

　次に，使ってもらわなければ意味がないので，子供に興味を起こさせる(3) ために，次のようなことを考えた．動物やアニメキャラを使うことにより，取り掛かりをスムーズにする(4) ほか，説明書無しでも子供たちが単純明快に操作(5) できたり，ソフト側からユーザの体を心配するなどの，相手の気持ちを考えるような思いやりのあるソフト(6) にする必要がありそうだ．その他に，映像や音声だけを使用するのではなく，味覚，嗅覚に訴える(7) ことができればさらに良いと思う．また，別の視点から，やればやるほど味のある人生とともに歩める人生同伴ソフト(8) というのも良いだろう．

　その次にソフトの内容であるが，そのソフトを通じて子供の内面的な要素を高める(9) ことがもっとも必要であると思われる．そのためには，ユーザが子供であることを考慮に入れて，日常的生活での躾けの指導(10)や，「やればできる」という気持ちを起こさせる(11)ことにより，最後までやり遂げる力を身につけさせたり(12)，仲間意識を深めるために集団で楽しむ喜びを与えたりする(13)ことも大切である．また，知識を増やしたり，より深い知識をえるため(14)の疑似体験ソフトの開発(15)も良いと思われる．さらに，計算機とだけやり取りするのではなく，親とのコミュニケーションをとらせるような親子同時参加ソフト(16)も考えられる．しかし，楽しいだけではなく，社会生活における厳しさ，苦しさを教えることも必要(17)である．

　最後に内面的要素だけでなく，とかく座りがちになる傾向を避けるために，体力を促進させる(18)ことも忘れてはならない．つまり，究極の幼児用ソフトとは，子供を一人前の立派な大人にするために，親の手助けとなるようなソフト Goal である．

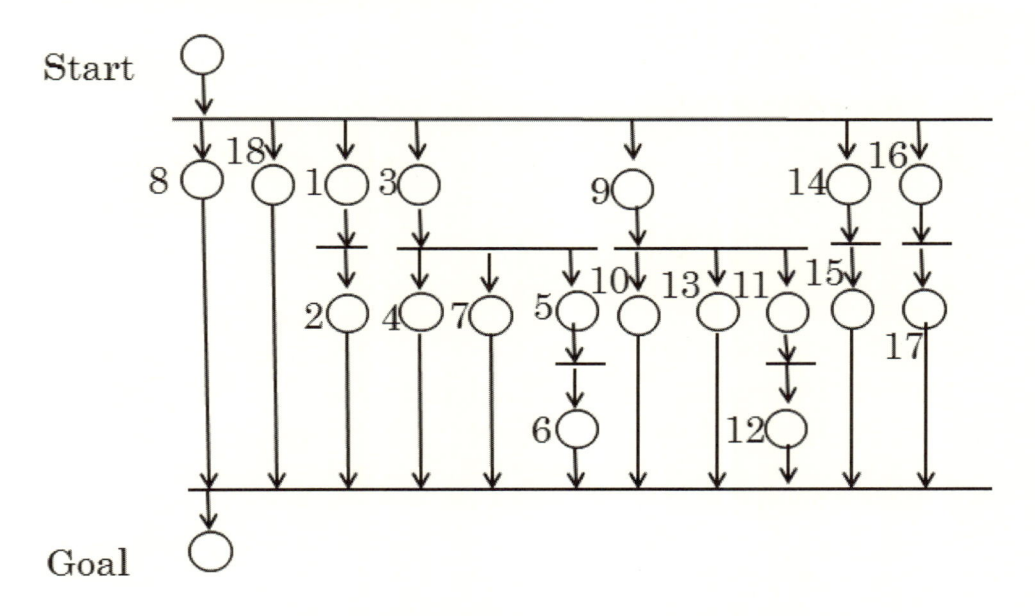

図 8.4　KJ法のようなアイデア発想法を行った場合の文章とペトリネットグラフ

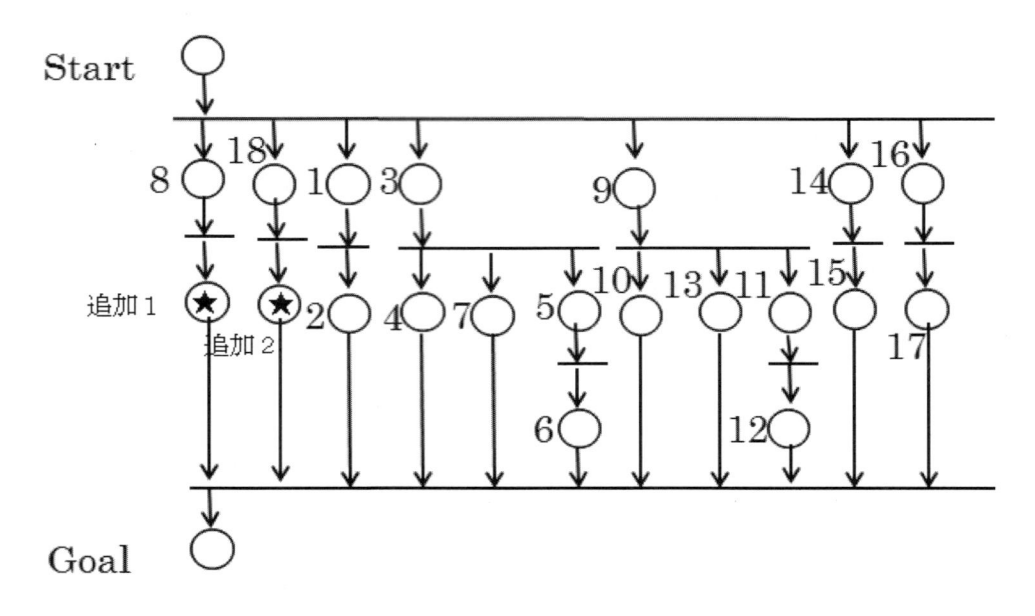

図 8.5　図 8.4 の抜けがある部分を追加した例

などとすればよい（図 8.5）．もともとペトリネットは仕様記述言語で，仕様の抜けを見つけることが容易なため，このような使い方ができる．

8.7　AHP に基づく内容の評価法（実習）

8.7.1　階層的意思決定法（AHP）

階層的意思決定法（Analytic Hierarchy Process: AHP）は，複数のものを一対ごとに相対評価する一対比較を繰り返すことによって各項目のウェイト（重要度）を計測し，最終的に全体の評価を行う手法である．AHP は以下の 4 段階から構成されている．

(1) 階層図の作成

意思決定を行うべき問題を分析して，その要素を，「最終目標」，「評価基準」，「代替案」の関係でとらえて階層図を作成する．「最終目標」は対象とする問題であり，「評価基準」はたとえば独創性などの評価のパラメータである．「代替案」は比較する対象のことである．

(2) 一対比較行列の作成

階層図の「評価基準」と「代替案」に関して，すぐ上の要素からみて一対比較して行列を作成する．これを階層図の上から順に行う．

(3) 要素のウェイトの計算

要素のウェイトは固有ベクトルを計算することで求められる．一対比較の結果が矛盾することがあるが，整合度 [5] を計算し．ある程度の範囲内でばらつきは許している．

(4) 最終目的から見た代替案の総合ウェイトの計算

代替案の各評価項目に対するウェイトと各評価項目のウェイトから総合ウェイトが求められる．総合ウェイトが大きいほど高い評価ということになる．

AHP は主観的な判断をできるだけ定量化しようという試みである．一対比較は n 個の要素がある場合，$n(n-1)/2$ 回の比較を行わなければならず，n が大きいと膨大な比較をすることになる．

8.7.2 八木下の方法

(1) 満足度と不満度の計算

AHP を利用した手法を用いて文章内容の満足度と不満度を計算する．

通常，AHP では複数の代替案が用意され，それらの間の一対比較が行われる．しかし，AHP を文章内容の評価に適用することを考えた場合，テーマの異なる複数の文章を用意してそれらの内容の一対比較を実施しようとすると，テーマの相違から評価項目の選定が難しくなる．しかし，一方で同一テーマを用いてアイデア発想法を実施した場合，そのテーマに対する実施者の興味や知識の違いによって，結果に差が生じる可能性も考えられる．そのため，文章のテーマの統一は問題があり慎重さを要する．そこで複数の文章間の内容を比較するのではなく，代替案を評価項目の「有」，「無」の 2 つとし [6]，文章ごとに評価を行う手法を提案する．

具体的には，まず文章内容の評価項目の重み付けを行う．この実施方法は AHP の手法と同じである．次に文章ごとに一対比較を用いて各評価項目の有無を計算し，その測定結果に評価項目のウェイトによる重み付けを行うことによって代替案「有」，「無」の総合ウェイトを計算する．この代替案「有」，「無」の総合ウェイトが各文章内容の満足度，不満度に相当する．

(2) 総合満足度の定義

アイデア発想法の実施結果の内容を評価するためには，以下の式で与えられる総合満足度を定義する．

$$総合満足度 = \frac{文章の内容の満足度}{文章の内容の不満度}$$

すなわち，総合満足度は「文章内容の満足度と不満度との比較結果である」と考える．総合満足度として文章内容の満足度と不満度との比を用いる理由としては以下の 2 つが挙げられる．

- 単純に満足度を用いる場合と比べて，良い文章と悪い文章との差を明確にすることが可能．
- 1 を基準に，当該文章が全体として満足なのか，不満なのか，あるいはどちらでもないの

表 8.1 ウェイトの比較

	ウェイト
独創性	0.28
便利さ	0.21
魅力度	0.12
具体性	0.09
実現可能性	0.20
応用可能性	0.10

かを判断することが可能．

八木下の方法での各評価項目のウェイトの例を表 8.1 に示す．

まとめ

　発想法のアイデア生成段階ではアイデア数が多いほど良いということは認められてきたが，さらに詳細な評価については，様々な提案がある．高橋の流暢性，柔軟性，独創性の3つのパラメータから考えることが日本の創造性研究では定着しているが，例えば柔軟性（多様性）をどのように定義するかでも事前に視点の観点を決めておくやり方や，あとから視点の観点を決める方法など，諸説あり流動的である．さらに発想法の結果の評価はさらに困難を極め，文章が良ければよいのか，それとも実際にその方法で行って成功すればよいのかなど，どの時点で発想法が成功とするのかなど，基本的なところで議論がある．発想法の評価方法はまだ決定版がないと行って過言ではない．

> **演習問題**
>
> 設問1 AHP に関する以下の問に答えなさい．
> (1) AHP とは何の略かを述べなさい．
> (2) 長所，短所を1つずつ述べなさい．
> (3) A 社もしくは B 社の携帯電話を購入しようとする．評価項目（評価基準）の「価格」と「魅力」を比較すると表1の関係があるとする．表1では「価格」は「魅力」に対してやや重要視して「3」であることを示す．「価格」で A 社と B 社の携帯電話を比較すると表2の関係が，「魅力」で A 社と B 社の携帯電話を比較すると表3の関係があるとする．AHP による評価を行い，A 社，B 社のどちらの携帯電話が総合的な評価が高いかを示しなさい（幾何平均を用いた近似計算でよい）．ここで $\sqrt{2} = 1.414$, $\sqrt{3} = 1.732$, である．
>
> | | 価格 | 魅力 |
> | --- | --- | --- |
> | 価格 | 1 | 3 |
> | 魅力 | 1/3 | 1 |
>
> 表1
>
> | 価格 | A社 | B社 |
> | --- | --- | --- |
> | A社 | 1 | 1/2 |
> | B社 | 2 | 1 |
>
> 表2
>
> | 魅力 | A社 | B社 |
> | --- | --- | --- |
> | A社 | 1 | 4 |
> | B社 | 1/4 | 1 |
>
> 表3
>
> 設問2 何らかのテーマ（例えば，理想の旅行）について10分間かけてブレインストーミングを行いなさい．その結果として出されたアイデアを評価しなさい．
>
> 設問3 何らかのテーマ（例えば，未来の食事）について300文字程度で文章を書いてみなさい．その後，文章をペトリネット記述することを試みなさい．
>
> 設問4 何らかのテーマ（例えば，時間の有効活用）について3人で5分間議論しなさい．その際，その様子を動画として記録しなさい．そして，動画データを解析してみなさい．

参考文献

[1] 川喜田二郎：『発想法—混沌をして語らしめる』中公新書，中央公論社 (1986).

[2] 高橋誠 編：『新編 創造力事典』日科技連出版社 (2002).

[3] 由井薗隆也, 宗森純：発想支援グループウェア郡元の効果～数百の試用実験より得たもの～, 『人工知能学会論文誌』Vol.19, No.2, pp.105–112 (2004).

[4] Kokogawa, T., Maeda, Y., Matsui, T., Itou, J. and Munemori, J.: The Effect of

Using Photographs in Idea Generation Support System, *Journal of Information Processing*, Vol.21, No.3, pp.580–587 (2013).

[5] 刀根薫：『ゲーム感覚意思決定法』日科技連出版社 (1986).

[6] 八木下和代, 宗森純, 首藤勝：内容と構造を対象としたKJ法B型文章評価方法の提案と適用,『情報処理学会論文誌』Vol. 39, No. 7, pp.2029–2042 (1998).

[7] Peterson, J. L.（市川惇信, 小林重信 訳）：『ペトリネット入門』共立出版 (1984).

[8] 計測自動制御学会離散事象システム研究専門委員会 編：『ペトリネットとその応用』計測自動制御学会 (1992).

[9] 由井薗隆也, 宗森純, 長澤庸二：発想支援グループウェアを用いた分散協調型KJ法における作業過程の時系列表示と実験結果の関係に関する一検討,『情報処理学会論文誌』Vol.39, No.2, pp.424–437 (1998).

第9章
発想支援グループウェアの事例

□ 学習のポイント

発想支援グループウェアはグループウェアの創成期から望まれてきたものの一つであり，計算機による知力増幅は目標であった．ここではKJ法を参考にしたアイデア発想支援システムの研究事例を中心に紹介する．発想する対象や使用するアイデアに適切な発想支援グループウェアの仕組みを理解する．

□ キーワード

発想法，発想支援，ブレインストーミング，マインドマップ，KJ法，Colab，郡元，GUNGEN-PHOTO，GUNGEN-SPIRAL II，KUSANAGI

9.1 発想支援グループウェア概要

発想法には大きく分けると発散型と収束型があり，前者の代表例がブレインストーミング[1]で後者の代表がKJ法におけるグループ編成作業である．なお，第8章で解説したアイデア発想法実習をグループウェアで実施する場合を分散協調型KJ法と呼ぶ．分散協調型KJ法は意見入力段階，島作成段階，文章化段階とからなる．アイデア発想法実習では島作成段階はKJ法のグループ編集作業に相当する．

発想法と言えば，まずブレインストーミングと言われるくらいブレインストーミングはポピュラーな手法である．ブレインストーミングは米国で戦前から行われており，その支援システムがグループウェアの黎明時から現れてきている．日本では川喜田二郎が発明したKJ法[2]の認知度は高く，その支援システムに関する研究開発が行われてきた．最近ではマインドマップ[3]が普及し，これをタブレット端末上で実施するアプリも増えてきている．ただし，現在のところ，紙面上で行われていた従来の手法を計算機上に置き換えたシステムが大半である．

KJ法を参考とする発想支援グループウェアで問題となるのは，アイデアラベルの一覧性の確保である．全体を一度に見渡せることが島作成作業におけるアイデア生成には重要となる．このために画面の表示機能に特徴があるシステムが多い．また，いかにアイデア生成に集中できるかが重要であり，テーブルトップインタフェースなどを用い，直接操作が可能なシステムが

開発されている．

9.1.1 Cognoter

Cognoter [4] は XEROX のパロアルト研究所で開発された Colab のなかのアプリケーションの一つである．全体的に KJ 法風の作業ができるようになっている．その概要は以下の通りである．
・同一室内でブレインストーミングを行う．
・複数のユーザが個々に計算機を使う．
・大型スクリーンが部屋にあり，それを全員で見ることができる．
・他の人の計算機の内容を自分の計算機に表示することができる．
・個人の計算機の内容を大型スクリーンに表示することができる．

9.1.2 TRIZ

TRIZ [5,6] はソ連の G. アルトシェラー (G. Altshuller) が開発した技術的問題のための解決理論である．1946 年に，アルトシェラーが特許審査官として何千にも及ぶ特許を調べているうちに発明のパターンを見いだしたとされる．その後，TRIZ は技術開発を取り扱う理論体系として発展している．

発明にはパターンがあることと，発明者の仕事は技術的矛盾を発見し，それを取り除くことが初期の基本方針である．それら方針をもとに技術問題解決の方法として発展し，技術に対する 40 の発明原理がまとめられている．そして，その原理間で生じる矛盾をまとめたマトリックスが提供されている．また物質-場 分析と呼ばれる問題分析の見方や技術の進歩に関する見方もまとめられている．このように TRIZ は技術発明のための理論や方法を提供している．また TRIZ の知識データベースとして 39 の技術パラメータ，40 の発明原理，76 の標準解，30 の物理効果（エフェクツ）を生み出すための推奨が整理されている [6]．

その使用は複雑であるが，計算機上で行うソフトウェアが開発されている．例えば，矛盾マトリックスを用いるためのインタフェースや前述の TRIZ 知識データベースが用意されている．

9.1.3 マインドマップ

トニー・ブザンが発明した発想法である．中心にアイデアを出すべきテーマを書き，そこから思いついたアイデアを放射線状に書いていき，アイデアを具体化したり，まとめていくものである．近年はタブレット端末上で支援するアプリが多く開発されている．マインドマップの公式アプリである iMindMap Mobile HD も販売されている．

9.2 KJ 法を参考にした支援システム

代表的な KJ 法を参考にした支援システムを紹介する．

KJエディタは全体俯瞰用のユニバーサル画面とマウス操作に追随して表示領域を高速移動するローカル画面により作業空間の連続性を感じさせる仕組みを提供する [7]．その発展版であるPAN/KJではマルチメディアデータを扱えるようにするためにデータ構造を拡張している [8]．

郡元 (GUNGEN) は複数の計算機の協調動作により遠隔地も含めた分散地点での分散協調型KJ法を実現するシステムである [9,10]．その後様々な機能拡張による派生システムの開発を進めるとともに，数百の試用実験により評価を行っている [11]．その発展版である GUNGEN-SPIRAL II では，アイデア収集から分散協調型KJ法まで一貫した支援を行うことを目指しWebブラウザを介した作業空間共有による遠隔地を含めたアイデア発想会議を通常のPCだけでなくスマートフォンなど柔軟な利用環境に対し提供している [12]．GUNGEN-TOUCH はテーブルトップインタフェースを使用した対面でのコミュニケーションを実現し，島の半自動作成機能により作業負荷の軽減を図っている [13]．GUNGEN-DXII は落ちものパズルを模した「仮の島」作成機能により数百のラベルを対象とした支援方式を提案している [14]．GDAは複数台のPDAをもち寄って1つの共有作業空間を作ることでPDAがもつ画面の狭さを緩和し，場所を選ばず分散協調型KJ法を行える環境を提供している [15] が，画面サイズやタッチパネルの制約により，20データ程度しか扱えず専用ペンを使った操作となる．

The Designers' Environment はジェスチャーや音声そしてペンタブレットPCを入力に使用し，DiamondTouch Table [16] を用いてマルチユーザーマルチモードインタラクションが行えるアイデア発想会議支援システムである [17]．手書きおよびキーボード入力に基づくアイデア入力が行えるのに加え，グループ編成やラベル／島の削除などを音声とジェスチャーを組み合わせ命令操作が可能である．しかし，発せられた音声やジェスチャーが議論によるものなのか，操作命令によるものなのかをシステム的に区別することは難しいという課題がある．

KUSANAGI は複数のPCの画面を連結して巨大な作業画面を作りその上で複数のマウスを用いた複数ウィンドウへのネットワーク同時操作を，ミドルウェア GLIA を用いて実現している [18,19]．

これらのアプローチは従来の紙ベースでのアイデア発想会議では不可能であった遠隔地からの参加などいくつかの課題を解決している．一方，第3章で紹介したヤングによる発想支援システムの分類に基づくと，ほとんどは秘書レベルの支援にとどまっており，枠組みレベルについてはオリジナルのKJ法の枠組みを超えるものではない．また，生成レベルについての研究はあるが，分類に近い支援にとどまっている [20,21]．

9.2.1 郡元

郡元は1991年に開発された発想支援グループウェアである．名前は，開発した鹿児島大学の所在地が鹿児島市郡元であり，また Groupware for new idea generation system からも由来する．

3人程度で行う分散協調型KJ法を支援し，分散環境下で，ブレインストーミング段階，島作成段階，文章化段階の共同作業を行うことができる．島の階層化も支援している．島作成時

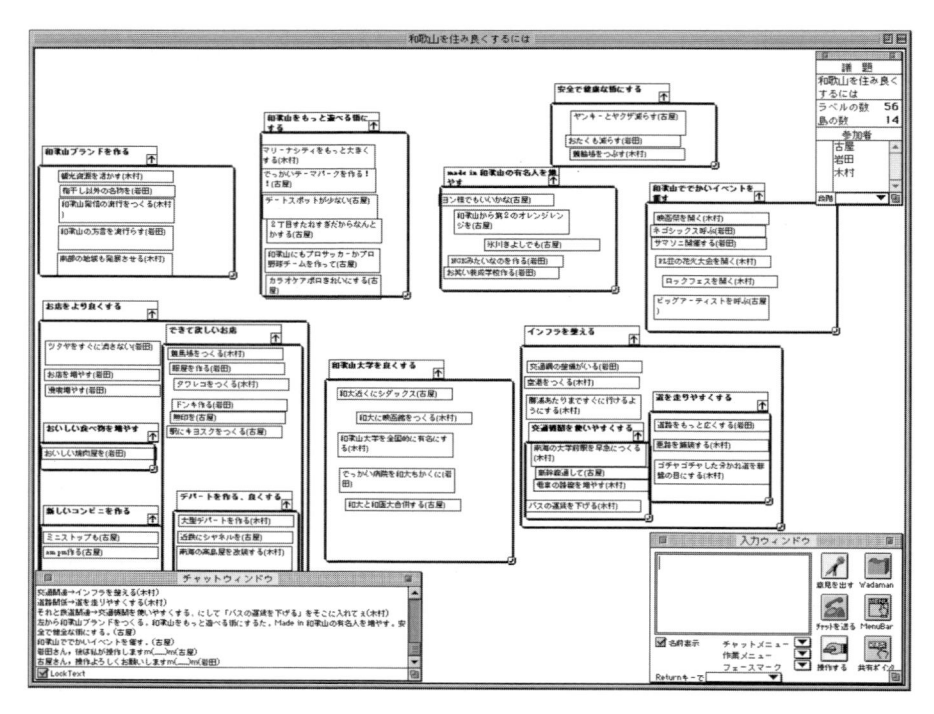

図 **9.1** 郡元の画面

には操作権があり，同時には一人しか操作できない．ブレインストーミング時，チャット時には操作権はない．イメージデータを扱うことが可能である．

図 9.1 に郡元の島作成時の画面を示す．島内のアイデアは隠すことが可能である．参加者と出たアイデア数，操作権の有無を右上に置かれた議論用ウィンドウで示す．右下は入力ウィンドウ，左下にはチャット用ウィンドウが表示されている．画面は 2 段階に縮小可能で，最大 200 ラベル程度のアイデアが表示可能である．

9.2.2 KUSANAGI

KUSANAGI は郡元の Java 版として開発・改良されたものであり，複数の PC で分散協調型 KJ 法を支援するシステムである．マルチマウスを複数 PC 画面で取り扱えるグループウェア開発を支援するミドルウェア GLIA を用いて開発された [19]．ミドルウェア GLIA は柔軟な PC 画面接続を記述・支援できるため 70 台の PC を結合した例もある [18]．図 9.2 に KUSANAGI の画面を示す．

この例では 10 台の PC を結合し，数百枚のラベルを一覧できる．複数のネットワークマウスによる並行操作によって参加者が同時に別々の共有オブジェクト（意見や島）を操作できる．200 数枚のラベルを用いた島作成実験では，従来のシステムよりも早く，かつ，丁寧な島作成を行える結果が研究室実験において得られている．その実験結果を，過去の紙面上作業と比べ

図 9.2 KUSANAGI の画面

ると，時間効率的に良好な結果となっており，大画面空間を支援する発想支援グループウェアの可能性を期待できる結果も得られている．

9.2.3 GUNGEN-PHOTO

GUNGEN-PHOTO [22] は複数人が同時に操作できるテーブルトップインタフェースの一つである DiamondTouch Table とアイデア入力用に iPad を用いた分散協調型 KJ 法支援グループウェアである．アイデア生成時に写真を用いる．本システムは以下の示す特徴をもつ．

(1) 共有画面での画像の表示

画像からアイデアを創出するために，画像を拡大表示し，議論の話題を集中させる．複数人が同時に写真を見ながら議論することで，他者の意見を得られるように共同作業スペースのみ写真を表示する．

(2) 個別作業スペースでのコメント入力機能

共有作業スペースと類似する操作方法が可能な個別作業スペースによるコメント入力機能を実装した．共有スペースでの作業の妨げにならないようにシンプルかつ容易に入力するインタフェースを構築とした．iPad を使用する．

(3) 複数人による協調操作に対応した機能

従来の紙を用いたアイデア発想法と同じように操作するために，複数人が写真，ラベルや島

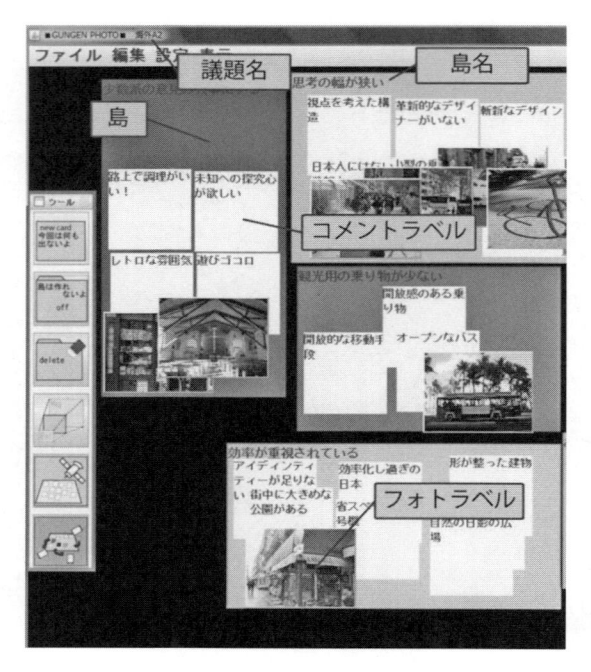

図 **9.3** GUNGEN-PHOTO 共有画面

を同時操作する行為を指によるジェスチャー操作にて行うマルチタッチ機能を実装した．さらに，島の作成，写真の拡大を直感的に操作可能とする．

図 9.3 に GUNGEN-PHOTO の共有画面を示す．写真（フォトラベル）とテキスト（コメントラベル）を同時に扱うことができる．

図 9.4 に iPad を使用した入力風景を示す．iPad で入力されたアイデアは共有画面に表示される．

9.2.4　GUNGEN-SPIRAL II

GUNGEN-SPIRAL II [12] は Web ベースの分散協調型 KJ 法支援システムで，Web と親和性のある XML を利用し，スマートデバイスにも対応している．以下に示す機能が備わっている．

(1)　電子メールによるアイデアの登録

アイデアを思いついたときに電子メールを用いて登録が可能である．

(2)　アイデアの共有

ユーザが電子メールで送信したアイデアや，Web から直接書き込まれたアイデアは Web ブラウザにより閲覧することができる．

図 9.4 GUNGEN-PHOTO の入力風景

(3) 各クライアント間の作業画面の共有

各人が分散協調型 KJ 法を行うためのアイデアラベルや島の作成，移動を行うことができ，さらにその画面を全員で共有することができる．

(4) テキストチャット機能

分散協調型 KJ 法をしながらでも議論を行えるように，テキストチャット機能が備わっている．

(5) アテンション機能

ひと目で議論している場所がわかるように，丸い目印を参加者と共有する「アテンション機能」が備わっている．

(6) 操作権による操作の制限

島作成時やアテンション機能で他の参加者へ注目させる場所を指定するときに「操作権」をもつ．

図 9.5 に GUNGEN-SPIRAL II の画面を示す．図の左側には島作成やセーブ，リロードなどの操作用のアイコンが並んでいる．丸い印のアイコンはアテンション機能のアイコンである．本システムはイメージデータも扱える．また，島ごとに色を付けることができる．下部にはチャットが示される．

まとめ

本章では発想支援グループウェアに関して，例を上げて説明した．発想支援システムはグルー

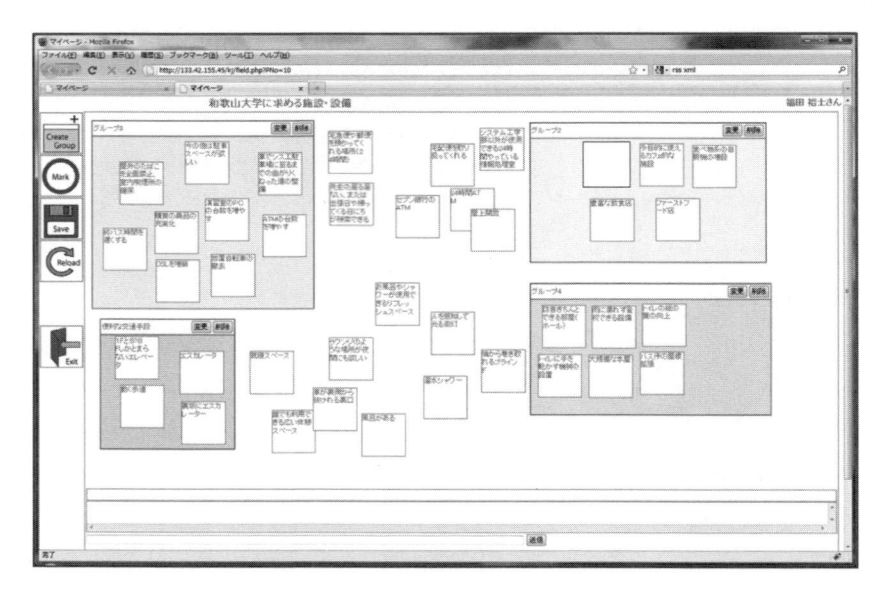

図 9.5 GUNGEN-SPIRAL II の画面

プウェア初期から，目標の一つであった．発想支援グループウェアは紙上で行われていた発想法を計算機上に置き換えたシステムが大半であるが，離れた場所でも行えるようになったことにメリットがある．紙面上での効率を，計算機に置き換えたからといって越えることができないのが現状であるが，近年のスマートデバイスの普及により，いつでもどこでも発想法が実施できるようになり，一般の人にも身近な存在となりつつある．従来の紙面上の発想法の延長のシステムではなく，計算機の特徴を活かしたシステムが登場することを期待している．最後に，ここまで紹介した KJ 法を参考にした発想支援グループウェアを機能により分類する（表 9.1）．

表 9.1 KJ 法を参考にした発想支援グループウェアの機能による分類

	共有カーソル	階層化	画像データ	チャット	Web	アウェアネス
KJ エディタ	○	○	×	○	○	×
郡元	○	○	○	○	△（Web との連携あり）	○
KUSANAGI	○（複数）	○	○	○	○	×
GUNGEN-SPIRAL II	×	×	○	○	○	○
GUNGEN-PHOTO	△	○	○	－（対面）	×	－（対面）

演習問題

設問 1 同一室内で行う発想法を支援するシステムと遠隔地間で行うシステムとの必要な機能の違いについて述べなさい．

設問 2 写真などのイメージデータを見ながらアイデアを出す発想法と何も見ずにアイデアを出す発想法との予想されるアイデアの違いについて考察しなさい．

設問 3 遠隔地間で行う発想支援システムを設計しなさい．ただし，各場所にはファイヤーウォールがあり，動画像，音声を使い，共有カーソルがあり，テキストだけではなくイメージデータも使用するものとする．また，異なる種類の計算機を使用できるものとする．

設問 4 発想支援システムにおいて複数の画面を共有し，複数人がリアルタイムに同時に操作できる方法を考えなさい．

参考文献

[1] Osborn, A. F.: *Appleid Imagination* - revised edition, Charlses Scribner's Sons (1957).

[2] 川喜田二郎：『KJ 法』中公新書，中央公論社 (1966).

[3] ブザン，T., ブザン，B.（神田昌典 訳）：『ザ・マインドマップ』ダイヤモンド社 (2005).

[4] Foster, G., Stefik, M.: Cognoter: theory and practice of a colab-orative tool, *CSCW'86*, pp.7–15 (1986).

[5] Altshuller, G.: And Suddenly the Inventor Appeared – TRIZ, the Theory of Inventive Problem Solving, Technical Innovation Ctr (1994).

[6] 産業能率大学 CPM/TRIZ 研究会メンバー：『TRIZ の理論とその展開』産業能率大学出版部 (2003).

[7] 小山雅庸，河合和久，大岩元：カード操作ツール KJ エディタの実現と評価，日本ソフトウェア科学会，『コンピュータソフトウェア』Vol. 9, No. 5, pp. 38–53 (1992).

[8] 大見嘉弘，中村勝利，河合和久，竹田尚彦，大岩元：インターネット上の情報を利用できるカード操作ツール PAN-WWW, 『情報処理学会論文誌』Vol.37, No.1, pp.154–162 (1996).

[9] Munemori, J. and Nagasawa, Y.: GUNGEN: groupware for new idea generationsystem, *IEICE Transaction on Fundamentals*, Vol. E75-A, No.2, pp.171–178 (1992).

[10] 宗森純，堀切一郎，長澤庸二：発想支援システム郡元の分散協調型 KJ 法実験への適用と評価，『情報処理学会論文誌』Vol.35, No.1, pp.143–153 (1994).

[11] 由井薗隆也，宗森純：発想支援グループウェア郡元の効果〜数百の試用実験より得たもの〜,『人工知能学会論文誌』Vol.19, No.2, pp.105–112 (2004).

[12] Munemori, J., Fukuda, H. and Itou, J.: Application of a Web Based Idea Generation Consistent Support System, *Proc. 16th International Conference on Knowledge-Based and Intelligent Information & Engineering Systems (KES 2012)*, pp.1827–1836 (2012).

[13] 大橋誠，伊藤淳子，宗森純：テーブルトップインタフェースを用いた直感操作による発想支援システムの提案,『情報処理学会グループウェアとネットワークサービスワークショップ 2008 論文集』pp.1–5 (2008).

[14] 重信智宏，吉野孝，宗森純：GUNGEN DXII：数百のラベルを対象としたグループ編成機能を持つ発想支援グループウェア,『情報処理学会論文誌』Vol.46, No.1, pp.2–14 (2005).

[15] 野田敬寛，吉野孝，宗森純：GDA：複数の PDA による画面結合および共有システム『情報処理学会論文誌』Vol. 44, No. 10, pp.2478–2489 (2003).

[16] Dietz, K. and Leigh, D.: DiamondTouch: A Multi-User Touch Technology, *Proceedings of the 14th Annual ACM Symposium on User Interface Software and Technology (UIST 2001)*, pp. 219–226, November (2001).

[17] Tse, E., Greenberg, S., Shen, C., Forlines, C. and Kodama, R.: Exploring True Multi-User Multimodal Interaction over a Digital Table, *Proceedings of DIS08 Designing Interactive Systems*, pp.109–118 (2008).

[18] 西村真一，由井薗隆也，宗森純：複数のネットマウスにより大きな共同作業空間構築を支援するミドルウェア GLIA,『情報処理学会論文誌』Vol.48, No.7, pp.2278–2290 (2007).

[19] 由井薗隆也，宗森純：大画面インタフェースを持つ発想支援グループウェア KUSANAGI が数百データのグループ化作業に及ぼす効果,『情報処理学会論文誌』Vol.49, No.7, pp.2574–2588 (2008).

[20] Chen, H., Hsu, P., Orwig, R., Hoopes, L. and Nunamaker, J. F.: Automatic Concept Classification of Text From Electronic Meetings, *Communications of the ACM*, Vol. 37, No. 10, pp. 56–73 (1994).

[21] Viriyayudhakorn, K.: Creativity Assistants and Social Influences in KJ-Method Creativity Support Groupware, 北陸先端科学技術大学院大学博士論文 (2013), https://dspace.jaist.ac.jp/dspace/handle/10119/11339?mode=full

[22] Kokogawa, T., Maeda, Y., Matsui, T., Itou, J. and Munemori, J.: The Effect of Using Photographs in Idea Generation Support System, *Journal of Information Processing*, Vol.21, No.3, pp.580–587 (2013).

第10章
コンピュータネットワークとネットワークプログラム

---── 学習のポイント ──────────────────────────────

　　コンピュータネットワークを実現・理解するための基礎として通信プロトコルを学ぶ．特に，OSI 階層モデルを理解する．また，グループウェアを開発するための基礎としてネットワークプログラムを学ぶ．そのために，分散システムの基本概念である疎な結合，密な結合を理解する．また実装方法として，ソケット通信プログラムを学ぶ．そして，マルチユーザ対応チャットシステムやグループウェア開発の概要を理解する．

---── キーワード ──────────────────────────────

　　OSI 階層モデル，分散システム，TCP/IP，UDP/IP，疎な結合，密な結合，クライアント・サーバシステム，ポーリング方式，イベント駆動方式，遠隔手続き呼出し，名前サービス

10.1　コンピュータネットワーク [1, 2]

(1)　ネットワークの階層モデル

　グループウェアにネットワークは不可欠である．初期の情報通信用ネットワークとして有名なのは 1969 年，米国の国防省が開発した ARPANET (Advanced Research Projects Agency Network) である [1]．ARPANET はスタンフォード研究所 (SRI)，UCLA，UCSB，ユタ大学とを結んだネットワークである．このネットワーク上では，すでに TCP/IP プロトコルで電子メール，ファイル転送，ファイル共有などが行われていた．日本では 1971 年に応用技術衛星 ATS-1 を使った ALOHA System（汎太平洋教育研究用ネットワーク）[1] に参加していたが，本格的にネットワークが使用されたのは 1980 年代の電電公社の INS (Information Network System) [3] からである．

　1974 年に IBM が SNA (Systems Network Architecture) プロトコルを発表し，これに対抗して計算機各社は自社のプロトコルを開発したが，後に国際標準化され，OSI (Open Systems Interaction) となった [1]．図 10.1 に OSI の 7 階層モデルを示す [4, 5]．

　物理層はコンピュータ内で扱う情報を，電気や光の信号としてケーブルに流すための物理的，

```
                  終端開放型システム                                        終端開放型システム

                  ┌──────────────┐                                    ┌──────────────┐
                  │    応用層      │                                    │    応用層      │
                  ├──────────────┤                                    ├──────────────┤
                  │ プレゼンテーション層 │                                    │ プレゼンテーション層 │
                  ├──────────────┤                                    ├──────────────┤
                  │   セッション層   │         中継開放型システム              │   セッション層   │
                  ├──────────────┤                                    ├──────────────┤
                  │  トランスポート層 │                                    │  トランスポート層 │
                  ├──────────────┤    ┌──────────────┐                ├──────────────┤
                  │  ネットワーク層   │    │  ネットワーク層   │                │  ネットワーク層   │
                  ├──────────────┤    ├──────────────┤                ├──────────────┤
                  │  データリンク層   │    │  データリンク層   │                │  データリンク層   │
                  ├──────────────┤    ├──────────────┤                ├──────────────┤
                  │    物理層      │    │    物理層      │                │    物理層      │
                  └──────────────┘    └──────────────┘                └──────────────┘
                  │   伝送媒体     │                                    │   伝送媒体     │
```

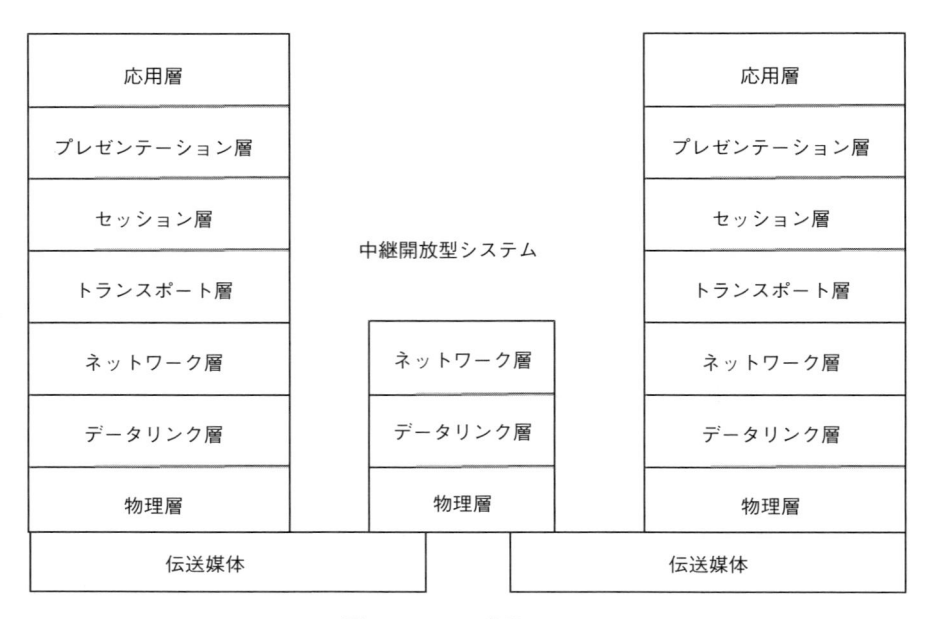

図 10.1 OSI 参照モデル

電気的条件を規定し，ビット単位のデータ伝送を保証する．FDDI, ADSL などが，これに相当する．データリンク層は通信回線で直接接続されたシステム同士で誤りのないデータ伝送を行うための方法を規定する．CSMA/CD（イーサネット）などがこれに対応する．ネットワーク層は通信先のコンピュータがどれかを特定できるようにするためにつけられるコンピュータネットワーク上のアドレスを規定し，データの転送される経路を制御する．IPv6 などがこれに対応する．トランスポート層は利用する回線の特性に関係せず，信頼性の高い通信機能を実現し，アプリケーションプロセスが，通信網に依存せず，End-to-End で通信を行うための働きをする．TCP (Transmission Control Protocol) や UDP (User Datagram Protocol) がこれに対応する．セッション層はアプリケーションプログラム同士でデータをやりとりするための同期やデータの送り方を規定する．半二重や全二重の通信がこれに対応する．プレゼンテーション層は世界共通のデータ表現方法を規定し，どのような表現形式で情報を伝送するかを管理する．FTP, HTTP, DNS, NFS, Telnet, POP/SMTP, SNMP などがこれに対応する．応用層はアプリケーションに必要な通信サービスを規定する．電子メール，WebApplication, FTAM (File Transfer Access and Management)（ファイル転送）などがこれに対応する．

通信用の仕様記述言語 SDL (Specification and Description Language) が存在する．フローチャートに通信用の送信，受信，セーブなどの機能を加えた言語である [5]．

(2) 通信方法の移り変わり

大型計算機が主流の時代は IBM のトークンリング (1 Mbps) が主流であった [1]. ところが, ワークステーションの開発が始まった 1980 年代になると IEEE802.5 (いわゆるイーサネット; Ethernet) が普及した [1]. イーサネットは当初 10 Mbps であったが, その後, 100 Mbps のものも出てきている. 1990 年代から ATM (Asyncronous Transfer Mode) が広がった [1]. ATM は主として 150 Mbps の通信速度であった. ATM はイーサネットと比べて高速な反面, 仮想パスや仮想チャネルといった設定が煩雑なため, 2000 年代にはイーサネットがそのまま使えるギガビットイーサ (1 Gbps) が普及している.

(3) 無線によるデータ通信

最近ではインターネットが急速に拡大し, 光ファイバネットワークも一般家庭にまで普及するようになり, ますますネットワークが膨張している. グループウェアは当初は構内 LAN (有線) で用いられるものが多かったが, 現在では無線 LAN や 3G 回線, LTE を用いたり, Bluetooth や ZigBee を用いたりと, 有線だけでなく無線のネットワークを組み合わせて用いるようになってきている. 例えば第 12 章で示す故宮博物院のガイドシステム (北京 Explorer II: 試作システム) には通信方式として無線 LAN と Bluetooth が使用されている [7]. 表 10.1 にこれらの無線通信方法を比較する [8].

無線 LAN は標準化されていて, パソコンやスマートフォンなどで使用される. 最近はアクセスポイントと呼ばれる無線 LAN が使用可能な場所が増加し, 他の無線方式と比較して高速で安価であるため, 普及している. Bluetooth は計算機での通信のみならず, 家電などにも徐々に普及していて無線ヘッドフォンなどに使用されている. また, ゲームのすれ違い通信などにも使用されている. IrDA (赤外線通信) は短距離で向かい合って使う.

(4) ネットワーク遅延とリアルタイム通信

リアルタイムで使用する場合のネットワークの問題点として遅延があげられる. インターネットの転送容量が大きくなっても純粋な信号遅延が起こる. 原則, 光は光を越える速度は出せな

表 10.1 グループウェアで使用する無線通信 ([8] より作成)

	周波数/波長	通信距離	通信速度	備考
第 3 世代携帯	800 MHz, 1.8 GHz, 2 GHz 他	3–10 km	2 Mbps	3G
LTE	800 MHz, 1.5 GHz, 1.7 GHz, 2.1 GHz	3–10 km	下り 100–300 Mbps, 上り 50–75 Mbps	3.9G
無線 LAN	2.4 GHz, 5 GHz	100 m 程度	600 Mbps	IEEE9.2.11n
IrDA	850 bm〜900 nm	1 m	16 Mbps	短距離
Bluetooth	2.4 GHz	100 m	1 Mbps	すれ違い通信可能
ZigBee	2.4 GHz	69 m	20 Kbps–250 Kbps	低消費電力
UWB	3.1 GHz〜10.6 GHz	20 m	50 Mbps–480 Mbps	USB2.0 の無線版, 測距機能

いのである．加えて，純粋なネットワーク上のルータなどの機器による遅延も加わる．日本国内では例えば大阪-鹿児島間 900 キロ（10 台程度のルータなどを経由する）で 100 ms 位，国外（例えば日本とヨーロッパ間）は 200 ms 位である．我々がパソコンなどを使って音声のやりとりする場合の遅延（秒単位）は主としてパソコン内で音声を圧縮／伸張する場合に発生するものであった．近年，CPU の速度向上やマルチコア化により，パソコン内処理による遅延は減少しているがネットワーク遅延は存在する．

ネットワーク上での遅延は先に述べたルータなどによる遅延とパケット落ちによる遅延から構成される．パケット落ちといってもパケットがなくなるわけではなく，一定の時間内にパケットが到着しないということである．プロトコルとして TCP/IP を使っていると混雑によるデータの再送などで時間がかかって遅延していく．

10.2 ネットワークプログラム

グループウェアを実現するためにはネットワークを介して，複数の計算機，デバイス同士の通信を制御するプログラムであるネットワークプログラムを行う必要がある．これらネットワークプログラムを実現するためには，前述したコンピュータネットワーク技術 [1,2,9] に加えて，分散システム技術 [10] を利用することになる．特に，大規模なユーザを対象としたネットワークサービスを実現するためには，分散システムの成果を取り入れるとよい．

ここでは，小規模なユーザを対象とするネットワークプログラムに関する基礎を説明する前に，分散システム（システムソフトウェアである OS）の歴史と概要を紹介する [10,11]．

(1) 分散システムの歴史

コンピュータネットワークを用いて実現できる情報システムの特徴として，その分散性を活かす分散システムが研究されてきた．その本格的研究は，1960 年代後半，前述の ARPANET のような分散システムを指向した環境の出現で始まり，まず，1 台の大型計算機資源を複数の端末で共有して使用するタイム・シェアリングシステムと呼ばれる OS が研究された．特に，有名なプロジェクトは MIT の MULTICS であり，クラウドコンピューティングの前身ともいえるグリッドコンピューティングという計算機資源を共有する基礎概念をもっていた．このグリッドは電気を送る電力網を意味する言葉であり，電力網のように計算資源を配分するという概念であった．しかし，MULTICS はシステム規模が複雑すぎたため，研究として新規性のある成果を上げたが，今日のデスクトップ PC に使われる OS のように，多くの人々に使用されるまでには至らなかった．その中，MULTICS の開発に参加していたケン・トンプソン (Ken Thompson) とデニス・リッチー (Dennis Ritchie) は独自プロジェクトとして，シンプルな OS である UNIX を開発した．これは大型計算機に対して小型計算機（ミニコン）と呼ばれた PDP-11 に実装され，1970 年代における OS のシステム開発研究の主流となっていった．当初の UNIX は約 1 万行以内のプログラム規模であり，1 人の人間がすべてのソースコードを読

んで学習できる規模であった．その利用環境がフリーソフトウェアとして世界中のプログラマによって開発され，UNIX システム全体は大規模になっていた．同時代の 1970 年代であるが，XEROX パロアルト研究所では Alto と呼ばれる本格的なパーソナルコンピュータが作られ，イーサネットワーク技術を用いて，数百台の Alto が繋がる本格的な LAN 環境が実現されていた．ただし，Xerox は，これらパソコンからネットワーク，レーザプリンタまで，情報基盤となる機器開発まで行い，運用したが，商用化・普及には成功しなかった．つまり，計算機の業界では Xerox パロアルト研究所は伝説の研究所であるが，一般には知られず，Xerox はコピー機械の会社として有名である．しかし，その技術は Macintosh として Apple，PostScript 技術（PDF の元となる技術）で知られる Adobe 社，ネットワーク製品で知られる 3COM などのベンチャー企業を通して普及した．これら企業はいずれも世界の IT 技術を先導するシリコンバレーにある企業群の中で重要な役割を果たしていった．

1980 年代になると，前述の TCP/IP を利用できるソケット通信 API を備えた OS である FreeBSD が開発された．さらに，FreeBSD は，マイクロカーネルという OS 設計概念をもとにした Mach カーネル上に実装され，近年では，Mac OS X の土台となっている．なお，マイクロカーネルは最小限の OS 概念を実装した部品であり，ファイルサービス，デバイスサービスなどはサービス部品として扱われる．そのため，PC 向けの Mac OS X やモバイル端末向けの iOS の土台として使用可能である．1990 年代になると，これらの OS 設計と実装についてまとめた教科書がアンドリュー・タネンバウム (Andrew Tanenbaum) によって書かれている．その教科書に書かれた MINIX の一般普及した PC への実装版が今日，知られる Linux となり，これはサーバによく使用される OS となっている．近年では，Google 社による Android OS のようなモバイル端末向けの OS もフリーで公開されており，基本ソフトウェアとなっている．

(2) 分散システムの基本概念 [10]

分散システムは，共通の目標を達成するために，一緒に機能する自律的な通信実体の集合であるとされる．現代社会では，多種多様な端末がインターネットに接続しているため，あらゆる場所に分散システムを見出すことができる．よって，そのような分散システムを運用するためには，分散システムの基本概念を知っておくとよい．一般的に，分散システムを利用する理由として，次の 4 つが上げられる．その概念はオペレーティングシステムという計算機を管理するための基本ソフトウェアがネットワーク上に発展，展開したものである．もちろん，グループウェアを構築する場合は，分散システムという視点に加えて，グループがいかに振る舞うかという社会性を考慮する必要がある．

（理由 1）資源の共有 (Resource sharing)
いろいろな異なる資源（例えば，高品質レーザプリンタ，データベース）が，通信網により相互接続されているとき，他の場所に存在する資源の共有が可能となる．

(理由2）計算能力の向上 (Computation speed up)
1つの計算を並行処理可能な計算に分割できるのであれば，分散システムは，多数の場所に計算を分散させることを可能とする．

(理由3）信頼性 (Reliability)
1つの場所が故障しても，残りの場所で処理を実行することが潜在的に可能である．

(理由4）通信 (Communication)
あるシステムが他のものとデータ交換を必要とするプログラムが数多く存在する．電子メールなどの基盤となっている．

このような分散システムを念頭においた場合，通信は，疎な結合と密な結合の2通りに分類することができる．疎な結合とは通信相手の双方を知らなくてもよい結合である．そして，密な結合は通信相手を両方が知っている結合である．例えば，疎な結合は，ある銀行のATMサービスを受けたいような状況であり，どこかのATMに行けばよく，ATMは特に固定していない．一方，密な結合は，友人との談笑などの状況であり，話したい特定の友人同士で会話する．よって，自分と友人の状況によって，会話できる状況であるかが決まる．疎な結合としてとり上げたATMの場合は，あるATMを他に利用している人がいても，別なATMを利用できる．このように疎な結合のほうが柔軟なシステムの運用に向いている．

疎な結合を行う例として，情報家電のネットワーク連携を支援する基本ソフトウェアとして検討されたことがあるLindaモデルまたはタップルスペースや知識処理におけるエージェント間の通信に用いられる黒板モデルが知られている．実は，インターネットを代表するアプリケーションであるWWWが使用する通信プロトコルは疎な結合であり，お互い束縛しないネットワーク構造を構築できる．このような要因もWWWが大規模なネットワーク環境であるインターネット上で爆発的に普及した要因の1つである．実際，前述のようなATMのようなサービス（インターネット・バンキング）がネットワーク上でも実現できると共に，サービスの提供を複数の計算機サーバに分散させるといった負荷分散も設計しやすい．

一方，密な結合は，つねに，通信ができる状態であり，双方向通信が重要であるリアルタイム性が必要なグループウェアを実現するために使われている．次に，この実現に用いられるネットワークプログラミングの通信技術であるソケット通信について説明する．

(3) ソケット通信によるプログラミング

ソケット通信に用いるプログラムはTCPソケットとUDPソケットの2通りに分かれる [10]．このソケットは電源ソケットに由来しており，電源ソケットを接続すると電流が行き来できるように，TCPソケットを接続すると，接続したもの同士で通信データの行き来ができるようになる．

これらソケットの名称は対応するプロトコルに由来する．TCPソケットはコネクション型のTCP/IP (transmission control protocol/internet protocol) を利用でき，UDPソケッ

トはコネクションレス型の UDP/IP (user datagram protocol/internet protocol) を使用する．TCP/IP はデータ再送機能があり，確実に届く必要のある命令やデータの送信に使われる．UDP/IP は誤りや通信落ちの検出をしないでデータ通信を行う処理のみ提供している．もし，ユーザが通信の誤りチェックを必要としなければ，ユーザ用途に応じた実装が行われる．例えば，画像や音声などの大量データの送信に使用され，一部のデータがかけてもよいものに用いられる．画像の差分のみを送信し，あるタイミングで画像の全体画像を送るといったテレビ会議向けプロトコルの実装がある．また，ビデオ・デマンドのような双方向通信の利用でない場合はバッファリングを使用することによって，ネットワークの通信環境が安定し，必要な通信容量を維持できていれば，データの遅延をユーザに感じさせない実装も行われている．

　ネットワークプログラムを作る場合は，クライアントとサーバと処理の役割をはっきりさせるクライアント・サーバプログラムと，それらの区別なく同等なプログラムを組むピア・ツー・ピアプログラムの 2 通りのアプローチがある．

　まず，プログラムが組みやすいクライアント・サーバプログラムについて説明する．クライアントは顧客であり，サービスを受ける側である．サーバはクライアントに対してサービスを提供する側である．ソケット通信 API を用いたネットワークプログラミングではサーバ側のプログラムとクライアント側のプログラムを作成する．サーバ側のプログラムでは通信を受け付けるプログラムを走らせ，クライアントから要求がある度にサーバが処理を返す．

　これは，お店でのショッピングに当てはめると，店員はサービスを提供するサーバ側であり，お客であるクライアントの要求に応じてサービス処理を行う．もちろん，店員はお客の様子を見て，アドバイスを行うことがあるが，これはオンラインショッピングにおける推薦サービスのようなものである．これには，サーバからクライアントへ通信する前に，サーバがクライアントの状態を理解する仕組みが必要である．

　それではシンプルなクライアント・サーバシステムとして計算サーバを考えてみる．計算サーバの機能は，クライアントから送られた 2 つの数字を足して，その結果を返すというものである．次に，計算サーバの処理と計算クライアントの処理を行うネットワークプログラムを簡略して，言語化したものを書く．

＜ソケットを用いた計算サーバの処理イメージ＞

```
サーバ用ソケットを開く．
繰り返し {
    クライアントソケットの受付（ただし，受付がない限り処理は進まない）．
    受付以降，ソケットを用いた通信が可能．
    データを受信した場合，2 つの数字を割り出し，その 2 つの数字を足す．
    その結果を，ソケットを通してクライアントに送る．
}
```

<ソケットを用いた計算クライアントの処理イメージ>

> クライアント用ソケットを開く．
> ソケットをサーバに接続する．
> ソケットを通して，サーバに2つの数字を送る．
> ソケットを調べて，サーバからの結果を得る．
> ソケットを閉じる．

　以上のようにプログラムはソケットを準備し，それを接続するという処理が基本となる．その接続処理が終わったあとは，データの送受信処理のプログラムを書けばよい．わかりやすいプログラムはクライアントがサーバに要求を出し，サーバは直ちに要求を処理した結果をクライアントに返すというプログラム処理である．サーバとクライアントで複数のやりとりを行う場合は，状態を管理する仕組みを実装する必要があり，それら一連の処理をセッション処理と呼び，状態を用いて管理する仕組みが実装されている．この処理はオンラインショッピングなどの電子商取引を実現する場合の基本技術となっている．

(4)　分散サービスの抽象化技術

　計算サーバの実現ではサーバ処理として足し算処理を行わせたが，通信プログラムでは，その数値を足す前に，2つの数値を受信データから解釈して処理するという処理を記述する必要があった．このような関数呼び出しを簡略化するためのプログラミング開発技法として，遠隔手続き呼び出し (Remote Procedure Call) というものが開発され，各種のサーバ開発に用いられるようになっている [10]．例えば，ファイル転送プログラムであるFTPサーバの開発に使用されている．最近は，オブジェクト指向型言語が普及しているために，遠隔メソッド呼び出し (Remote Method Invocation) といった技法や，遠隔オブジェクト (Remote Object) といったものをプログラミング開発技法として用意されるようになっている [10]．加えて，このような計算のサービスに名前を付けて登録し管理できる仕組みが使われる．次に，この遠隔呼び出し技術と名前サービスを用いたサービス指向型のネットワークプログラミングの概要を示す．

<サービス指向型の計算サーバプログラムの処理イメージ>

> 計算サービスを名前サービスに登録する．
> クライアントから要求があったら計算サービス処理を呼び出す．
> 計算サービスの結果を返す．

<サービス指向型の計算クライアントの処理イメージ>

> 名前サービスから目的とするサービスとして計算サービスを入手する．
> 計算サービスの処理をお願いし，その結果を受け取る．

　以上のように，ソケットプログラムと違い，その提供・依頼するサービスに集中してネット

ワークプログラムを書くことができる．これらの実装は基本的に，ソケット通信を用いて実装されており，ネットワークプログラム向けのコンパイラを用いて自動的にソケット通信部分が生成される．これに準じたプログラム開発は，ソケットプログラムを用いたネットワークアプリケーションを書く場合でも可能である．その場合，サーバに依頼する処理内容とそのデータのやりとりを明確にすればよい．これらは見通しのよいネットワークプログラムを書くためには不可欠な記述内容である．

(5) マルチクライアント対応チャットの実装

チャットプログラムは，複数の人々がテキストによる通信会話を楽しむことができるプログラムであり，基礎的なグループウェアである．その実装方法として，ポーリング方式（疎な結合方式）とソケット方式（密な結合方式）について紹介する．図10.2に各方式のイメージを示す．

ポーリング方式は，クライアントから定期的にサーバにチャットのデータを要求する方式である．そして，サーバからクライアントに対してデータ要求をすることはしない．サーバは共有メモリのように振る舞う．プログラムの実装として，例えば30秒内にサーバにチャットデータを要求する方法が考えられる．クライアントは30秒ごとにサーバにチャットデータを要求し，それを受け取り，画面上に表示する．また，クライアントは，チャットデータの書き込みがあるたびに，そのデータをサーバに送り，サーバの共有メモリに書き込む．

例えば，クライアントAが"test(A)"という会話をサーバに送ったとする．すると，サーバの共有メモリに"test(A)"という文字が追加書き込みされる．また，クライアントBがサーバに"test(B)"という文字を送ったとすると，サーバの共有メモリに"test(B)"という文字が追加書き込みされる．その共有メモリにあるデータを定期的に全クライアントが読み込んで表示する．このように定期的にデータを読みにいくために，データの更新がなくても通信が発生する．次章で紹介するようにWWWの通信プロトコルであるHTTPは基本的にサーバにデー

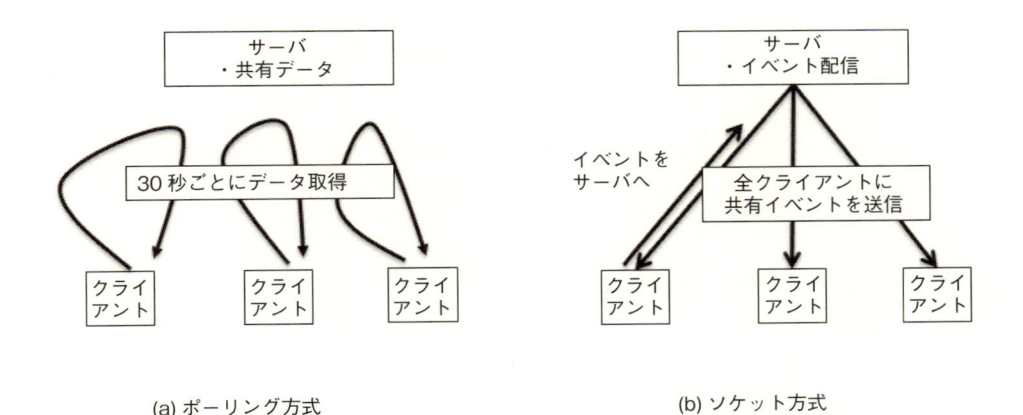

図 10.2 マルチクライアント対応チャットの通信実装形式

タを置く，そして，サーバからデータを取るという粗な結合を支援するため，初期の Web 上のチャットサーバは，サーバからクライアントに処理を要求することができず，ポーリング方式による実装が数多くあった．

　もう一方のソケット方式について紹介する．WWW 以前からインターネット上では IRC (Internet Relay Chat) というクライアント・サーバプログラムによるチャットシステムがあり，よく使用されていた．ここでは，ソケットを用いてマルチクライアント対応チャットを作る場合の基本的構成を説明する．サーバは接続してきたソケットを管理する仕組みが必要であり，それをグループとして管理する必要がある．ソケットは基本的に 1 対 1 の通信なので，サーバは管理しているソケットのグループに対してデータ送信を行うことにより，マルチクライアントに対してデータ送信を行うことができる．

　具体的にクライアント A がサーバにソケット接続をしたとすると，サーバはクライアント A からのソケットをチャットグループのソケットとして登録・管理する．次にクライアント B がサーバにソケット接続したときも同様に，サーバはそのソケットをチャットグループのソケットとして登録・管理する．もし，クライアント A が "test(A)" というチャットをサーバに送ったとする．サーバはその受信したデータをチャットグループに登録されているソケットを用いてデータを送信する．これにより，クライアント A のソケットとクライアント B のソケットに "test(A)" というデータが入れられ，接続されたクライアントに送信され表示されることになる．同様に，クライアント B が "test(B)" というデータを送信した場合は，サーバはチャットグループに登録されているソケットを用いて接続されたすべてのクライアントにデータを送ることができる．よって，ソケット通信によるマルチクライアントの実装では，チャットという共有イベントが発生したときのみに通信が発生する．

　以上のように，ポーリング方式はクライアントがサーバの共有データを取得しないと最新データを取得できないことに対して，ソケット方式ではチャットが発生するとサーバを介して，そのチャットがすべてのクライアントに反映されることになる．つまり，疎な結合と比べて，密な結合であるソケット方式がリアルタイム通信には向いている．なお，WWW のプロトコルは HTTP であり，疎な結合であるが，近年，ソケット通信に相当する Web ソケットが WWW のクライアントとサーバへの実装が進み，リアルタイム性の高い Web アプリケーションの開発に使用可能となっている．一方，疎な結合は結合が柔軟であり，柔軟なネットワークサービス構成を実現できる．よって，疎な結合と密な結合の両方を組み合わせることが，よりよいネットワークサービスの実現には必要である．

(6) グループウェアに特化した通信

　これまでに説明したネットワークプログラミングの技術を用いてグループウェア開発を支援する研究が行われている．リアルタイムグループウェアの開発方式には大きく分けて分散型と集中型とがある [12]．図 10.3 に分散型と集中型の概念図を示す．

　分散型は処理の指示が同報され，各 PC 上のアプリケーションが実行される．命令のデータ量

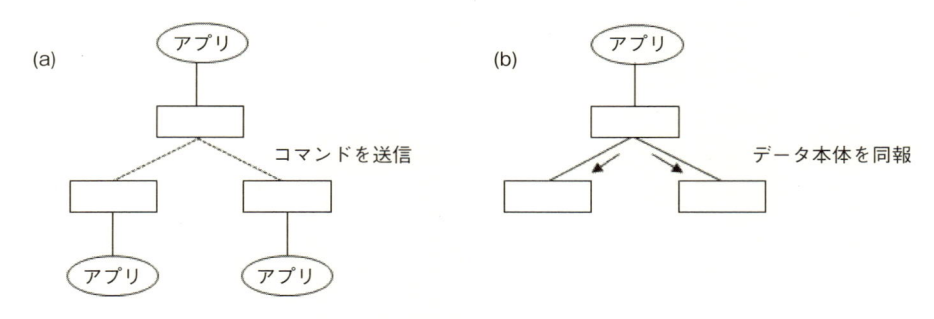

図 10.3 分散型 (a) と集中型 (b)

は小さく，応答が早い．多数台接続可能であるが，同じアプリケーションを各々の PC がもたなければならない．分散型のリアルタイム（同期）型グループウェアを実現する構造に関する研究の代表事例としてカナダ Calgary 大学の GroupKit [13] がある．グループ管理機能や複数クライアントに同じイベントを送る共有イベントを支援する API 群が用意されている．GroupKit は開発を効率よくするために tcl/tk と呼ばれるスクリプト言語上に実装されていた．

集中型は一つの PC 上のアプリケーションを実行し，その結果（データ本体）を同報する．単体の共有画面を共有するソフトウェアとして Farallon 社の Timbuktu がある [14]．この画面共有型のグループウェアは，画面全体にしか操作に関する権利を管理できないために細かい操作制御が行えないので，共有画面に対して 1 人しか操作を行えない．よって，このグループウェアは複数の計算機を用いた並列処理が重要である作業に対しては有効ではない．一方，アプリケーションが一つでよい反面，重く，応答も遅いことが問題であったが，アプリケーションの変化部分（差分）を転送する技術が発達している．そのような技術として VNC [15] が知られており，Windows，Mac OS X など，様々な OS で使用できる．

蓄積・非同期型のグループウェアを開発する基盤として Lotus Notes [16] があり，市場製品としても有名である．Lotus Notes は電子メールやワークフローを中心とした業務支援システムの開発に利用されている．例えば，アクションテクノロジー社の Action Work Flow [17] は，Lotus Notes 上に組織の伝達構造を支援するワークフローシステムを構築している．日本においても，そのような製品が数多く販売されている．

まとめ

通信プロトコル，ネットワークプログラムの概念を学習し，それらを用いたグループウェア開発のイメージを紹介した．クライアント・サーバ通信，疎な結合と密な結合，ソケット通信における TCP と UDP の違い，遠隔手続き呼出しなどの抽象化技術を学んだ．また，マルチクライアント・チャットを実装する方式として，ポーリング方式，マルチソケット方式を学ぶとともに，グループウェア開発方式として分散型と集中型を学んだ．

演習問題

設問1 以下の言葉の説明をしなさい．
(1) OSI 基本参照モデル（7 層モデル）
(2) TCP ソケットと UDP ソケット
(3) 疎な結合と密な結合
(4) 名前サーバ

設問2 コミュニケーションのためのメディア（画像，音声，テキストなどの意味）に関して以下の問題に答えなさい．
(1) 人を説得するためには，どのようなメディアを使用すれば効率的かを述べなさい．また，その理由を簡単に述べなさい．
(2) (1) のメディアを通信するためにはどのような通信プロトコルが用いられているかを述べなさい．
(3) (2) の通信プロトコルは OSI のどの層に対応するかを述べなさい．

設問3 電子会議システムで使用する通信方式について，以下に示す言葉を用いて説明しなさい．
（言葉の順は不同）：OSI 基本参照モデル（7 層モデル），トランスポート層，テキストデータの通信，動画像データの通信，プロトコル，UDP，TCP．

設問4 分散システムを使う4つの理由に当てはまる具体事例を述べなさい．

設問5 マルチユーザ・アプリケーションまたはグループウェア通信に関する以下の問に答えなさい．
(1) ポーリング方式とソケット方式について述べると共に，比較しなさい．
(2) 分散型と集中型について述べると共に，比較しなさい．

参考文献

[1] 白鳥則郎：『ネットワークシステムの基礎』岩波書店 (2000)．
[2] 白鳥則郎監修：『情報ネットワーク』未来へつなぐデジタルシリーズ3，共立出版 (2011)．
[3] 科学技術庁編：『コンピュータ・ネットワーク』（先端科学技術の現状と展望　第1巻），大蔵省印刷局 (1987)．
[4] 田畑孝一ほか：『OSI―明日へのコンピュータネットワーク』日本規格協会 (1987)．
[5] 棟上昭男編：『OSIの応用』日本規格協会 (1987)．
[6] 若原恭，長谷川晴朗：『仕様記述言語 SDL: プロトコル仕様作成の最新形式記述技法』カッ

トシステム (1996).

[7] Munemori, J., Tri, T. M., and Itou, J.: Forbidden City Explorer: A Guide System that Gives Priority to Shared Images and Chats, *Entertainment Computing-ICEC2006 (LNCS4161)*, pp.306–309 (2006).

[8] 阪田史郎：『M2M 無線ネットワーク技術と設計法』科学技術出版 (2013).

[9] タネンバウム，A. S.（水野忠則ほか 訳）：『コンピュータネットワーク 第 4 版』日経 BP 社 (2003).

[10] タネンバウム，A. S.，スティーン，M. V.（水野忠則ほか 訳）：『分散システム 原理とパラダイム』ピアソン・エデュケーション (2003).

[11] タネンバウム，A. S.（水野忠則ほか 訳）：『モダンオペレーティングシステム 原著第 2 版』ピアソン・エデュケーション (2004).

[12] Hill, R. D., Brinck, T., Rohall, S. L., Patterson, J. F. and Wilner, W.: The Rendezvous Architecture and Language for Constructing Mutliuser Applications, *ACM Transaction on Computer-Human Interaction*, Vol.1, No.2, pp.81–125 (1994).

[13] Roseman, M. and Greenberg, S.: Building Real-Time Groupware with GroupKit, A Groupware Toolkit, *ACM Transaction on Computer-Human Interaction*, Vol.3, No. 1, pp.66–106 (1996).

[14] Timbuktu: http://en.wikipedia.org/wiki/Timbuktu_(software) (Access on 2013.9.19).

[15] Richardson, T., Stafford-Fraser, Q., Wood, K. R. and Hopper, A.: Virtual Network Computing, *IEEE Internet Computing*, Vol, No. 1, pp.33–38 (1998)

[16] LotusNotes: http://www-06.ibm.com/software/jp/lotus/products/nd85/ (Access on 2013.9.19).

[17] Medina-mora, R., Winograd, T., Flores, R. and Flores, F.: The Action Workflow Approach to Workflow Management Technology, *Proc. of CSCW 92*, pp.281–288 (1992).

第11章
World Wide Web：ハイパーテキストからソーシャルメディアへ

□ 学習のポイント

コンピュータネットワークを社会基盤とすることに貢献した World Wide Web について紹介する．(1) その基本概念を提供したハイパーテキストを理解する．(2) 次に，World Wide Web の仕組みを定義する HTML，URI，HTTP について理解する．(3) また，ソーシャルメディアとしての大規模利用を紹介する．

□ キーワード

World Wide Web，ハイパーテキスト，ソーシャルメディア，集合知

11.1 ハイパーテキストと World Wide Web

コンピュータネットワークを人々の社会基盤とすることに貢献した情報基盤のプロトコル体系は World Wide Web（以降，WWW）である [1,2]．この WWW は 1989 年に欧州原子核機構 CERN（素粒子物理学の研究所）にいたティム・バーナーズ＝リーが提案し，1990 年 10 月から自ら実装を開始し，1991 年 8 月にインターネット公開したものである．そして，インターネットに代表されるコンピュータネットワークの普及に従い，世界中に広がったシステムである．もともと WWW はハイパーテキストと呼ばれる概念・思想 [3–5] がコンピュータネットワーク上に展開したものである．まず，ハイパーテキストについて紹介する．

11.1.1 ハイパーテキストとは

非線形のテキスト構造としてハイパーテキストは捉えることができ，人間の柔軟な思考を記述できるとされる．紙に書かれた文章は基本的に順番に読む，それに対してハイパーテキストにはテキストにある文章中のテキストを別の文章と関連づけることができる．

図 11.1 にハイパーテキストのイメージを示す．例えば，「アルキメデスは王様に命じられて，金の王冠を調べる方法として浮力の原理を発見した」という文書があるとする．その文章中の「浮力の原理」という単語に対してリンクを張り，浮力の原理を説明した文章を呼び出し，見る

図中のテキスト:
- アルキメデスは王様に命じられて，金の王冠を調べる方法として浮力の原理を発見した．
- これはヒエロン二世について述べたものである．第一次ポエニ戦争．
- エウレカ（Eureka）アルキメデスが浮力の原理を発見したとき叫んだ言葉
- これは浮力の原理について述べたものである
- これは第一次ポエニ戦争について述べたものである．

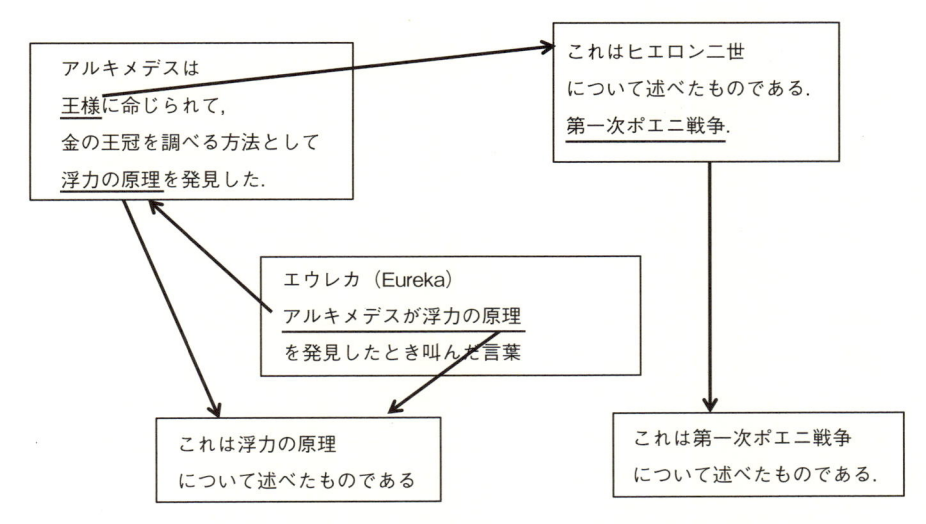

図 11.1　ハイパーテキストのイメージ（四角枠はノード，矢印はリンクを表す）

ことができる．また，「王様」という単語に対してリンクを張り，その「王様」であるヒエロン二世について述べた文章を呼び出して，読むことができる．つまり，文章を順番に読むという従来の文章と異なり，リンク情報をもとに関連文書を呼び，さらに，その文章にあるリンク情報をもとに関連文書を辿ることができる．この文章に相当する部分をノードと呼ぶ．

このノードとして，テキストである文書だけでなく，計算機上で表現できるマルチメディア（画像，音声，動画，さらに動的表現としてのプログラム）を取り扱うことができる．このように，テキストだけでなく，多様なメディアデータとも関連づけた場合，ハイパーメディアと呼ぶ．例えば，浮力の原理について説明したページにシミュレーション実験プログラムを表示することが考えられる．風呂に入れる物体の容積や質量によって，どのように水と物体との位置関係が変わるか視覚的に検討することも支援できる．

11.1.2　ハイパーテキストの起源と普及

これらハイパーテキスト，ハイパーメディアという言葉はテッド・ネルソンによって 1965 年に発明された．ネルソンはコンピュータによる表現の自由拡大と，それによって人間の表現能力に革命が起こることを夢見，その思想を 1970 年代には *Computer Lib*, *Dream Machine* という風変わりな本を自費出版し，発表した．そして，人類の読み書きを処理する機構，世界規模のハイパーテキストである Xanadu（ザナドウ）プロジェクトを興し，それについて『リテラシー・マシン』という本において，これもまた自費出版であるが発表している [5]．1970 年代に開始された Xanadu は世界規模のハイパーテキストシステムであるが，構想に留まらず，その実現に着手されている．これは，もともとヴァネヴァー・ブッシュが提案した Memex のリンク機能とネットワークとが結びついたものと考えることができる．そのプロジェクトへの参

加メンバには K・エリック・ドレクスラー (Kim Eric Drexler) を含め，著名な科学者が参加した．ドレクスラーは 1986 年にナノテクノロジーの見果てぬ夢を述べた啓蒙書として広く知られる『創造する機械 (*Engines of Creation*)』を書いている [6]．その中で，このハイパーテキストと Xanadu プロジェクトについて，知識のネットワーク (The Network of Knowledge) として紹介している．

この Xanadu 構想は人々がインターネットを利用するための基盤インフラともいえる WWW の開発思想へと影響を与えている．ただし，CERN のティム・バーナーズ=リーが開発したリンク機能は単方向であった．Xanadu プロジェクトのリンク機能は双方向であるが，WWW のリンク機能は一方向であり，相手の同意を得ずに（相手からのリンクなしに）リンクできる．そのため，オープンで，シンプルで，拡張性のある設計であったため，普及・発展したといえる．

WWW のリンク機能が双方向ではないことに関して，テッド・ネルソンは著作権の管理を実現できないため，表現者の権利を保護できないとして，反対している．しかし，世界中の人々は自由に利用できる単方向リンクを選んだ．つまり，WWW の設計は人々に受け入れられる世界規模のハイパーテキストを実現した．これは，理想と実践のバランスをとりハイパーテキストの普及によるイノベーションを引き起こしたといえる．

11.1.3 ハイパーテキストの使用について

WWW 登場以前からハイパーテキストは新しいメディアとして多くの学術研究が行われ，その使用に対する知見が多く得られている [3]．その知見は基本的に，現在の Web ページ執筆に当てはまる．

ここでは，ロバート・E・ホーン (Robert E. Horn) が 1989 年にまとめたハイパーテキストの問題点を紹介する [7]．そこで述べられたハイパーテキストの課題は「使用上の課題」と「設計，作成上の課題」に分けられている．

使用上の課題は次のようなものである．まず，始めから順を追って読み進む読者にとっては分岐の問題が生じる．本であると，順番で読めばよかったものがハイパーテキストの場合，そのような読み方を許さない．ハイパーテキストは様々な読み方を可能とするため教育への応用が期待されているが，メタ認知能力がないと，トレーニング効率は低いとされる．メタ認知とは自分の状況（認知している状況）を客観的にみる能力であり，内省するために重要とされる能力である．また，ハイパーテキスト内で迷子になることもありうる．このために，全体を俯瞰できるインタフェースが求められる．そして，ハイパーテキストでは選択肢や認識すべき情報が多すぎるという問題もある．もともと人間の認知能力には限界があり，例えば短期に記憶できる情報の固まりは 5〜7 と言われている．よって，人間の能力や目的に会わせたハイパーテキスト文書の作成や使用方法が期待される．

設計，作成上の課題は次のようなものである．各ノードに何を入れ，リンクは何を結びつければよいか検討する必要がある．また，従来の文書作成と比べて，リンクを貼付ける作業などが生じるため，制作作業に手間がかかるとされる．また，データを最新の状況にする必要があ

る場合，その維持にも人手がかかるとされる．ハイパーテキストでは，いろいろな技術が登場し，新しい表現方法（文書作成法）が求められる．よって，制作者は，絶えず，作成するための技術知識や表現可能性を学び続ける必要がある．

11.2 World Wide Web の基本

WWW は世界規模のハイパーテキストまたはハイパーメディアである [2]．第 10 章で述べたコンピュータネットワークとネットワークプログラミングを用いて実現されている．コンピュータネットワークは WWW のプロトコルを利用できる環境であれば，有線や無線と関係ない．また，そのプロトコルを支援しているものであれば，いかなるデバイスでも利用できる [8]．よって，デスクトップ，タブレット端末，スマートフォン，携帯電話など様々なデバイスが WWW のプロトコルをサポートしており，現在，デジタルネットワークに接続できる端末では利用できることが一般的である．なお WWW は W3C (World Wide Web Consortium) と呼ばれる非営利団体によって技術の標準化が進められている．

11.2.1 World Wide Web の基本プロトコル

この WWW は基本的にクライアント・サーバモデル設計されている [9]．ハイパーテキストのデータを貯蔵，提供する Web サーバと，Web サーバにハイパーテキストのデータを要求し，そのデータを受け取って表示する Web クライアントから成り立つ．この Web クライアントは一般的に Web ブラウザと呼ばれる．

基本プロトコルは HTML, HTTP, URI の 3 つである [10]．現在は，このプロトコルを拡張または支援するために様々なプロトコルが存在するが，この 3 つが基礎であることは 20 年経っても変わりがない．おおまかにプロトコルの規定内容を説明すると，HTML はハイパーテキストの画面やデータを書く方法を決める．HTTP はこのハイパーテキストのデータを転送する方法を決める．そして，URI はハイパーテキストのデータがどこにあるか指定する方法を決める．

(1) ハイパーテキスト 記述言語 HTML

HTML は HyperText Markup Language の略であり，ハイパーテキストを記述するための言語である．図 11.2 にその例と図 11.3 にその画面表示を示す．

図 11.2 に示すように，タグと呼ばれる < と > で囲われたものを使って画面表示や意味を指定していく．例えば，<html> というタグは，ここから HTML の記述が始まることを示し，</html> は HTML の記述が終わることを示す．＜タグ名＞というタグの開始から＜/タグ名＞というタグの終了を示す記号の中身は，＜タグ名＞がもつ意味によって処理される．例えば，<title> はハイパーテキストの内容を表すタイトルを示し，そのタイトルはハイパーテキストが表示されるウィンドウ名に表示されることが一般的である．<p> はパラグラフを意

```
<html>
<title>サンプルHTML</title>
<body>
<h2>見出し</h2>
<p>パラグラフを書く．
<p>その他パラグラフ
<img src="te.gif">
<a href="http://www.jaist.ac.jp/"> link to JAIST</a>
<h3>サブ見出し</h3>
<p>まだあるパラグラフ
</body>
</html>
```

図 11.2 HTML 記述の例（ファイル sample.html）

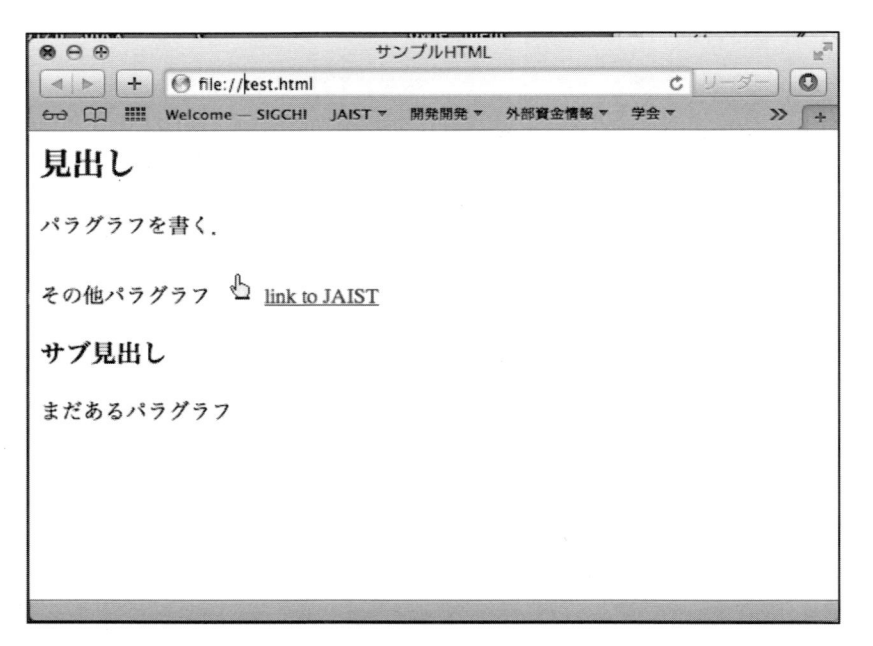

図 11.3 画面表示例

味するが，この場合，終了のタグ </p> を表示しなくてもよい．また，<img src="te.gif"> というタグを用いて，手のアイコンを図として表示している．ここで，"te.gif" は画像ファイルであり，ファイル sample.html と同じディレクトリまたはフォルダに置いている．そして，<a href="http://www.jaist.ac.jp/"> link to JAIST</a> の部分は，アンカー (anchor)

タグであり，href はハイパーテキストのリンク先を指定している．画面上に表示されている link to JAIST を選択するとリンク先として指定された www.jaist.ac.jp の HTML データを参照することを試みる．その参照先のサーバへの接続が成功すると，サーバから HTML データを受け取り Web ブラウザ上に HTML データが表示される．

　現在では，このようなタグを用いたマークアップ言語を使用した HTML データの作成だけでなく，市販のホームページ作成支援ソフトウェアを用いて，GUI 方式のインタフェースを用いて HTML が作成可能である．なお Web ブラウザによる HTML の画面表示であるが，Web ブラウザによって表示方法が異なることや，使用している OS のフォント設定などの影響もあり，全く同じになるとは限らない．また，デスクトップと比べて画面が小さい携帯端末であるスマートフォンなどでは，その画面サイズの小ささを考慮した HTML ページをデザインする必要がある．

　このようにタグなどの記号を用いて，記述された文書の意味を明確に記述する技術はデジタル出版のための技術として WWW 以前から研究され，使われているものである．例えば，科学技術論文の記述に用いられる LaTeX（厳密にいえば，TeX での文書作成を支援する環境）　[11] や，印刷する文書のページ記述言語であり，PDF のもととなった PostScript がある．これらは，現在でもデジタル出版の基礎となっている．もちろん World Wide Web は，これら記述に通信を介したリンクを実現している点が新しい．そのために必要な HTTP と URI について順に紹介する．

(2)　通信プロトコル HTTP

　HTTP はハイパーテキスト転送プロトコル (HyperText Transfer Protocol) の略であり，ハイパーテキスト (HTML) のデータをどのようにやりとりするかが決められたプロトコルである．基本的な通信命令は "GET" と "PUT" である．クライアントは，データの識別子 (ID，いわゆる名前) である URI をもとにデータ取得できる．つまり，お互いを知っている状態である密な結合ではない．よって，疎な結合による通信を支援しているとされ，これが分散システムとして拡張性のある性質を WWW にもたらしている．

　一般的に TCP ソケットを用いて実装され，通信ポート番号として 80 を用いることが慣例である．また，Web での買い物などには通信内容の暗号化を行うセキュアソケット (Secure Socket) が用いられ，通信ポート番号として 8080 を用いる．

(3)　資源識別記法 URI

　URI は統一資源識別子 (Uniform Resource Identifier) の略であり，インターネット上の資源を識別する方法を定めたものである．基本的に郵便アドレスと同じような木構造を使って，資源のアドレスを定める．例えば，筆者の所属する研究科を住所形式で表現すると，「日本　石川県　能美市　旭台　1-1　北陸先端科学技術大学院大学　知識科学研究科」と表記できる．これは国を指定し，県を指定し，さらに市を指定し，という具合に順番に名前で指示するものの位置を狭めている．これと同じような方法で，インターネットの資源も記述される．ただし，

計算機の場合は郵便アドレスと異なり，場所や位置といったもの以外の概念である教育組織や動画といった概念も識別子の要素として利用できる．

Web 上にある資源 (Resource) を唯一の名前で指定する仕組みであり，URL (Uniform Resource Locator) と URN (Uniform Resource Name) に分かれる．Web ブラウザでは，URL で "http://www.jaist.ac.jp/index-j2.shtml" を指定すると，プロトコル名は http，サーバ名は www.jaist.ac.jp が指定され，そのサーバ内にある/index-j2.shtml を参照することになる．特に，よく目にする URL は (スキーム名): (スキーム名ごとの書式) と記述する．スキーム名には，http, e-mail, ftp といった様々な通信プロトコル名が使用できる．また，javascript や php といったスクリプト言語名が使われることがあり，拡張性がある．

なお，分散システムの記述においては複数のオブジェクトが通信しあうことが基本となる．このような並行処理を研究し，その代数処理系である π 計算を考案したロビン・ミルナー (Robin Milner) は相互作用の基本要素として名前を上げている [12]．つまり，通信のような相互作用を記述するためにはお互いを識別する名前，または，通信を識別する名前が必要となる．よって，WWW が分散システムとして機能するために，最も基礎的なプロトコルは位置や時間を超えて名前付けを提供する資源識別記法 URI となる．

11.2.2 Web アプリケーションの開発

Web の基本プロトコルについて説明したが，ここでは，Web アプリケーションの開発方法 [10] について見てみよう．

(1) フォーム形式処理

入力形式としてフォームを作成して，送信するという形がある．これは HTML をアンケート書式のようなものとして取り扱うための技術である．コントロールという部品が用意され，そのコントロールを組み合わせて HTML 文書を作成する．その部品として，テキスト入力，ファイル選択，そして，様々な選択部品（チェックボックス，メニューなど）が用意され，入力フォームを作成できる．そして，基本部品である，提出ボタン (submit button) を押すと，HTML 文書に入力したデータがサーバに送られる処理が行われる．これによって，Web サーバはユーザの入力を受け取り，ユーザ入力をもとにした処理を行う．これを使えば，オンラインショッピング処理の基本処理である入会申し込みや商品申し込みなどが実現でき，多くのインターネット取引ページに使われている．なお，この仕組みでは，フォーム形式で表現された Web ページがサーバに処理をお願いするたびに切り替わる必要がある．

(2) スクリプト言語

Web ページそのものは HTML で記述されており，動的なページを記述するためには，動的な処理を表現できるプログラムを記述できる必要がある．その中，Java のようなコードを読み込んで実行するものがあらわれた．Java はコンパイル処理をしたコードを読み込む必要があると共に，本格的なオブジェクト指向言語であったため，手軽に使えるわけでなかった．そこで，

スクリプト言語と呼ばれる手軽なプログラム手段を HTML や HTML とリンクして処理できるようになった．代表的な言語として，JavaScript, PHP, Ruby, Python がある．ここでは，最も使用されているプログラミング言語とされている JavaScript [13] についての例を図 11.4, 図 11.5 に示す．

図 11.4, 図 11.5 ともに，HTML 形式で記述されている．そして，その中に <script> というタグが追加されており，それによって，スクリプトの記述が始まり，</script> によって記述が終わる．図 11.4 の例では，JavaScript のメソッド alert() を用いて，警告ウィンドウ上に "Hello,World!" という文字を表示させる．一方，ウェブブラウザ上に表示される "Hello, World!" は HTML による画面表示である．次に示す図 11.5 では，変数を宣言する var を用いて username が変数であることが宣言されている．そして，次にメソッド prompt() を用いて，"What is your name?" とメッセージが表示されたモーダルダイアログボックス (modal dialog box) が表示されるので，表示されるダイアログボックスに利用者は文字を入力することができる．そこで，名前として文字列 "Taro Yamada" を入力すると，その文字列が変数 username に格納される．そして，メソッド alert() を用いて，"Hello,Taro Yamada" と警告ウィンドウ

```
<html>
  <body>
    Hello, world.
    <script>
      alert("Hello, world!");
    </script>
  </body>
</html>
```

図 **11.4** JavaScript の例

```
<html>
  <body>
    <script>
      var username;
      username = prompt("What is your name?");
      alert("Hello," + username);
    </script>
  </body>
</html>
```

図 **11.5** JavaScript の例

上に表示する．このようにスクリプト言語を用いることによって，ユーザの入力に応答するプログラム処理が実現できる．

(3) 発展する開発環境

これまでにWebの記述言語HTML，サーバとのデータのやりとりをフォーム形式で行う方法，Webページにプログラムによる動的な振る舞いを付加できるスクリプト言語について説明してきた．しかし，Webアプリケーションの開発は，ページ記述，クライアント側のプログラム，クライアントとサーバの通信プログラム，そして，サーバ側のプログラムと多くのプログラム開発が必要である．そのため，世界中のプログラマによって多くの開発環境（フレームワーク，API，ライブラリ）が実装されてきている．そして，その結果，Webアプリケーションによって多くのアプリケーションが実現，利用されるようになってきている．そこで，そのような開発を支えるフレームワークとして，Ajax [10], jQuery [14], Node.JS [15] について紹介する．

Ajax (Asynchronous JavaScript and XML) は，Webアプリケーションにおいて問題であったWebサーバとクライアントとの通信処理を非同期処理にすることによって，Webの応答性を改善する技術である．GoogleMapに利用されることによって広く知られるようになった．これによって，Webアプリケーションにおいて，デスクトップアプリケーションのような通信処理が実現できる豊かなリッチアプリケーションが実現できるようになったとされる．従来のWebアプリケーションではフォーム形式などを使って，サーバに通信を行うと，サーバが処理結果を返すまで，プログラム処理が止まっていた．それに対して，Ajaxでは，クライアントがサーバに通信処理を要求するためのモジュールをもち，それは並行処理で動作し，かつ，通信処理を非同期に行う．その結果，プログラム処理におけるサーバへの要求処理を非同期で行うことができ，サーバへの処理が未完であっても，そのプログラムはユーザの処理を受け取ることが可能になった．つまり，利用者は通信待ちによってアプリケーション操作ができなくなるといったことを避けることが可能となった．

jQueryはHTMLデータであるDOM (Document Object Model) のためのJavaScript軽量ライブラリであり，HTMLとJavaScriptを分離した形で記述できる特徴がある．DOMはHTML文書やXMLをアプリケーションから利用するためのAPI仕様としてW3Cから勧告されているものである．このjQueryによって，HTMLの文書操作やマウスによるイベント処理がJavaScriptを純粋に使用する場合より記述しやすくなっている．このような長所に加えて，jQueryではHTML利用アニメーション処理のコマンド，拡張したプログライン作成，Ajax通信にも対応しており，JavaScript開発を補助するフレームワークとして広く用いられつつある．

上記までのJavaScriptを用いたプログラミングはクライアント側の記述であり，サーバ側での記述は別な開発言語を使用する必要があった．そのため，Webアプリケーションの開発は多くのプログラミング言語を利用する必要があり，それが開発を難しくしている．そこで，

JavaScriptによるサーバ側の処理記述もできるNode.JSが現れている．このNode.JSの特徴はJavaScriptを扱えることに加えて，非同期の入出力処理を扱えることとされる．1つのスレッドを用いた複数の通信処理を非同期接続で取り扱える．従来環境では，1つの通信接続に対して，1つのスレッドを割り当てる必要があった．その際，大量の接続に対して，大量のスレッドを生成することになり，スレッドの切り替え処理（コンテキスト・スウィッチング）に多くの計算機資源を消費し，大規模接続に向かなかった．とくに，Node.JSはSocket.IOというAPI群において，Ajax通信だけでなく，Webソケットを支援している．このWebソケットは最近のWebブラウザにおいて実装され始めた技術である．これにより，Webにおけるクライアント・サーバ間の通信接続は，疎な結合であるポーリング方式に加えて，密な結合であるソケット方式が加わることになった．これにより，従来，ウェブ上で実装することが少なかったマルチクライアント対応のリアルタイム処理が必要なソーシャルゲームなどを実現する目処が立ったといえ，ますます，Webアプリケーション開発の表現能力は増していることがわかる．

なお大規模システムとしてWebアプリケーションを開発するためにはオブジェクト指向の基礎を踏まえたシステム設計が重要とされる [16]．例えば，MVCモデルと呼ばれるモデル (Model) とビュー (View) とコントロール (Control) を分けるような設計が知られ，長期的なシステム運用・維持に役立つとされている．一方，このモデルを使用する場合は，プログラムをモデルとビューとコントロールと3つの部品に分けて記述するため，通常よりプログラム記述量が増えるため，素早いプロトタイピングに向かない．よって，プログラム開発も長期的に使用するか短期的に使用するかについては，Webアプリケーション開発も，これまでのアプリケーション開発も変わらない．よくウェブの技術革新はドッグイヤーといわれ，素早く変わるといわれているが，根幹となるソフトウェアの基礎知識は短期間で大きく変化しているわけではない．そのため，ソフトウェア工学などの従来のソフトウェア開発の知識も基礎として理解していくことが必要である．

以上のようにWebアプリケーション開発は段階的に進化し，Ajaxにより非同期通信を獲得するだけでなく，Webソケットも使用できるようになっている．つまり，その開発環境は通常アプリケーションに近づいているとともに，Webの特徴を取り込みやすくなっている．また現在，セキュリティの観点からファイヤーウォールが張り巡らされているため，手軽に自由に通信できる方法はWebベースの通信である．そして，Webアプリケーションの場合，Webクライアントが複数のオペレーティングシステム（Windows OS, Mac OS X, Android OS, iOSなど）上で動くため，様々なデバイス（デスクトップPC，ノートPC，スマートフォン）上で動く．よって，ますますWebアプリケーション開発の知識・実装能力が多くの人々を接続するアプリケーション開発では重要となる．

11.3 ソーシャルメディア

インターネットでは，WWWを介して，多くの人々が現在，表現するための環境として使用

するソーシャルメディア (Social Media) となっている．その結果，多くの人々が社会的にコンピュータ処理を行うようになり，ソーシャルコンピューティング (Social Computing) という言葉も使われるようになっている [17, 18]．いずれの言葉を選ぶにしても，インターネットの利用は，単なる計算処理ではなく，人々の社会活動そのものを反映したものとなっている．そして，その活動は WWW を中心に実現された Wikipedia，Facebook，Twitter といったサービスによって支えられている．

11.3.1 Web 普及戦略

　ソーシャルメディアが成立するためには，多くの人々がコンピュータネットワーク，つまり，インターネットを使う状態になる必要がある．現在，その状態を作り出したアプリケーションはWWW である．Web の創始者であるティム・バーナーズ＝リーはインターネット上で，Web が長生きするための基本原理として 3 つの原理を示している [8]．これは，特定組織（例：Google，Apple，…, Government）による WWW の占有可能性（利用）に懸念して表明されたものである．一方，これは，WWW が多くの人々に利用され続けた説明にもなっており，WWW がいかにして社会に影響を与えることができたかという社会普及の基本説明にもなっている．そして，公共的な社会基盤としての情報システム環境を検討する上での指針としてみることができる．よって，これを Web の普及戦略として，その生き残り原則を紹介する．

　第一原理は汎用性原理であり，Web は利用者が使ういかなるハードやソフトウェア，プロバイダ，言語に関係なく利用できるというものである．Web は基本的な 3 つのプロトコルを支援していれば，この原理を満たすことができ，今後とも，多くのハードやソフトウェアなどが支援する必要がある．

　第二原理は公開原理であり，Web はオープンシステムであり，誰でも参入できるという特徴を維持することが期待される．もし Web が閉じたシステムである場合，現在のような普及には至らなかったと考えられる．

　第三原理は階層原理であり，Web の設計とインターネット設計を分離するというものである．ここで，重要なインターネットのプロトコルは TCP/IP や UDP/IP であり，Web のプロトコルは，これらのプロトコル上に実装されている．そのため，下の物理層による性能向上がそのまま，Web の階層における性能向上として現れる．例えば，物理層におけるイーサネットの性能が 10 Mbps から 1000 Mbps に上がる場合や有線ネットワークが無線ネットワークに切り替わった場合，それが直接，Web の利用環境向上につながる．

11.3.2 集合知と大規模利用

　集合知という概念がインターネット上で実現されるのではないかということが期待されるようになった．その中，ジェームズ・スロウィッキー (James Surowiecki) は集合知を実現するための条件を 4 つにまとめている [19]．それは，多様性，独立性，分散性，集約性である．多様性は集団になったとき，多くの意見を列挙できるとしている．独立性は他者の意見に左右さ

れない環境が必要とされる．分散性は局所性ともいえ，直接得られる情報や身近な情報を参照できるとされる．そして，最後に集約性であり，各個人の判断を1つの判断にまとめる機構が必要とされる．

多様性は数理モデルを用いた意思決定研究が行われており，偏った意見をもつ集団でなければ，個人より優れた意思決定に落ち着く確率が高いとされる．また，独立性や分散性という性質も多様性を維持するための性質として捉えることができる．しかし，ある政治的なブログを調べると，民主党の支持者は民主党同士でつながり，労働党は労働党の支持者同士でつながり，オープンの議論がインターネットで行われていないのではないかとの指摘もある [17]．このように，インターネットは興味による接続を強く進める傾向がある．よって，単なる大人数接続は多様性の性質を満たすために不十分である可能性がある．一方，最後の条件である集約性は多様性と逆の性質をもつといえ，その理解は必ずしも進んでいるとはいえない．一般的な集約技法としては投票や多数決が一般的であるが，複雑な問題解決には，議論といった中身の理解・発展が必要と考えられる．特に，アイデア発想技法で解説した収束的思考の大人数への適用法の検討が1つの方向と考える．

以下に，集合知の活用例と見なすされる情報システムやその技術について紹介する．現状システムにおける集合知は多くの人々が利用することにより，多くのデータが入力できるようになったことによる結果が多く影響している．言い換えればマッシュアップという言葉に表されるように多くの人々によるデータ入力をまとめあげる仕組み（表現形式の統一フォーマットなど）を提供している．

・**Wikipedia** [20]

WWWは，その登場時点はHTMLのようなタグ付き言語を理解したり，その記述されたHTMLをWebにアップロードしたりする手間があり，その利用に複数の操作が必要であった．その操作の手間を簡便化するために，ウォード・カニンガム (Ward Cunningham) はWikiと呼ばれる手軽にWebページを共同執筆できる環境を作成した．そのWikiにマルチメディア利用の機能を付加したMediaWikiを用いて作られた世界規模の百科事典プロジェクトがWikipediaである．

Wikipediaはインターネット上におけるオープンシステムであるため，多くの人々が参加した執筆活動が行われた．2001年8月8日では8,000原稿，同年9月25日では13,000原稿，そして同年末には約2万原稿かつ18言語に広まったとされる．2011年に発表された資料によると，287言語で3,000万原稿が作成されているとされる．実に10年間で原稿量は，2,800倍に増えている．英語では，430万原稿が作成されている．一方，Wikipediaの原稿増加は足踏みしているとされる．2007年におけるある時期の原稿増加量は約6万であったが，2013年では，約3万と半分に落ちたとされる．

Wikipediaの記事内容量は多く，商用の電子百科事典より多い．しかし，その質については，玉石混合であり，従来メディア（新聞，週刊誌）と同様にその中身が信頼できないものも

ある．科学誌ネイチャーによる 2005 年度の調査では，科学用語 42 項目について調査したところ，Wikipedia 記事における不正確な部分は 162 箇所，ブリタニカ百科辞典における不正確な部分は 123 カ所とされ，その信頼性をまずまずとする評価もある．国の歴史に関する記述をみると，記述言語によって書かれている内容が異なることもあり，偏見とみられる記述が記載されたままであることもある．

このように Wikipedia 記事は信頼性があるとはいえない．その利用は間違いが含まれていることや，その執筆者の意図があるといったことを理解して利用する必要がある．できる限り時間をかけて原典をあたることや情報源を尊重した記事作成が大事と考える．

・セマンティック Web [21]

セマンティック Web は WWW のデータに対して計算機による処理を行いやすくするための意味記述を充実したものとして考えることができる．WWW の提唱者であるティム・バーナーズ＝リーによって次世代 WWW として検討されたものである．計算機による意味処理が中心であるため，その基礎は知識工学の技術に支えられている．そして，WWW を基盤とする階層化された技術が知識処理の基礎技術をもとに整理されている．

その階層について下層から述べると，WWW（厳密には Unicode と URI）から始まり，XML，RDF，オントロジー，論理，証明，そして信頼性という順に積み上がる．XML は HTML と異なり，自由にタグを定義できる技術であり，拡張できるマークアップ言語 (Extensible Markup Language) の略である．タグを自由に定義することができ，メタデータを支援する技術である．メタデータとは，データについてのデータであり，データの意味をつかまえることを支援する．RDF は主語，述語，目的語といった 3 つ組で表現された表現を支援する技術である．XML を用いた記述ができるが，注目する点は述語の部分であり，述語論理的な表現を可能としており，モノとモノとの関係を取り扱うことができる．オントロジーはさらに上位の論理表現を取り扱うことができるとされ，クラスの関係，集合の量，プロパティの豊かな型，性質などを記述する語彙を与えるとされる．

以上のように，セマンティック Web を用いるためには計算機による知識処理に対する理解が要求される．そのために，一般の人々の利用に適しているとは言いがたい．現在，RDF を用いた様々なデータが知識処理に造詣がある人々によって，ネットワーク上に公開されリンクト・オープン・データ (Linked Open Data) として注目されている．

・新しいネットワークサービスの登場

インターネット上では多くの人々が利用するために，ある特定地域では利用者が少ないものでも，全国規模で利用者を探すと製品開発が成り立つことがある．代表的な事例として，Amazon.com による出版事業が上げられ，ロングテール現象ともいえる．専門書はその読者が特定の人に限られるため，売りづらいという課題があったが，オンラインショッピングによって，十分，売ることが可能となった．現在は，ネット上でものを販売購入することが広がっており，今後，物流システムの発展とともに益々，その中身は充実すると考えられる．

セマンティック Web は多くの知識を必要とするが，単純な意味付け処理としてデータに対してタグを付ける方法であれば，一般の人でも利用が容易となる．これを多くの人々で行うソーシャルタギングがインターネット上のサービスでは利用される．写真共有サイトの Flicker，動画共有サイトなどで使用されている．人々が付加した単語がそのデータに対して適切な意味を付加している場合，コンテンツ検索するために有効な機能となる．例えば，ある犬の写真に対して「忠犬」，「秋田犬」といったタグを付けることによって，その写真に関連する意味を付加できる．

クラウドソーシング (Crowdsourcing) という言葉も現在，インターネット上に存在する集団 (Crowd) に対して仕事を投げ，大規模処理を実現する手段として知られている．その発案者として知られるルイス・フォン・アン (Luis von Ahn) は reCAPTCHA という仕組みによって，画像によって提供された文字を人々にデータ記入してもらい，そのデータを集めて，計算機による文字処理に活用するという試みを行っている．Amazon 自身もこのようなクラウドソーシングを行うための課金サービスを提供している．

以上のように，WWW 上では多くの人々が消費者かつ生産者となるため，多くの人々が新しいサービスを次々と試みるイノベーション環境となっている．

まとめ

World Wide Web について，その原点となったハイパーテキストについて紹介し，その基本プロトコルである HTML，HTTP，URI や Web 上の開発について述べた．また，その大規模利用をさせる基本原則，そして，集合知，Wikipedia，新しいネットワークサービスについて解説した．

演習問題

設問 1　図 11.1 にならって，11.1.2 項をハイパーテキストのイメージとして表現しなさい．

設問 2　WWW の基本プロトコルである HTML，HTTP，URI について説明しなさい．

設問 3　Web アプリケーション開発方法において，フォーム形式処理とスクリプト処理について，それぞれの特徴を述べると共に，違いを述べなさい．

設問 4　集合知の 4 条件が Wikipedia に当てはまるかどうか検討しなさい．

設問 5　よく使われる SNS を 1 つ取り上げ，それの基本機能とそれが普及した理由を検討しなさい．

参考文献

[1] バーナーズ＝リー，T.（高橋徹 監訳）：『Web の創成』毎日コミュニケーションズ (2001)．

[2] Berners-Lee, T., Cailliau, R., Luotonen, A., Nielsen, H. F. and Arthur, S.: The World-Wide Web, *Communications of the ACM*, Vol. 37, No. 8, pp.76–82 (1994).

[3] ニールセン，J.（篠原稔和 監訳，三好かおる 訳）：『マルチメディア&ハイパーテキスト原論』東京電機大学出版 (2002)．

[4] ラインゴールド，H.（栗田昭平 監訳，青木真美 訳）：『思考のための道具』パーソナルメディア (1987)．

[5] ネルソン，T.（ハイテクノロジーコミュニケーション株式会社 訳）：『リテラリーマシン――ハイパーテキスト原論』アスキー (1994)．

[6] ドレクスラー，K. E.（相沢益男 訳）：『創造する機械』パーソナルメディア (1992)．

[7] ホーン，R. E.（松原光治 監訳）：『ハイパーテキスト情報整理学』日経 BP(1991)．

[8] バーナーズ＝リー，T.：ウェブを殺すな，『日経サイエンス』Vol. 41, No. 3, pp. 72–79 (2011)．

[9] タネンバウム，A. S., スティーン，M. V.（水野忠則ほか 訳）：『分散システム 原理とパラダイム』ピアソン・エデュケーション (2003)．

[10] 佐久田博司 監修，矢吹太朗：『Web アプリケーション構築入門 第 2 版』森北出版 (2011)．

[11] ランポート，L.（阿瀬はるみ 訳）：『文書処理システム $\LaTeX 2_\varepsilon$』ピアソン・エデュケーション (1999)．

[12] Milner, R.：相互作用の構成要素，*bit*, 10 月号, pp.4–20, 共立出版 (1993)．

[13] Flanagan, D.（村上列 訳）：『JavaScript 第 6 版』オライリー・ジャパン (2012)．

[14] jQuery foundation: jQuery, http://jquery.com (Access on 2013.9.19).

[15] Node.JS 日本ユーザグループ：Node.js, http://nodejs.jp (Access on 2013.9.19).

[16] Loudon, K.（河村圭介 監訳，木下哲也 訳）：『大規模 Web アプリケーション開発入門』オライリー・ジャパン (2011)．

[17] Riedl, J.: The Promise and Peril of Social Computing, *IEEE Computer*, Vol. 44, No.1, pp. 93–95 (2011).

[18] 増永良文：『ソーシャルコンピューティング入門』サイエンス社 (2013)．

[19] スロウィッキー，J.（小高尚子 訳）：『「みんなの意見」は案外正しい』角川書店 (2006)．

[20] リー，A.（千葉敏生 訳）：『ウィキペディア・レボリューション』早川書房 (2009)．

[21] Antoniou, G. and Harmelen, F. v.（萩野達也 監修，ジャストシステム知識活用グループ Gnosis 訳）：『CD-ROM で始めるセマンティック Web』ジャストシステム (2005)．

第12章
エンターテイメント，異文化コミュニケーション

─ □ 学習のポイント ─────────────────────
グループウェアシステムの例として，エンタテイメントシステムと異文化コラボレーションシステムについて説明する．グループウェアを構成する要素を理解する．

─ □ キーワード ─────────────────────
オンラインゲーム，Twitter，SNSゲーム，異文化コラボレーション，ゲーミフィケーション，絵文字，アウェアネス，動画共有サイト，GPS，センサ

12.1 エンターテイメント

スキップ・エリスの有名なグループウェアの定義は第1章で述べたような下記であるが [1]，

「共通の仕事や目的をもって働く，利用者のグループを支援し，共有（協同）作業環境への，インタフェースを提供するコンピュータベースシステム．」

最近では，「共通の仕事や目的」をもっていない利用者が利用する SNS やゲームも対象としている．CSCW2008 のチュートリアルのセッションの一つは "World of Warcraft"[1] という有名なネットゲームの解説と実習であった．また，2007年に韓国で CollabTech2007 が開催されたときの基調講演の候補者は，実現しなかったが，オンラインゲーム会社の人であった．当時，韓国ではグループウェア＝ネットゲームであった．最近ではゲーム以外にゲーム的な要素を加えて仕事の効率化を計るゲーミフィケーションという考え方も浸透してきている．本章ではオンラインゲームの概略を説明し，オンラインゲームやネットワークエンタテイメントの例を示す．

---

[1] World of Warcraft は米ブリザードエンターテインメント社の登録商標である．

12.2 ゲームからオンラインゲーム，SNS ゲームへ

1997 年のコンピュータ用ソフトウェアの輸出入統計によると日本のソフトウェアの輸出は 28 億円で，これに対して輸入が 4721 億円と大幅な輸入超過となっていた．2007 年でも輸出は 226 億円，輸入は 9117 億円である．残念ながら日本のソフトウェア産業は輸出という観点から見ると苦戦している．しかし，家庭用ゲーム機のソフトの輸出は 1997 年で 1478 億円，2007 年で 5600 億円となっていて善戦している [2]．

家庭用ゲーム機ソフトの年度ごとの輸出金額を図 12.1 に示す（横軸は年度，縦軸の単位は億円）．この図から非常に興味深いことがわかってくる．輸出は 2001 年まで順調に伸びていき 2533 億円にも達しているが，2002 年から減少に転ずる．これは韓国でのネットゲームの輸出が 2002 年に 92 億円，2003 年には 200 億円，2004 には 400 億円，2005 年 564 億円，2007 年 800 億円となり，これが影響していることが示唆される．また，2004 年に任天堂 DS[2]，2006 年には任天堂 Wii[3] とソニー PS3[4] が相次いで発売され，そのゲームのために売り上げも復活したことがわかる．さらに，2008 年度をピークに著しく輸出が減少している．これはスマートフォンなどの SNS ゲームの影響が大きいと考えられる．

SNS ゲームは特に新しい技術を使っている訳ではないが [3]，2010 年度の売上高は Mobage[5] が 1127 億，GREE[6] が 641 億（GREE は連結で 6 月決算）の売り上げがある．基本的に無料のオンラインゲームで一部有料であるが，9 割以上が課金による収入である．ただし，お金を払っている人は全体の 10 ％から 20 ％程度と言われている．SNS のプラットフォーム上で行われ，従来のゲームとは異なりスマートフォンが利用の主体である．これは，空いている時間にいつ

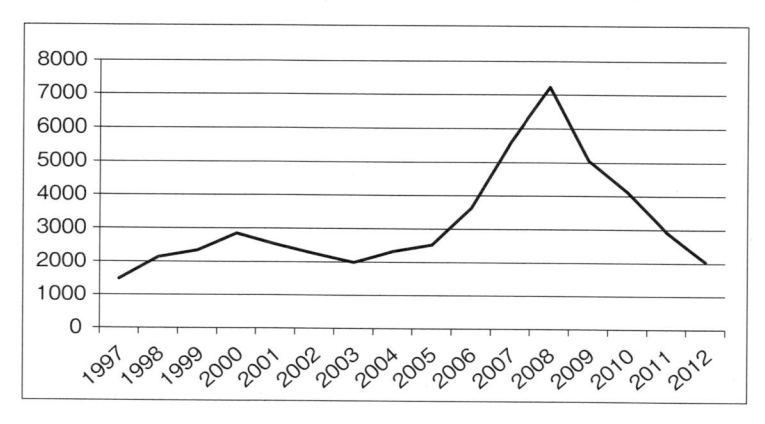

図 12.1　ゲームソフトの輸出（CESA ゲーム白書より）

---

[2] ニンテンドー DS は任天堂株式会社の登録商標である．
[3] ニンテンドー Wii は任天堂株式会社の登録商標である．
[4] ソニー PS3 は株式会社ソニーコンピュータ・エンタテインメントの登録商標である．
[5] Mobage は株式会社ディー・エヌ・エーの登録商標である．
[6] GREE はグリー株式会社の登録商標である．

でもどこでも行え，操作のフィードバックが早いからである．

2001年まではゲーム会社に就職したいと思っているとコンピューターグラフィックスを学んでいればよかったが，これ以降はネットワークを学ばなければならなくなったと言って過言でない．さらに2006年からは通信に加えて，心理学や認知科学などに関するニーズが多くなってきたと考えられる．

12.3 ネットワークエンタテイメント

12.3.1 World of Warcraft

World of Warcraft [4] はMMORPGの代表的な3Dゲームである（有料）．プレイヤーのアバターが広大な世界を探検し，様々なモンスターと戦い，他のプレイヤーと協力したりチャットでコミュニケーションをとるができる．2013年の時点で世界中に800万人を越える多くのユーザがいる．ユーザ数世界一のゲームとしてギネスの世界記録にも登録されている．ただし，2012年の時点で日本語でのサービスを行っていない．CSCW2008国際会議のチュートリアルでもデモが行われ，グループウェアの世界でも有名なゲームである．

12.3.2 Can you see me now?

GPSを使用した代表的なゲームにCan You See Me Now?がある．Can You See Me Nowゲームシステムはイギリスのノッティンガム大学の研究グループによって開発された[5]．このゲームは実際に町中を走る人(runner)とインターネットから参加したオンラインプレイヤーからなる追跡ゲームである．RunnerはGPSを使用し，無線LANを用いて位置情報を送り，コミュニケーションをとるためのチャットが可能である．捕まった場所を，ディジタルカメラで撮影し共有することができる．東京でもGPS，携帯電話を用いてデモが行われた．

12.3.3 リモートケンケン [6]

リモートケンケンは海外でも遊ばれているケンケンを対象とし，圧力センサを用いることで，実際のケンケンと同じように遊ぶことが可能となっている．リモートケンケンはクライアントと圧力センサのハードウェアから構成されている．図12.2に圧力センサと回路を示す．PCに圧力センサの回路を接続し，実際のケンケンと同じように配置することでプレイ可能となる．

リモートケンケンは，最大8つの圧力センサから構成されている．圧力センサのある中心部分が踏み込まれたとき，強い力を感知するため，中心を踏んだと判定される．中心をはずして踏んだ場合は，センサに伝わる力が弱いため，中心を踏めなかったと判定される．図12.3にケンケンを行っている画面を示す．プレイ時に効果音を鳴らすことで，プレイヤーに現在の状況を伝える役割をしている．リモートケンケンでは，7種類の効果音を使用しており，得点獲得時やスタート時などで使用している．

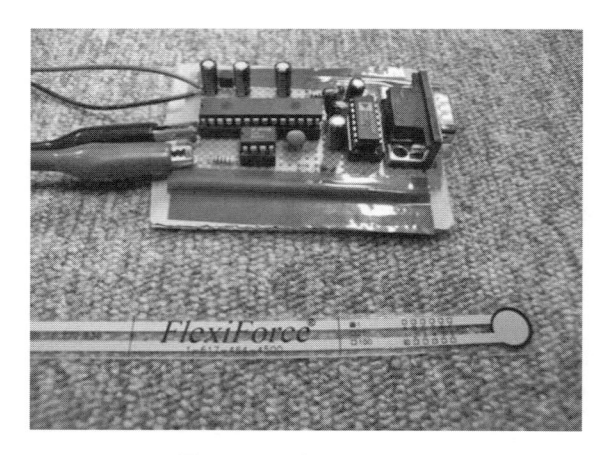

図 12.2　圧力センサと回路

図 12.3　ケンケンの実施例

　得点は，圧力センサを踏んだときの点とプレイ時間による点の 2 つから算出される．圧力センサの中心部分を踏むと 2 点得られ，中心以外の部分を踏むと 1 点得られる．また，プレイ時間が短いと得点が追加される．逆に長いと加算される得点が減少する．この 2 つの合計点で争う．図 12.4 にプレイ後のランキングの表示例を示す．

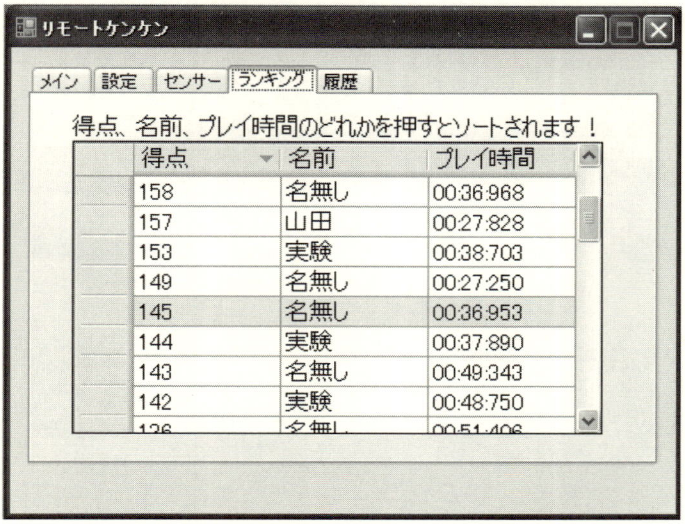

図 12.4　ランキングの表示例

12.3.4　Fried Onion [7]

2005年頃からインターネット上で動画コンテンツを共有・視聴するサービスの利用が拡大してきている．動画を扱った代表的なサービスの一つとしてYouTube[7] [8]やニコニコ動画[8] [9]など，動画共有サイトがある．利用者は，動画共有サイトにて他人がアップロードした動画コンテンツを視聴することができる．また，動画に対しコメントを投稿することもできる．しかし，動画共有サイトの使い方を十分に理解していない利用者層は，コメント投稿機能を十分に活用できていない．よって初心者でもコメントしやすい投稿機能が求められている．

これまで動画共有サイトを利用するユーザの多くが娯楽目的で動画視聴を行う傾向が強いことに着目し，実際の動画共有サイトでの運用を想定した負担の少ない絵文字のコメント投稿機能をもつシステム Fried Onion が開発された．図 12.5 に Fried Onion のトップページを示す．

Fried Onion では動画に対する印象のなかでも端的に表現できる感情を，絵文字のコメント機能として提供している．視聴者は，動画の印象をサイト側で提供されたコメント群からワンクリック操作で選択し，投稿することができる．図 12.6 に Fried Onion のインタフェースを示す．この機能は，動画画面上にコメントが重畳されても認識しやすく不適切な表現を抑制することができる絵文字をメディアとして採用している．また，すでに他の利用者によって投稿されたコメントとインタラクティブに作用する共鳴感覚機能を提供している．図 12.7 に共鳴感覚機能が動作し，絵文字（ハートマーク）が拡大した例を示す．

---

[7] YouTube は Google Inc. の登録商標である．
[8] ニコニコ動画は株式会社ドワンゴの登録商標である．

150 ◆ 第 12 章 エンターテイメント，異文化コミュニケーション

図 12.5 Fried Onion のトップページ

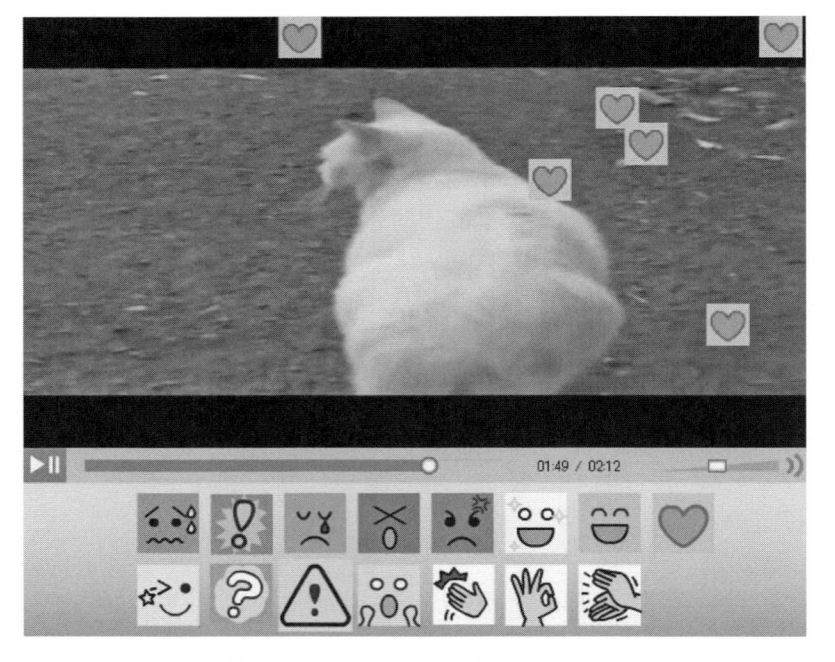

図 12.6 Fried Onion のインタフェース

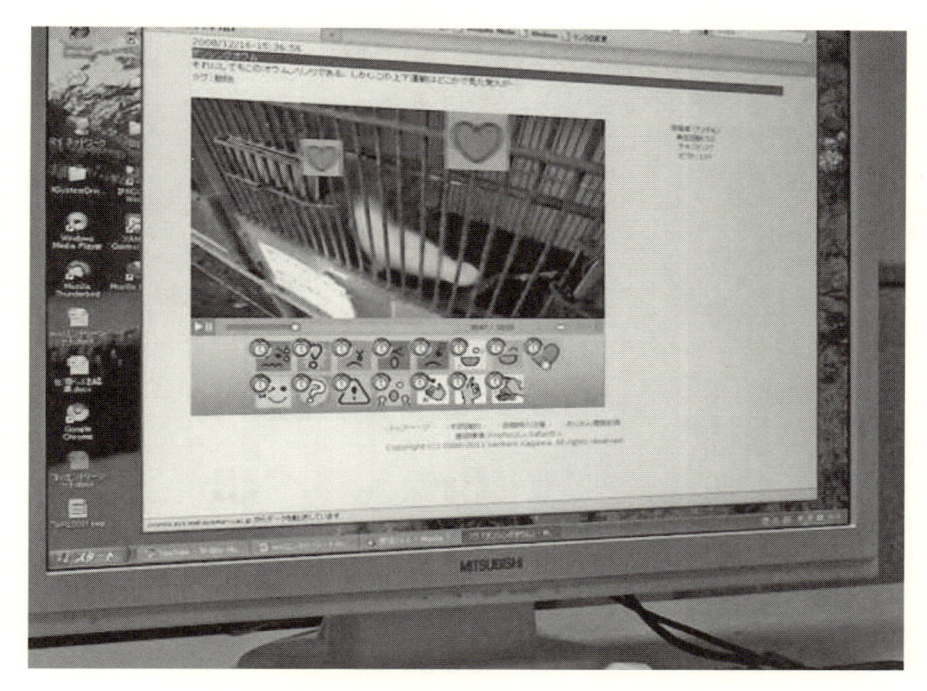

図 12.7　共鳴感覚機能が動作した例

12.3.5　Twitter 双六 [10]

Twitter[9])とゲームが相互に作用する双六ゲームサービスである．本サービスは Twitter と双六ゲームの 2 つの部分から成る．Twitter 上では問題出題を行い（図 12.8），ゲームのプレイヤーがそれに対して解答する．問題解答の結果は双六の進行要素となる．双六画面では，得られた進行要素から進んだコマの状態を視覚的にわかるように表示する（図 12.9）．

　本サービスでは，GameMaster と名付けたものが存在する．これは Twitter での問題解答における出題者である．ゲームプレイヤーは GameMaster アカウントをフォローし，問題の解答を行う．問題は選択式でプレイヤーは選択肢を選んで，呟きに対する返信機能を利用して解答する．解答の結果は双六においてプレイヤーのコマが進むマスに影響する．正解した場合は 2 マス進み，正解しなかった場合は 1 マス進む．問題に関係のない呟きをしていても，それを問題に対して返信していれば，正解しなかった場合と同様に 1 マス進む．問題に対して返信を行わなかったとき，コマは進まない．問題は定期的に繰り返し出題され，プレイヤーは解答を繰り返して双六を進めていく．

　プレイヤーのコマは荷台に Twitter のアイコンを乗せたような形で，大きく表示される．他のユーザーのコマは小さい丸で，それぞれが居るマスの位置に表示される．プレイヤーと同じマスに他のプレイヤーが止まっている場合，双六画面の下部分には，その人の Twitter での情

---

9) Twitter は Twitter, Inc. の登録商標である．

図 12.8　問題の例

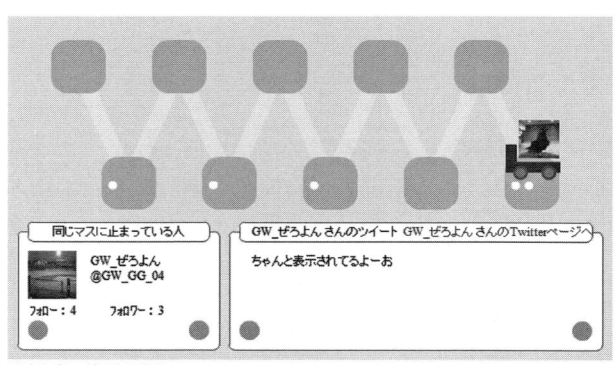

図 12.9　双六画面

報が表示される．左側には TwitterID や名前，フォロー数，フォロワー数，アイコンが表示される．右側にはその人の最近の呟きが数件表示され，また，その人の Twitter ホームにアクセスすることができる．

12.3.6　ラントレ

ラントレ [11] は GPS を利用することで，屋外でもできるエクサテイメントシステムである．歩いて運動することにゲームの要素を取り入れているのでゲーミフィケーションのシステムと

も言える．

　本システムは，GPSから取得される位置情報を用いた複数人向けの対戦型宝探しゲームである．各プレイヤーはGPSと移動用端末を携帯して，マップに表示された場所を実際に移動しながら宝を探す．宝取得ボタンによって獲得した宝は，マップに指定された換金所に行くことで点数に変えることができる．これを制限時間まで繰り返し，最も点数の高いプレイヤーが勝利する．図12.10に本システムのマップ画面を示す．猫，鶏，狐は各プレイヤーのアバター，濃い色の部分は木などの障害物を表している．

　本システムの特徴的な機能として交渉機能がある．交渉機能とは，他のプレイヤーと宝，もしくはポイントを交換する機能である．自分のアバターが交渉したい相手のアバターと接触していることが本機能の条件である．交渉を行う場合は，図12.11に示すステータス画面のプレイヤー欄から交渉したいプレイヤーのラジオボタンを選択し，交渉ボタンをクリックする．すると，交渉画面が表示されるので，自分と相手の宝，もしくはポイントを選択する．交渉機能は1台の端末で行うため，2人が実際に会ってどちらか一方が交渉画面を開き，同じ画面を見ながら2人で決めるという流れになる．

　本システムには陣地取りゲームの要素もあり，土地共有機能がある．土地共有機能とは，もう1人のプレイヤーと協力してエリアを取得する機能である．エリアとは，マップ内で一定の大きさに分割された区間のことをさす．取得したエリアは，最終結果時のポイントに加算される．交渉機能と同様，協力者が近くにいることが条件である．土地を共有するには，お互いがステータス画面から協力者のプレイヤーを選択し，ほぼ同時に土地ボタンをクリックする．同じエリア内にいるプレイヤーの端末には，エリアを取得したというメッセージが表示される．取得したエリアは2人のものであり，得点も2人に均等に分配される．また，すでに取得され

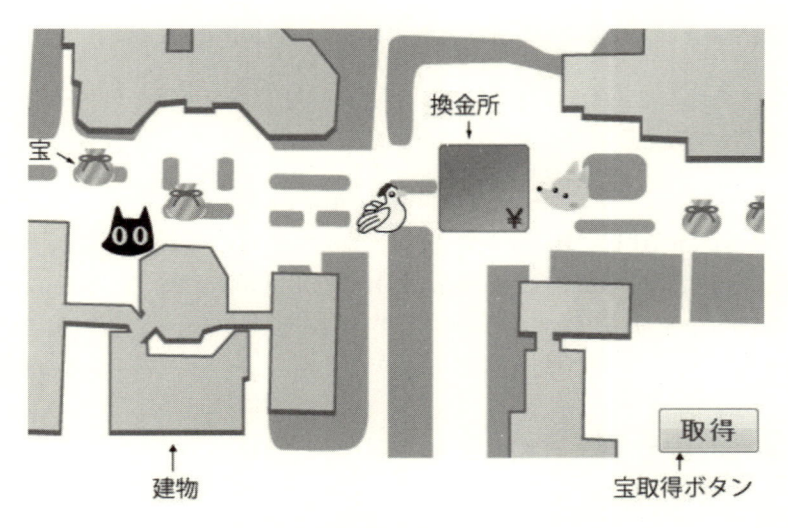

図 12.10　マップ画面

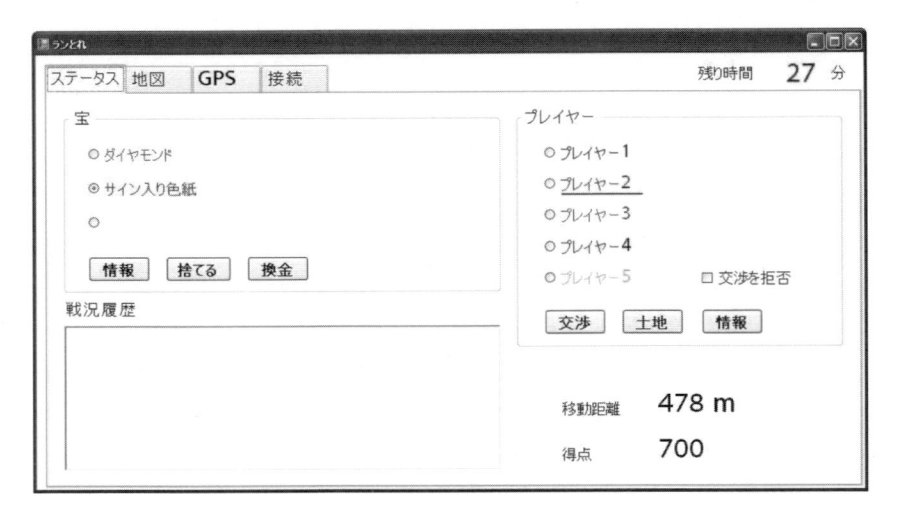

図 12.11 ステータス画面

たエリアであっても共有は可能である．取得者は上書きされるため，最も新しく共有した 2 人のエリアとなる．

12.4 異文化コラボレーション

インターネットにつながると，ゲームの相手が外国人ということが日常茶飯事となり，コミュニケーションを何らかの形でとらざるを得ない．ここでは翻訳機能を用いた例と絵文字を用いた例を示す．

12.4.1 同期型多言語コラボレーション環境 (RemoteWadaman III)

日本と中国との間の電子会議システムである同期型多言語コラボレーション環境 (RemoteWadaman III) [12] を翻訳機能を用いた例として示す．

(1) 機能特徴

RemoteWadaman III は，様々な話題について議論を行うための多言語対応の電子会議システムである．図 12.12 に RemoteWadaman III の利用中の画面を示す．RemoteWadaman III は，映像音声通信機能，ドキュメント共有機能，共有ホワイトボード機能およびチャット機能で構成される．チャット機能は，感情表示キャラクターとチャットの文字との混在が可能である．

各機能の特徴について，その概略を述べる．

(2) 映像音声通信機能の特徴

映像音声通信機能は多地点間で構成されるネットワークを介して，映像音声によるコミュニ

12.4 異文化コラボレーション ◆ 155

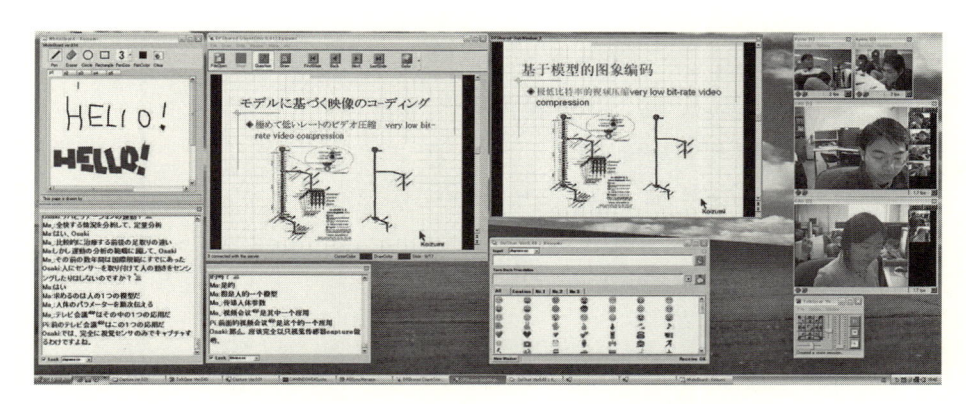

図 12.12 RemoteWadaman III の利用中の画面例

ケーションを可能とする機能である．また，1台の PC に接続された複数のビデオキャプチャデバイスを同時に利用できるため，1台目は人物撮影，2台目以降は背景撮影といった使い方が可能である．リモコンカメラ（カメラ撮影位置操作）機能により，ローカルユーザのカメラ操作とリモートユーザのカメラ操作を可能としている．画面の大きさを最大 640 × 480 ドットで表示することができる．

(3) 感情表示キャラクター付きチャット機能の特徴

感情表示キャラクター付きチャット機能は，感情を表現するキャラクターをチャットのテキスト文と混在可能な機能である．また，入力されたテキスト文は，表示される際に利用者の母国語に翻訳されて表示される．図 12.13 に感情表示キャラクター付きチャット機能の入力ウィンドウの画面を示す．このウィンドウを利用して，感情表示キャラクターを使う．

入力されたチャットのテキスト文は，翻訳サーバを介して翻訳される．図 12.14 の上部のウィ

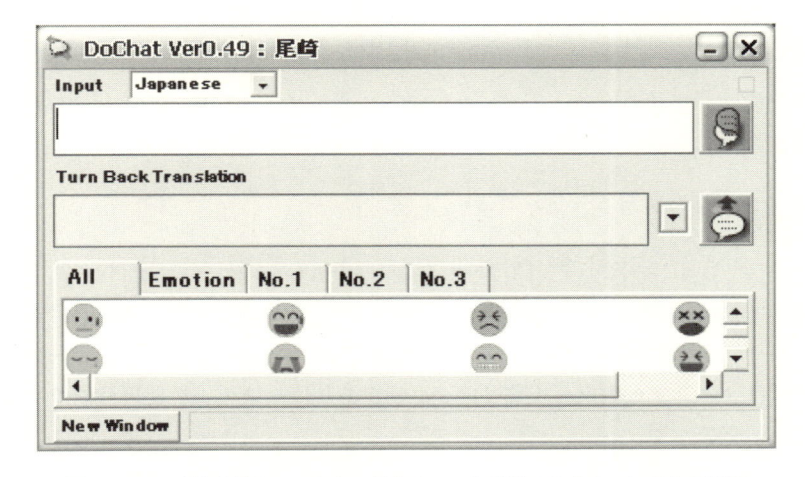

図 12.13 感情表示キャラクター付きチャット機能の入力ウィンドウの画面

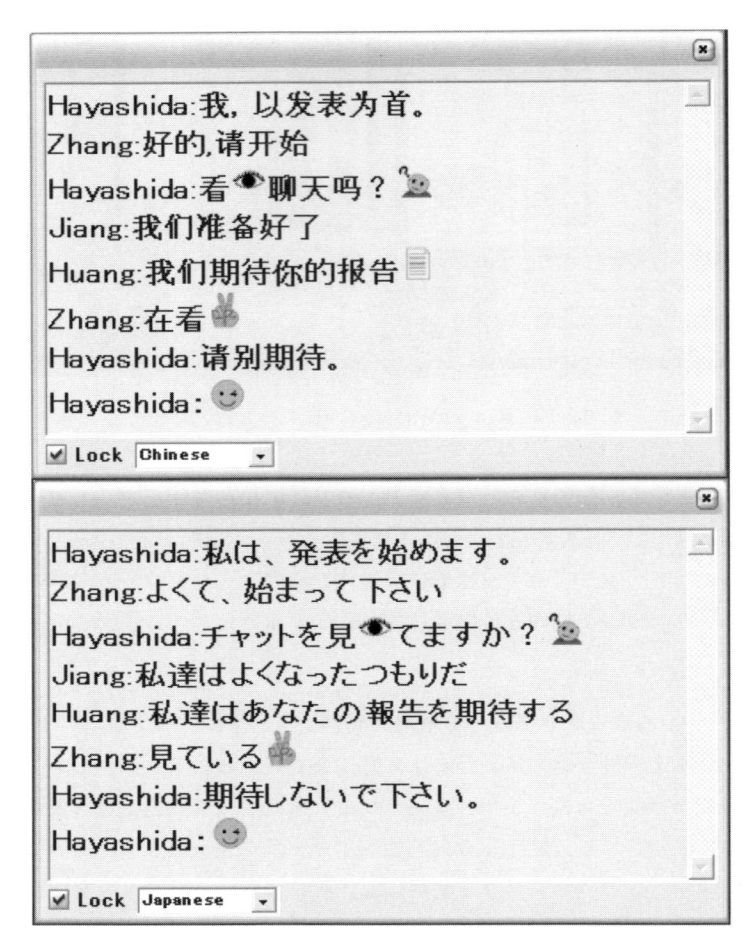

図 12.14 感情表示キャラクター付きチャット機能の出力ウィンドウ

ンドウが中国語の表示で，下部のウィンドウが日本語の表示である．感情表示キャラクター付きチャット機能は，複数の出力ウィンドウを同時に表示可能であり，それらの表示ウィンドウに別々の言語の内容を表示することができる．

12.4.2 絵文字チャットコミュニケータ

絵文字チャットコミュニケータ [13] は絵文字の言語依存性の低さに注目し，約 500 個の絵文字のみを用いて遠隔地の外国人とチャットコミュニケーションを図るシステムである．本システムは，クライアント・サーバ型で構成され，ユーザはサーバを介してメッセージをやり取りする．ユーザは，インターネット環境とブラウザがあればシステムを使用可能である．本システムの機能を以下に示す．

(1) 引用機能

会話の円滑化を目指し，直前の会話ログから直接絵文字を引用する機能である．

(2) 例文機能

わかりにくい絵文字もユーザが理解して選ぶようにするため，46 個の「動詞」，「形容詞」，「疑問詞」などの絵文字に例文をポップアップ表示する．

(3) Web 画像検索機能

Web 上の画像を検索して絵文字の代わりに使用できる機能である．

(4) アウェアネス機能

相手の状況を自動的に通知する機能である．

図 12.15 にシステムの操作画面を示す．ユーザはまず，画面右側のタブを切り替えながら，発言に必要な絵文字を約 500 個の中から探し出し選択する．選択された絵文字は画面左下の吹き出しに加えられ，文が構成されていく．その吹き出し右の送信ボタンを押すと画面左上の会話ログに文が加えられ，相手とメッセージを共有する．

本システムでは，アウェアネス機能として通知すべき相手の状況を「操作中」，「操作停止中」，「回線不通」の 3 段階に定義している．そして操作画面左下の話者のアバターを変化させ，この 3 段階の状況を通知する．図 12.16 にその様子を示す．左から「操作中」，「操作停止中」，「回線不通」を表す．

図 **12.15** 操作画面

図 **12.16** 相手状況の通知

12.4.3 北京 ExplorerII

　北京 Explorer II [14] は北京にある故宮博物院のガイドシステムの試作システムである．サーバ・クライアント型で，移動用システムとサーバは，無線 LAN を介して TCP/IP で無線通信を行う．位置情報は GPS を利用して取得し，Bluetooth で移動用システムに送る．移動用システムは，サーバと通信することで，位置情報に関連付けられた画像情報や他の利用者の情報，待ち合わせ場所の情報，チャットのメッセージなどの情報を取得または更新する．移動用システムの実行中の画面（図 12.17）を用いて，主要な機能の特徴について述べる．

(1)　画像を共有する

　利用者は発見した新しい情報を，いつでもその場で地図上に追加し，即座に他の利用者と共有することが可能である．図 12.17 の画面上には，「門」，「飲食店」，「工事」などがアイコンで表示されている．画像には画像編集ツールを用いてフリーハンドで簡単にメモやイラストを描画することができる．図 12.18 は一つの共有画像の例を示している．

(2)　チャットと画像の連携強化機能

　地図に表示される画像のアイコンか画像のキーワードを含むチャットメッセージをタップすると，すぐ画像を閲覧できる．

(3)　画像検索機能

　検索ボタンにタップし，画像のキーワードを入力してから，画像を見つけ，閲覧できる．検索できるのは利用者の PDA に保存される画像である．これらは利用者が作成した画像，あるいは送ってきた画像である．また，画像のリストウィンドウから画像を選択しても閲覧できる．

(4)　システムが自動的にイベントを知らせる機能

　他のユーザがログイン・ログアウトしたとき，あるいは新しいチャットメッセージが届いたときに，画面の左上に出るニュースバーと共に音が一回鳴らされる．新しい画像が届いたときに音が 3 回に鳴らされ，システムの自動的なチャットメッセージ（図 12.17 の下部）が表示される．図 12.17 の上部にあるニュースバーは，新しい画像が届いたことを知らせている．ニュースバーは英語であり，"A new image was made"，"A new message came"，"Member changed" という 3 つのパターンで表示される．画面の変化があったとき（利用者が画面をタップしたとき，あるいは位置情報の更新のとき）はその表示が消える．

12.4 異文化コラボレーション ◆ 159

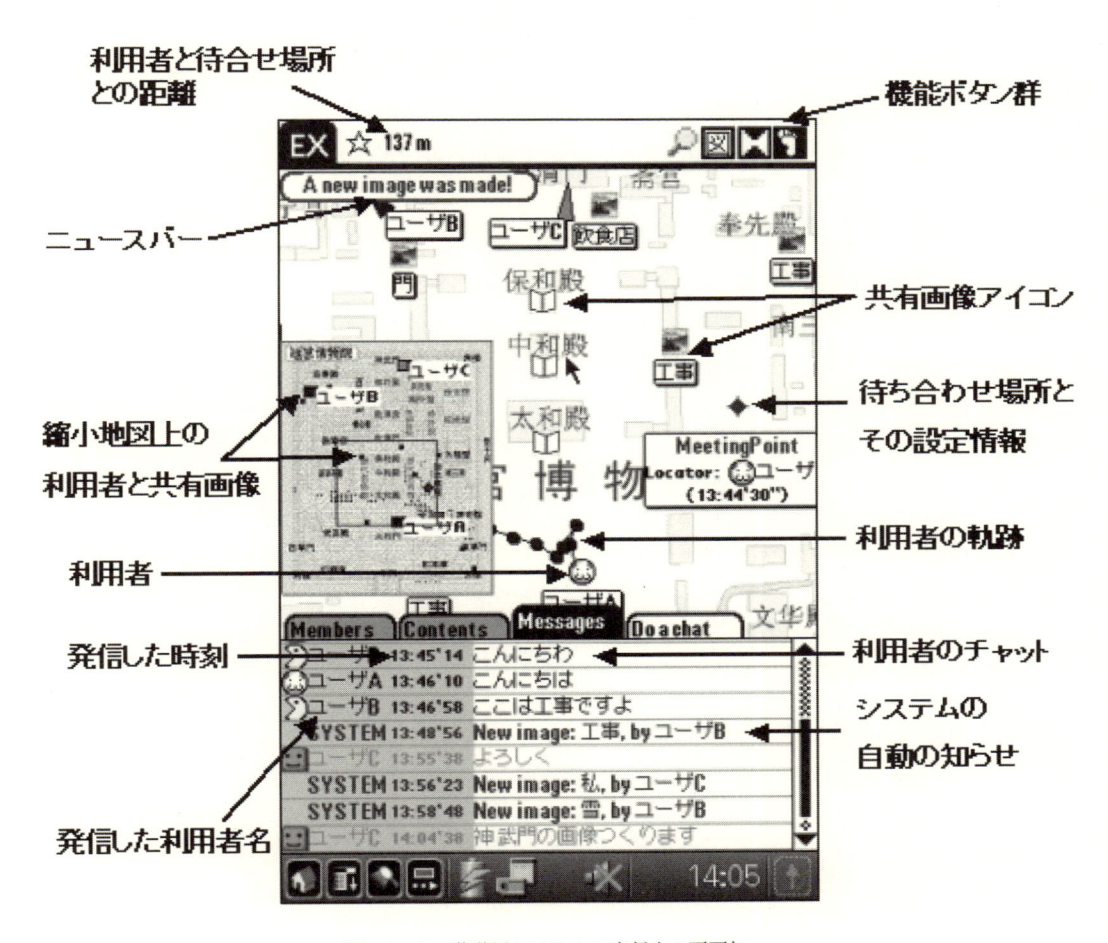

図 12.17 移動用システムの実行中の画面知

- 利用者と待合せ場所との距離
- ニュースバー
- 縮小地図上の利用者と共有画像
- 利用者
- 発信した時刻
- 発信した利用者名
- 機能ボタン群
- 共有画像アイコン
- 待ち合わせ場所とその設定情報
- 利用者の軌跡
- 利用者のチャット
- システムの自動の知らせ

図 12.18 一つの共有画像の例

(5) チャット機能

日本語，もしくは中国語でチャットを行える．中国語入力は北京語と台湾語の両方を使用できる．言葉が通じないもの同士でも使用できるよう顔文字機能がある．

(6) 自分の位置と他人の位置を表示

自分の位置と他人の位置は指定したユーザアイコンで表示される．

(7) 待ち合わせ場所の共有

集合場所をアイコンで示すことができる．設定者の名前が入る．待ち合わせアイコンは図 12.17 の右部にある星印である．

(8) 歩いた軌跡を表示・非表示

参加者が歩いた軌跡は画面上に細線で表示される．それぞれの利用者の位置情報は，スムーズな軌跡情報を得るため，10 秒ごとに自動的に更新される．図 12.17 の右上にある操作ボタンで，軌跡の表示を ON/OFF できる．

(9) GPS を使えない場合の位置の自己申告機能

GPS が利用不能であったり，位置が極端に異なることがわかったりした場合，利用者は自分自身の位置を示すアイコンをスタイラスで直接ドラッグ&ドロップすることにより，正しい現在位置を設定，他の利用者へ通知することが可能である．

(10) 撮影した写真を後から Web で閲覧

実験終了後，撮影された写真を Web で閲覧することができる [15]（図 12.19）．ただし，この機能はサーバがインターネットに接続され，他ウェブサーバに転送できる状態になったときに限る．

なお，ある場所に近づくとその場所の画像が自動的にポップアップされる機能もある．

まとめ

本章ではグループウェアシステムの例として，ネットワークエンタテイメントシステムと異文化コラボレーションシステムについて述べた．表 12.1 に各システムの機能をまとめた表を示す．

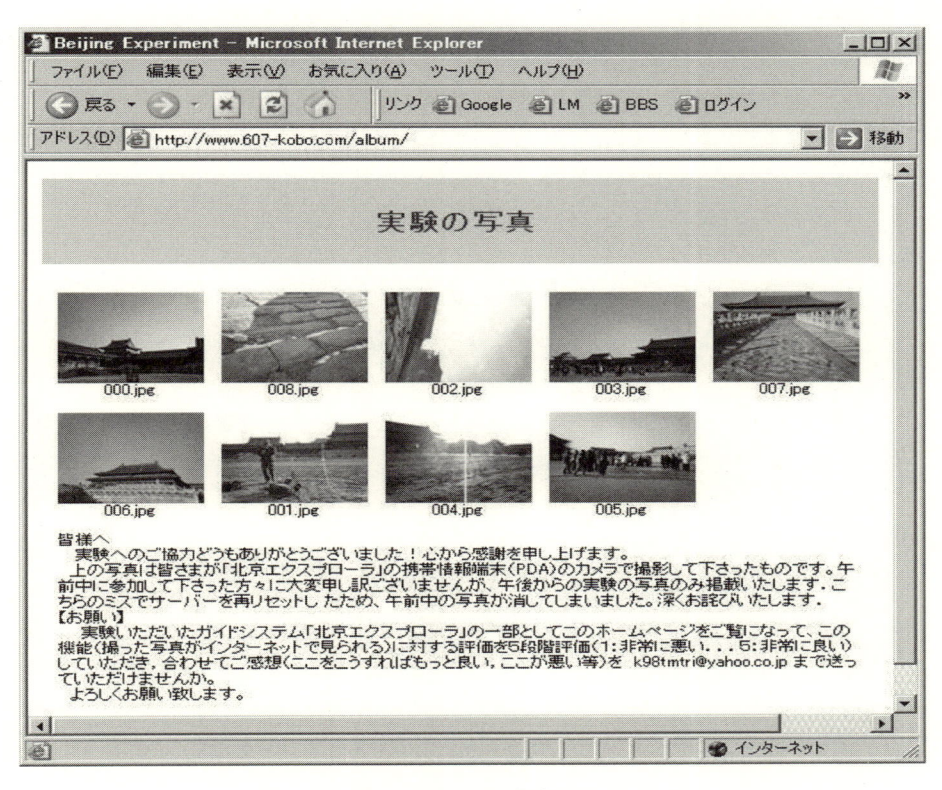

図 12.19　Web 閲覧画面

表 12.1　各システムの機能のまとめ

	参加人数	リアルタイム	アウェアネス	チャット	GPS	センサ
World of Warcraft	多数 (MMORPG)	○	○	○	×	×
Can you see me now?	多数	○	○	○	○	×
リモートケンケン	2人	○	○	×	×	○
Fried Onion	多数	△	×	○	×	×
Twitter 双六	数人	×	×	○	×	×
ランとれ	4人	○	○	○	○	×
RemoteWadaman III	20人程度	○	○	○	×	×
絵文字チャットコミュニケータ	2人	○	○	○	×	×

演習問題

設問1 喜怒哀楽を顔文字もしくは絵文字で示しなさい．また，顔文字もしくは絵文字のみで「私はケーキが好きです」と表現しなさい．

設問2 ゲームの移り変わりを，(1) 単体ゲーム，(2) オンラインゲーム，(3) SNS ゲームという言葉を使って説明しなさい．また，(1), (2), (3) の特徴とその代表例をあげて，そのゲーム内容を説明しなさい．さらに，ゲームの今後の方向の予想について述べなさい．

設問3 多人数参加型オンラインロールプレイングゲームがある．
(1) このようなゲームを通称何と呼ぶか答えなさい．
(2) このようなゲームはグループウェアの構造による分類ではどの分類になるか答えなさい．
(3) 対戦相手とコミュニケーションをとるためには，動画像，音声，テキストチャットのどれが良いか，理由を付けて述べなさい．ただし，相手は外国人の可能性もある．

設問4 日本のゲームソフトの輸出は 2001 年度をピークに一旦減ったが，2004 年度から増加に転じている．
(1) なぜ，2001 年度以降ゲームソフトの輸出が減じたか，その理由を述べなさい．
(2) 2004 年度以降，ゲームソフトの輸出が再び増加に転じた理由について述べなさい．
(3) 将来的なゲームとして，無線 LAN と GPS とを用いたゲームを 1 つ考え，その概要を述べなさい．

設問5 人に意図を伝えるコミュニケーションの手段として，(a) ビデオ，(b) 音声，(c) テキスト形式のチャットがあるとする．
(1) (a),(b),(c) のコミュニケーションの手段としての特徴を述べなさい．
(2) 言葉の通じない外国人が参加するオンラインゲームで，その人に意図を伝えるコミュニケーションをとろうとするとき，どのようにすればよいか検討し説明しなさい．

参考文献

[1] Ellis, C. A., Gibbs, S. J. and Rein, G. L: GROUPWARE: Some Issues and Experiences, *Comm. ACM*, Vol.34, No.1, pp.39–58 (1991).
[2] 各年 CESA ゲーム白書

[3] 日本経済新聞電子版：イノベーションなき繁栄「パクリ疑惑」も（迫真）激震ソーシャルゲーム (2012.6.22.8:10), http://www.nikkei.com/article/DGXNASFK1903U_Q2A620C1SHA000/

[4] WORLD OF WARCRAFT: http://us.battle.net/wow/en/

[5] Benford, S., Crabtree, A., Flintham, M., Drozd, A., Anastasi, R., Paxton, M., Tandavantij, N., Adams, M. and Row-Farr, J.: Can you see me now?, *ACM Transaction on Computer-Human Interaction (TOCHI)*, Vol.13, No.1, pp.100–133 (2006).

[6] Yamashita, H., Itou, J., and Munemori, J.: Remote Kenken: An Exertainment Support System using Hopping, *International journal of informatic Society*, Vol.2, No.2, pp.64–68 (2010).

[7] 香川健太郎，伊藤淳子，宗森純：動画共有システムに与える直感的絵文字コメント投稿機能と感情共有機能の効果，『情報処理学会論文誌』Vol.51,No.3, pp. 770–783 (2010-03).

[8] YouTube: http://www.youtube.com/?gl=J

[9] ニコニコ動画：http://www.nicovideo.jp

[10] Munemori, J., Morimoto, K. and Itou, J.: Sugoroku Game Interactions with Twitter, *International Workshop on Informatics (IWIN2013)*, pp.65–70 (2013).

[11] Munemori, J., Itou, J., Korin, T., and Yuizono, T.: RANTORE: Strategic Exertainment System Using Location Information, *KES2013*, pp.213–221 (2013).

[12] 宗森純，重信智宏，丸野普治，尾崎裕史，大野純佳，吉野孝：異文化コラボレーションへのマルチメディア電子会議システムの適用とその効果，『情報処理学会論文誌』Vol.46, No.1, pp.26–37 (2005).

[13] Munemori, J., Nishide, T., Fujita, T. and Itou, J.: Development of a Distributed Pictograph Chat System: Pictograph Chat Communicator IV, König, A., et al.(Eds.): *Lecture Notes in Computer Science 6883 Springer 2011*, Part III, LNAI 6278, pp. 77–85 (2011).

[14] Munemori, J., Tri, T. M., and Itou, J.: Forbidden City Explorer: A Guide System that Gives Priority to Shared Images and Chats, *Entertainment Computing-ICEC2006* (LNCS4161), pp. 306–309 (2006).

[15] 宗森純，上坂大輔，タイミンチー，吉野孝：位置情報を用いた汎用双方向ガイドシステム xExplorer の開発と適用，『情報処理学会論文誌』Vol.47, No.1, pp.28–40 (2006).

第13章
グループウェアの評価方法

> **□ 学習のポイント**
>
> 評価方法については，HCI の一般的な評価方法とグループウェア独特の問題を理解する．まず HCI 評価のための基本的な手法を説明する．この手法はグループウェア技術全般を評価するための基礎となる．その後，個人を超えたグループを支援するグループウェアの課題を理解する．グループウェア技術の評価は，社会普及（人々に受容されるかどうか）としての評価も含め，数多くの視点が必要となる．

> **□ キーワード**
>
> 評価方法，チェック項目，統計手法，研究室実験，観察技法，分類を用いた検討

13.1　HCI の評価方法

　評価というと，一般には価値判断やその認定のことを指す．「テストがよくできたので A 評価を得た」，「人事評価の結果，佐藤主任は係長に昇進した」，「日本のアニメは世界でも高く評価されている」のように使われる．

　グループウェアが基礎とするヒューマン・コンピュータ・インタラクション (HCI) では評価は不可欠といってよいが，ここでの「評価する」とは，評価の対象となるグループウェア，インタフェース，情報システム，ソフトウェアツールなどについて，それらが期待する機能を備えているか，期待する使いやすさを備えていたり，ユーザ体験を提供していたりするかというように，要求を満たしているかどうか，どのような問題点があるかを調べるということである．

　伝統的なソフトウェアの開発モデルであるウォーターフォールモデルがそうであるように，以前は，ツールなりシステムなりができあがってから評価するという順序であった．しかし，情報システムの需要が増え，開発スピードが早くなってくると，繰り返しデザイン (iterative design) [1] と呼ばれる手法が一般的になった．これは，ひとまず評価対象となるシステムを作り，それを評価するが，その評価の結果を吟味して，改善すべき点を得て，改善を施した新たなシステムを作るというように，何度も，デザイン・開発・評価のサイクルを回す手法である．

13.1.1 評価の種類

評価の観点には，大きく分けて，いつ評価するか，誰が評価するか，どこで評価するかがある．

いつ評価するかについては，旧来のように，製品ができあがってからそれを評価するという手順ではなく，開発の様々な段階で行われる，開発サイクルの中で繰り返し評価も行われるという手順になってきている．評価も開発サイクルの一部であるので，開発手法と評価手法は独立したものではない．また，開発の早い段階から評価をする場合には，評価の対象が完成品とは限らなくなっている．

誰が評価するかについては，専門家だけが評価する方法とユーザが関わる評価方法とがある．専門家による評価は開発初期に実施できる．一方ユーザが関わる評価の場合には，通常はユーザが評価される製品などを使用する必要があるので，ある程度は動作するレベルのプロトタイプが必要である．

どこで評価するかについては，主に机の上で評価対象の実物なしに仕様書などで評価する方法，実験的環境で評価する方法と，実際に製品が使われる現場で評価する方法とがある．

13.1.2 専門家による評価

開発の初期から評価を含めると，開発方向や問題点の修正を早い段階でできる．この方が修正も簡単で損失も少ないため，そうすべきである．しかし，プロトタイプのない早い段階では一般ユーザによって十分な評価をするのは難しいことが多く，またコストもかかるため，専門家によることが多い．

(1) ヒューリスティック評価

ヒューリスティック評価はデザインを決めるときのガイドライン，一般則，経験則で，ニールセンらによって開発された．ヒューリスティック評価では数名の評価者が別々にシステムのユーザビリティの問題を挙げる．5名の評価者によって8割程度の問題が発見されることが知られている [2]．

10個のヒューリスティックが挙げられているが，対象とする領域に固有の他のヒューリスティックを加えても構わない．評価者は各ヒューリスティックについて，システムに問題がないかどうかを，問題の重大さに応じて得点付けをしてチェックしてゆく．全員の結果を合計して重大なものから対処してゆく．なお，10個のヒューリスティックは次の通りである [3]．

・ユーザに状況のフィードバックをする
・ユーザにわかるように知らせる
・キャンセルややり直しができるようにする
・一貫性をもつ
・エラーが起こらないようにする
・ユーザの記憶に頼らないようにする
・ショートカットも可能にする

- 余分なメッセージは出さない
- エラーメッセージはわかりやすく，またどうすればよいかを示す
- 使いやすいヘルプを用意する

(2) 認知的ウォークスルー

認知的ウォークスルーまたは単にウォークスルー法は，心理学理論を製品チェックに応用するもので，Polson らによって提案された [4]．ウォークスルー法では，タスクを完了するまでにユーザがインタフェースによってしなければならない手順を行為系列と呼び，その行為系列に問題がないかをチェックしてゆくもので，操作手順がすぐに覚えられるかどうかをチェックすることが多い．

ウォークスルー法を実施するためには，システムの仕様についてメニューの詳細などのチェックに関わる内容，タスクは何か，そのタスクを完了するために必要な手順，ユーザの知識や経験はどの程度でどのような人か，という情報が必要である．評価者はこれらの情報に基づいて，行為系列を一歩ずつなぞってゆき，行為の一つ一つについて，次の質問にこたえるようにする．

行為の結果はその時点のユーザの目標と一致しているか，ユーザはその行為がとれることが見えるか，正しい行為を見つけたときに，ユーザはそれが正解だとわかるか，行為に対してユーザがわかるフィードバックがあるか．

これらはチェックシートの形で用意し，記録として残す．

(3) モデルによる評価

GOMS モデル [5] やキーストロークレベルモデル [5] といったモデルを用いて評価することもできる．

また，デザイン指針 [6] なども評価に利用できる．

13.1.3 ユーザが関わる評価

(1) 実験環境での評価

ユーザは日常の環境ではなく，ユーザビリティ実験室など特別の部屋で統制された実験に参加する．実験室には，音声や映像の録画・分析装置やマジックミラーなどがあり，タスク以外の要因は排除される．このような実験では条件統制が厳密にでき，細かな条件間の違いを比較することができる反面，通常の文脈が与えられないため，文脈に依存するようなタスクには使えない．

実験では条件統制を行い，特定の仮説が支持されるかどうかを何らかの適当な測定尺度によって検証する．用意する複数の実験条件において特定のパラメータのみが異なるようにすることで，結果の違いがこのパラメータの違いによるものであるといえるという仕組みである．実験の設計では次の点に注意しなければならない．

(a) 参加者

まず，どのような参加者を選ぶかに注意しなければならない．基本的に想定するユーザにできるだけ近いプロフィールの参加者が望ましい．ユーザそのものであってもよいが，それが難しい場合は年齢，性別や知識，職業などを考慮する．例えば，高齢者向けの携帯電話のインタフェースの評価者が高校生であっては正しい評価にならないことを考えればよい．参加者の人数も問題である．多いほうがよいが，実際には集められる人数には限りがある．統計的検定が可能な人数が最低限必要である．

(b) 変数

変数には独立変数と従属変数がある．従属変数とは独立変数の変化に応じて変わる変数のことである．実験条件によって変更するのは独立変数で，その結果として従属変数がどう変わるかを測定することで，独立変数の影響をみる．要因とよばれる，ある独立変数のもつ種類は有限であり，通常は 2 つや 3 つとすることが多い．この独立変数のレベルのことを水準という．一般に，独立変数と従属変数は多対 1 の関係にあり，複数の独立変数の組み合わせが 1 つの実験条件になることもある．例えば独立変数 A が 3 水準，独立変数 B が 2 水準ある場合，それらを掛けあわせた 6 つの実験条件が必要になる．

簡単な例としては，たとえば X と Y という 2 種類のテキストエディタがあるとする．この 2 種類のテキストエディタのどちらの方が仕事が捗るかを調べたいと思ったとしよう．この場合は，「テキストエディタの種類」が独立変数となり，それが X と Y という 2 つの種類すなわち 2 水準あるということになる．このようなケースは実際にもよく見られるが，この場合は独立変数は 1 つ，2 水準だから，それらを掛け合わせた 2 つの実験条件だけでよい．従属変数は「仕事が捗る」の部分であるが，これを値としてより明確に測ることができるものに置き換えて調べることにして，ここでは従属変数を「単位時間当たりの入力文字数」としよう．

(c) 仮説

仮説とは実験結果の予測であり，独立変数と従属変数の関係を述べたものである．これは実験で何を示したいのかを述べることである．先の例では，「エディタ X の方がエディタ Y よりも単位時間当たりの入力文字数が多い」というのが仮説になる．実験では，立てた仮説が正しいかどうかを検証する．言い換えれば正しいかどうかを検証できる形で仮説は立てなければならない．

仮説の検証は帰無仮説の棄却という手続きによる．帰無仮説とは，仮説を否定する仮説であり，先の例では「エディタ X の方がエディタ Y よりも単位時間当たりの入力文字数が多いとはいえない」というのが帰無仮説になる．この帰無仮説を統計的検定によって棄却することによって，仮説の確からしさを示す．

(d) 実験計画

実験計画には大きく分けて，参加者間計画と参加者内計画の 2 種類ある．参加者間計画では，

1人の参加者は1つの実験条件にのみ割り当てられる．このようにすると，どの参加者も実験に初めて参加することになり，複数の条件に参加する順序を考えなくてよい．一方で，必要な参加者数が多くなるし，どの条件の参加者群も等質であるよう配慮する必要がある．

参加者内計画では，1人の参加者は各実験条件に割り当てられる．参加者は何度も実験に参加することになるので学習効果や，また，どの条件を何番目に体験するかによる順序効果が問題になる．そのため順序を参加者によって変えて，系統的に学習効果や順序効果を打ち消すようにする．一方で，必要な参加者数はより少なくてすみ，参加者群の違いを気にする必要はない．

実験で得られるデータには，参加者による印象評定結果，タスクの実行速度やエラー率などの測定値，心拍数や血圧などの生理的測定値，視線などの行動測定値がある．

(2) グループウェアの実験的評価

複数ユーザのいるグループウェアを実験的に評価する場合には，ユーザが1人であるHCIの評価では見られない問題が生じる．

まず，1システム当たりのユーザ数が多いということは実験への参加者数もそれだけ多数必要となる．またそれに伴い，参加者のスケジュール調整や実験時の調整も生じる．もちろん，実験に必要な機材もユーザ数倍に増え，それによって得られるデータも同じく増える．例えば得られた多数のビデオデータを時間的に同期させて分析することは，1ユーザシステムの場合よりかなり大変になる．また，分析においてもグループとしての結果は参加者数の数分の1しかないので統計的検定をするのも難しくなる．

このように複数ユーザシステムの実験的評価は単独ユーザシステムの評価よりも大変である．また，実験環境での評価が脱文脈化するという点は単独ユーザシステムでも同様であるが，グループワークの場合にはそのことはより大きな問題で，文脈は本質的であると考えられている．そのため，実験的評価とは異なる，エスノグラフィ [7] のようなより定性的な社会学的分析が広く採用されている．

(3) 現場での評価

現場での評価の場合は，ユーザはそのままに評価者が現場に出向き，実際の様子を観察する．こちらは環境からのノイズが問題であるが，環境との相互作用や周囲の人との相互作用など，実験環境ではわからない文脈も得られる．ただ，評価者が現場にいたり，記録をとったりすること自体が現場やユーザに与える影響があることにも留意すべきである．

(4) 観察法

何らかの情報を得ようとする場合に，観察するというのは最も基本的でまた強力な方法である．グループウェアなどのシステムの評価でも，ユーザがどのようにシステムを扱うのか，ユーザとシステムがどのようにやり取りをするのかなどを観察することは強力な方法となる．

システム評価の場合は通常，ユーザにシステムを利用して何らかのタスクをするように依頼し，その様子を観察する．ただ目視で観察するだけでは見逃してしまうこともあるので，問題

がない状況であれば，何度も観察できるよう，また色々な観察ができるように，ビデオや音声，メモなどで記録をとるようにする．例えばメモはすべてをもれなく記録することはできないし，書くスピードの限界もあり多くは記録できない．音声だけを後から聴き直してもどのような場面に対応するのかわからないことも多い．映像と音声の両方が望ましいが，それでも実験時に気づくこと，重要だと思ったことは記録されない．このようなわけで，映像，音声，メモの複数の方法を組み合わせて利用することが好ましい．

また，ただユーザがタスクを進める様子を見てもユーザがどのように感じているのか，ある操作がなぜなされたのかなど外からは見えないことも多くあるため，そのような内容をその都度，口に出して作業をしてもらう方法がある．以下ではこれについて説明する．

システムの操作時に思ったことをその場でどんどん口に出しながら操作を進めてもらうことで，操作のどこにつまずきがあるか，誤解がうまれやすいのはどのような点か，ある行為の理由は何かなど，単なる操作行動の観察からだけでは得られない情報を得ることができる．発話思考法，またシンクアラウド (Think aloud) [3] と呼ばれるこの手法は，ユーザに発話しながら操作をすることに慣れてもらうことが必要だが，比較的簡単に実施できる．また，必ずしも完成したシステムである必要はなく，開発の様々な段階で利用できる．

この手法を利用する上で，留意すべき点には，得られる発話情報はユーザの主観によるものであること，ユーザの思ったことすべてが得られるわけではないこと，発話しながらの操作への慣れがユーザによって異なること，ユーザの行動が発話によって普段とは違うものになる可能性があること，などがある．

実際のやり方には，単にユーザに発話しながら操作させるやり方の他にも，ユーザの動きが止まったときや理由のわからない操作をしたときなどに実験者が適宜質問を挟むことで言語化を促すやり方や，さらにユーザが実験者と一緒に操作をしながらわからないところを質問するといったやり方 [8] もある．

参加者がタスクを終了した後に，その記録を見せて，振り返りをすることは役立つことが多い．実験者と参加者が一緒に記録を見ながら，主に実験者がその内容についてよくわからないところの追加説明を求めることが多い．実験終了から時間が経過すると参加者も内容を忘れてしまうので，終了後できるだけ早くに振り返る方がよい．得られた発話データは発話プロトコルと呼ばれる．発話プロトコルは一般に大量のデータとなるため，分析には労力がかかる．

(5) 質問紙 [9]

システム評価でユーザに尋ねる方法としてよく利用されるだけでなく，国勢調査のような社会調査，製品の企画などのための市場調査など広く用いられる．ユーザに直接尋ねる方法で得られる情報は主観的かつ意識的な情報であり，ユーザが気づいていないことについては情報が得られない．また，言語によるやり取りであるので，言語化しにくい内容は得られないという点には注意が必要である．

質問紙の内容である質問項目は大きく2つに分かれる．1つは，評価に必要な回答者の一般

的な属性に関わる質問項目である．具体的には，年齢あるいは年代，性別，居住地域などであり，評価内容の必要に応じて，コンピュータ利用歴などが追加される．もう 1 つは評価される対象に関わる質問項目である．こちらは評価内容に応じて様々であるが，尋ねる内容によっては定まった質問項目があることも多い．また，関連する評価が過去にある場合はそれを参考にすることで，結果を比較しやすくなる．

回答形式には，5 段階，7 段階，6 段階などの評定尺度のほかに，選択肢を与えて 1 つ選択する形や，当てはまるものをすべて選択する形，選択肢を順位付けする形，自由記述などがある．質問項目や回答形式は評価内容に応じて適切に設計・選択する．いくつか留意すべき点を挙げる．先にも述べたように質問紙法は言語によるやり取りであることを十分意識することが重要である．質問項目は誤解の生じないように明確にする．よくある避けるべき質問項目の例を 2 つ挙げよう．

「この携帯電話は軽いので購入したいと思う」：この質問項目に対して，この携帯電話は軽いとは思うが購入したいとは思わない人や，この携帯電話を軽いとは思わないが購入したいとは思う人はどう回答すればよいだろうか．このように 1 つの質問項目に尋ねていることを複数含めてはならない．

「画面の右上をよく見た」：この質問項目への回答から得られるのは，ユーザが画面の右上をよく見たと思うかどうかだけであって，よく見たと回答したからといって実際によく見たかどうかはわからない．また，このような問に対しては，よく見たと思うかどうかを回答する者もいる一方で，それはわからないと正しく判断した結果，異なる解釈で回答する者もいる．人によって解釈に違いが生じる質問項目もよくない．

質問紙を用いる調査方法のひとつに SD 法 [10] がある．SD (Semantic Differential) 法は C. Osgood が開発した，ひとことで表現することの難しい対象の印象を多くの形容詞対で判断する方法である．形容詞対とはたとえば，高い—低い，温かい—冷たい，のように反対の意味をもつ形容詞の組のことである．その間を 5 段階，7 段階などの段階に分けて印象のあてはまる段階を答えていく．その結果を因子分析し，対象を表す代表的な因子を抽出することが多い．

(6) インタビュー [11]

インタビューはユーザに尋ねる直接的な方法で，その場の状況に応じて質問の仕方を変えたり，ほしい情報により焦点をあててきいたりといった柔軟な対応が可能である．ただその裏返しとして，そのような柔軟な対応が適切にできるためには評価者のインタビュースキルが必要とされる．

一般的には，自己紹介や一般的な質問から開始され，インタビューが進むにつれてより細かな内容へと質問も移ってゆく．インタビューは何を目的とするかあらかじめ決めておく必要があるが，その尋ね方の点から，構造化インタビュー，半構造化インタビュー，非構造化インタビューの 3 種類に分けられる．構造化インタビューでは，尋ねる質問やその順番はあらかじめ細かく決めておき，その計画通りに進められる．半構造化インタビューでは，重要な質問程度

はあらかじめ決めておくが，ユーザの回答などに応じた質問の追加や変更がその場で行われ，より自由な反応を得ることが重要視される．非構造化インタビューでは，質問項目はあらかじめ決められておらず，ユーザの回答に応じた情報収集がなされる．

13.2 グループウェア技術の課題と評価

13.2.1 社会との関わりによる評価

　グループウェアは，個人ではない集団を対象とするためシステム評価が困難とされる．開発したシステムが人々に受け入れられるかどうかといった普及学的な課題もある．ある研究者・発明家の提案が画期的なものであっても，それが社会に普及するためには時間がかかる．World Wide Web と GUI を備えた Windows OS の爆発的普及は 1995 年の Windows 95 の発売から始まり，それが人々に導入され，毎年のように技術革新が起こり，その技術開発の間隔はドッグ・イヤーと呼ばれることもある．しかしながら，それら技術の基本は，世界中の研究者によって蓄積された成果に恩恵を受けている．研究の成果がムーアの法則と呼ばれる半導体技術（ハードウェア）の進歩に依存するだけでなく，1970 年代から大規模な予算と数多くの才能によって行われてきたコンピュータネットワークとその基本構成法である分散システムなどのソフトウェア研究の成果も貢献している．

　第 1 章では，エンゲルバートをパイオニアとして紹介したが，彼の出願したマウス特許は 1967 年に登録され，特許を取得したのは 1970 年であった．本格的な GUI とそのマウスを備えた商業製品が発売されたのは 1980 年代である．そのような商品として，Xerox の Star や Apple の Lisa があるが，これらは一般ユーザには高価であり，様々な家庭への普及までは至らなかった．また，エンゲルバートは 1950 年代に，ヒューレット・パッカード（2014 年 1 月時点，国際的なコンピュータ・メーカである）に計算機を人間の知性に役立たせるアイデアを売り込み，就職契約の提示まで得ている．しかし，彼は，当時のヒューレット・パッカードは計算機業界への参入を考えていないことを知ると，その契約を自ら断っている [12]．彼は，計算機を人間の知性に役立てるビジョンをもっていたが，当時の計算機は計算するための高額な機械であったため，その実現可能性は現実離れしていると判断されても仕方なかったと考えられる．

　このような技術普及を加えてみると，グループウェア技術は次の 3 つの状況に分けて考え，評価するとよい．

(1) これまでに世の中に無いような新しい技術を実現・提案する．
(2) 従来からある技術を改良・または組み合わせて，よりよい技術を実現する．
(3) 新しい技術の使い方または社会での需要を理解する．

　これらを踏まえて評価について述べる．(1) については，多くの研究を整理した上で，何か新しい次元を付け加えたことがわかる必要がある．これについては，実験評価という実験科学的方法や観察評価といった社会学的方法は使うことは難しい．数多くの研究を体系的に整理する

必要があるため，グループウェアを体系的に理解した上での説明が必要である．これらグループウェア技術を体系的に理解するための枠組みやモデルとして，第 4 章の時間・空間に基づく分類や人間の関わりあいに基づく分類が使用できる．(2) については，実験評価という手法で，従来あるシステムと何か新しい機能などを付加したシステムとを比較することで評価できる．これは研究室実験によって評価できる．そして，(3) は社会学的な観察技法を用いて実利用や現場での使用を調べるという方法で理解・評価できる．

グループウェアは社会に使われるという観点からはソフトウェア技術だけでなく，社会的な側面も検討する必要がある．そこで，最初にグループウェア開発のチェック項目としてグループウェアに対する 8 つの課題を説明する．次に，グループウェアを体系的に理解するためのフレームワークを使った検討を説明する．

13.2.2 グループウェアの導入課題

グループウェアはグループのためのインタフェースを提供する．そのため，多くの人々が使うことを考慮する点が個人に対する情報運用を指向してきた従来のユーザインタフェースとは異なる．ここでは，グループウェア導入の失敗研究などから導かれたグループウェアの課題を紹介する．従来のユーザインタフェースの原則と異なるグループウェア開発・導入の検討項目リストとして使用できる．

グループウェアは個人と組織の中間にあるグループを対象とすることを支援する技術とされており，個人支援は従来のヒューマンインタフェース研究において，組織支援は従来の情報管理システムの研究が対応しており，CSCW という研究分野がグループウェア研究に対応するとされていた．1990 年代前半に，ジョナサン・グルーディンはグループウェアがなかなか一般に使用されない，普及しなかった当時の状況を反映して，次の 8 つの課題をグループウェアの課題としてまとめている [13]．そのころは，インターネットは普及し始めであり，World Wide Web を誰もが利用できる環境ではなく，先端技術に触ることができた大学・研究機関での使用がほとんどであった．また，社会に普及し，成功したグループウェアは電子メールのみであるといった意見もあった．現在はコンピュータネットワークが発達・普及し，水道・電気と同様に社会インフラとなっている．よって，情報共有，共同執筆，ビデオ会議のグループウェア的なシステムとその利用に対する導入は容易になったといえる．しかし，グループウェアは個人ではなく，グループを構成する人々が使用し，グループに役立つことがなければ導入する意義は少ない．よって，次の 8 つの課題をグループウェア開発・導入を検討する場合にチェック項目として利用するとよい．

課題 1 は，利益と仕事の不均衡である．グループウェアの導入は個人に新たな仕事を増やす場合があり，その仕事が個人に対して利益がない場合がある．

課題 2 は，クリティカルマスと囚人のジレンマ問題とされる．グループウェアの効果を実感できるために必要なユーザを確保できるかという問題である．ただし，グループウェアの利用は個人利用より優先度が下がるために難しいとされる．ここでクリティカルマスとは市場にお

ける製品普及において，ある普及率を達成すると，その製品の普及が急上昇するという率のことである．

課題3は，社会的プロセスの崩壊である．グループウェアは，すでに存在する社会的タブーや脅威をおかす行動につながる可能性や，グループの成功に不可欠な利用者のモチベーションを下げる恐れもある．

課題4は，例外の取り扱いである．グループウェアは多くのグループ行動がもつ様々な例外行動（通常と異なる行動）や即興的な行動に対応できない可能性がある．

課題5は，控えめな利便性とされる．グループプロセスを支援する機能が比較的，しばしばしか使われないため，その利便は少なくされがちであり，よく使われる機能に統合されることもある．

課題6は，評価が困難であることである．グループウェアの分析・評価を意味があり，一般的なことにするには，ほとんど避けられない困難がある．その困難が経験からの学習を妨げている．

課題7は，直感に頼った設計ができないとされる．製品開発環境における直感はマルチユーザアプリケーションにとっては不満足な状況であり，結果として，悪い現場での意思決定や間違いをおこしがちな設計プロセスとなってしまう．

課題8は，適用プロセスである．グループウェアは，開発者が直接取り扱っている製品より，もっと現場への導入に対する注意深い実装が必要とされる．

これら8つの課題が従来のユーザインタフェースとどのように異なるかみるために，ユーザインタフェースのガイドラインについて述べる [14]．ここに述べるものは，Macintoshシリーズを開発したアップル社が製品開発者向けにまとめたガイドラインである．その中では，ヒューマンインタフェースの原則が11項目にまとめられている．このガイドラインによって，共通のGUIをもつ多くのアプリケーションが開発された．その結果，Macintosh上のアプリケーションは，どれも共通のGUI操作で動かすことができ，コピー・ペーストといった基本操作であれば，ワープロであっても，描画ソフトであっても，同様に使うことが実現された．

その11項目は「メタファ」，「直接操作」，「見て，指す」，「一貫性」，「WYSIWYG」，「ユーザコントロール」，「フィードバックとダイアログ」，「寛容さ」，「気付きの安定性」，「美的統合性」，「モードのないこと」である．また，これに加えて，ユーザに対する理解として「あなたの聴衆がもつ知識」，「近づき，使用しやすさ」が追加されている．このように，ユーザインタフェースの設計原則は，人間がGUIを通して，計算機とやりとりすることに焦点があたっていることがわかる．

以上より，グループウェアの課題はグループを対象とする以上，単体の技術として存在せず，人間同士の関わり合いの中に存在することがわかる．また，ユーザインタフェースの設計原則はGUIを対象とするため，複数のユーザからなるグループを支援対象とするグループウェア設計にそのまま使えない．つまり，グループウェアの設計には，GUIと複数のユーザに対応した設計が必要である．さらに，ユーザの行動は状況によって変わるため，グループが存在する状

況や環境も設計に考慮する必要もある．

13.2.3　グループウェアのフレームワークを用いた検討

　グループウェアを製品として検討・開発する場合は，研究室実験や観察を行う時間がないことも予想される．そこで，既存のグループウェアの分類と対応する事例や機能を参考にする方法が考えられる．また，研究室実験や観察手法とは異なり，グループウェアの特性を全体的に見据えることになり，フレームワークを用いた点検といえ，新たな視点をもったグループウェアの検討にも使える．

　例えば，第4章で説明したグループウェアの分類に用いた諸概念を用いることができる．表13.1に示す時間・空間による分類を用いて開発予定のグループウェア製品の機能を埋める．これにより，開発するグループウェアが時間・空間の分類という観点からどのように支援しているか検討できる．また，組織において，人間同士の関わり合いに関する階層モデルについて検討する場合，表13.2を用いて，個人，グループ，組織という次元も考慮した検討ができる．さらに，知識創造を中心とした知識経営を支援する情報システムを構築する場合，第3章で説明した知識創造モデルであるSECIモデルに対応した表13.3を用いるとよい．

表 13.1　時間・空間分類によるチェック表

時間\空間	同期型	非同期型
対面		
分散		

表 13.2　協調次元モデルによるチェック表

	個人	グループ	組織
コラボレーション			
コミュニケーション			
アウェアネス			
コプレゼンス			

表 13.3　SECIモデルによるチェック表

To\From	暗黙知	形式知
暗黙知	共同化支援	表出化支援
形式知	内面化支援	連結化支援

以上見たように，人間同士の関わりを取り扱う様々なグループ・組織モデルを使用することが可能である．そのモデルは必ずしも情報システムを念頭に入れていないものであっても，人間の行動を説明するモデルであれば参考にできる．

例えば，社会心理学者ジョセフ・マクグラス (Joseph E. McGrath) によって集団力学の成果をまとめたグループ行動のフレームワークを用いることができる [15,16]．

そのフレームワークではグループの行動として，発端，問題解決，葛藤解消，実行を対象としている．そして，それぞれの行動に対して，生産されるものを取り上げ，そのために，良好なグループの状態や期待されるメンバーへの支援が説明されている．発端については，生産要求と機会が生産され，良好な状態としてインタラクション要求と機会が与えられる必要があり，メンバーへの支援として要求を受け入れる機会が上げられている．次に，問題解決では技術的な問題解決が生産され，良好な状態として役割ネットワークが定義されることとされ，メンバーへの支援として立場や地位（肩書きのようなもの）が上げられている．そして，葛藤解消では解消された方針が生産されるが，良好な状態として権力と利益の分配が行われており，メンバーへの支援として貢献に応じた利益の分配が上げられている．最後に，実行においては生産されるものは遂行であるが，グループの良好な状態としてインタラクションが起こり，メンバー支援として参加を確保する．これらを表として作り，グループウェア技術との関係を吟味することによって，対象とするグループ行動をグループウェア技術で支援を行いやすいかどうか検討できる．

13.3　統計データ処理について

グループウェア技術の評価方法に必要な HCI 的な考え方は 13.1 節で，グループウェア的な課題は 13.2 節で述べた．ここでは，定量的データ処理に使われる統計処理について基礎を説明する．なお，観察データをもとにした定性データを質的に統合する手法として，本書においてアイデア発想法として説明する KJ 法を使用できる [17]．またグランデッド・セオリーと呼ばれる手法も知られている．

グループウェアを評価するために使用される統計処理として推計統計の技術について紹介する．統計はデータがいかに分布しているかという数理モデルをもとに確率をもとめる技法である．そのモデルは仮定に基づくものである．つまり，完全に予測できることを目標とした処理方法ではなく，モデルを前提とした場合に，ある事象が起こりうる可能性を理解するための手法である．よって，われわれが観測した，または，サンプルを取得した範囲で何をいえそうかを推測して説明する方法である．そのため，すべてを理解することが不可能な現場（仕事を行う場所）を理解するための合理的手法として発達してきた手法である．応用場面は，医療の臨床効果の判断から工場における製品開発の管理と幅広い．

このように得られたデータを統計処理の検定などにより比較する方法は，パソコンの登場により，その利用が進むと共に，使える方法・種類が増えている．そして，統計解析ソフトウェ

ア SPSS，統計解析向けプログラミング言語 R，表計算ソフト Excel のための統計パッケージ（例えば，Statcel3 [18]）といったソフトウェアを利用できる．また，その統計処理の解説本が数多く市販されている．

(1) データ尺度の分類

統計処理の対象とするデータを理解するために 4 つの尺度を紹介する．その 4 つは名義尺度，順序尺度，間隔尺度，比率尺度に分けることができる．これは数学における数の概念と対応して尺度が構成される．

名義尺度は順番をつけられないデータとして取得されるデータであり，場所の名前や好きな食べ物など名前で対象をしているデータである．例えば，大学で勉強を行う場所はどこですか？という質問に対しての回答として，研究室，講義室，図書館，食堂といったデータが考えられる．

順序尺度は，順番をつける尺度であり，5 段階評価などで取得するデータである．例えば，新しい携帯ゲームを作成したとする．そのゲームが面白いかどうかを 5 段階で尋ねる場合がある．とても面白い，面白い，どちらともいえない，面白くない，とても面白くないと 5 つの回答項目を用意した例である．データとしては評価の高い順番に，5 点，4 点，3 点，2 点，1 点とつけることもある．ただし，この 5 点と 4 点との差と 4 点と 3 点との差が同じ間隔かどうかわからない．よって，加算や減算という処理は意味が無いとされる．

間隔尺度は，順序尺度と異なり，間隔の間が均等であるデータである．例えば，会議の会話数や出された意見数である．これらは加算や減算の処理を行うことができる．

比率尺度は，割り算やかけ算の処理を行うことができる．BMI のような健康指標などがある．

以上のように，名義尺度に順序概念を追加したものが順序尺度，順序尺度に距離概念を加えたものが間隔尺度，そして，間隔尺度に比率概念を加えたものが比率尺度となり，後の概念になるほど，前者の尺度概念をすべて含むことになる．

(2) 検定について

検定は実験で得られたデータをもとに，その可能性を統計処理に基づいて主張する手法である．その方法では，データから求めることができる仮説について，確率計算を行う．その確率は，統計モデルをもとに計算され，その仮定が偽である確率を計算する．この確率を p 値と一般的に呼ぶ．この p 値は 0.05 以下である場合，統計的に意味があり，有意とされる．これは，ある仮説が間違っている可能性が 5 ％以下であることを意味する．また 0.01 以下である場合であれば，間違っている可能性が 1 ％以下であるので明記する．人間を対象とした研究の場合，心理学論文の書き方やその専門分野の慣習に基づくとよい．

例えば，会議を支援するために作成した新しいグループウェア A と従来のグループウェア B があるとする．グループウェア A を用いた場合の会話数とグループウェア B の会話数を比較したいとする．仮説として，グループウェア A を用いると従来のグループウェア B より会話数が増えるとする．その際，仮説が間違っている確率が p 値となる．よって，仮説が間違っている確率が 5 ％以下であれば，この仮説は間違う可能性は少ない（5 ％以下である）と判断する．

よく行われる比較は平均値とデータの分散を考慮して2つのデータ群を比較することである．その際，2つの要因を比較する場合，例えば新機能ありの場合と新機能なしの場合を比較する場合は t 検定と呼ばれる手法が用いられる．また，3つ以上の場合を比較する場合は，一元配置の分散分析 (one-way ANOVA) が用いられる．この分散分析でわかることは，どこかに有意な違いがある場合である．よって，その後，多重比較 (Multiple comparisons) と呼ばれる検定法を用いて，すべての組み合わせのペアについて比較する．

通常，両側検定によって有意である場合，有意差があるという．この比較ではデータがどのように散らばっているかということを実データの統計分布と仮定モデルの分布を用いて，確率を求めて判断している．

ある大学Aの英語テストTOEIC平均値が600点で，大学Bの英語テストTOEIC平均値が620点だとしても，統計学的には，大学Bのほうが優れていると判断してはいけない．大学Aの点数分布は570点から630点の間に大多数であり，大学Bの点数分布は580点から640点である場合，違うというより，似ているというほうがよい．一方，大学Aの点数分布は596点から604点の間に大多数であり，大学Bの点数分布は606点から614点である場合，違うといってよいであろう．このように，2つのデータ群を比較する場合を含めて，統計処理を行う場合，取得したデータ分布を考慮することは大事である．また，信頼あるデータ分布を得るためには，多くのデータをとることなどにより偏りを減らすデータ収集が望まれる．

(3) パラメトリック検定とノンパラメトリック検定

先ほど述べた t 検定やANOVAはパラメトリック検定と呼ばれる検定方法であり，統計学的なパラメータである平均値や分散などの推定を伴う方法である．処理するデータが，これらパラメータ推定に用いることができる必要がある．よって，データが正規分布をしない場合や順序尺度を用いたデータである場合はパラメトリック検定を用いてはいけない．先ほど述べた順序尺度を用いたデータの場合はノンパラメトリック検定を用いる必要がある．また，データ数については正規分布を仮定するためには30以上のデータをとるとよいとされている．この結果は，大数の法則と呼ばれる，データ数が増えれば，そのデータ群の分布は正規分布に近づいていくという法則を数値シミュレーションによって調べた結果から導かれる可能性である．20以上であれば，正規分布を仮定できるか検定して，正規分布を仮定できる場合，t 検定などの正規分布を仮定したパラメトリック検定を用いることができる．

よく用いるパラメトリック検定と，それに対応するノンパラメトリック検定について述べる．スチューデントの t 検定に対してマン―ホイットニーの U 検定，一元配置分散分析に対してクラスカル―ワーリスの H 検定，対応のある t 検定に対してウィルコクソンの符号付き順位検定が対応する．また，相関を求める場合，間隔尺度である変数にはピアソンの相関が用いられることに対し，順序尺度である変数にはスペアマンの順位相関が用いられる．

まとめ

グループウェアの評価方法として，HCIの一般的な評価方法について専門家による評価，ユーザが関わる評価について解説し，その後，グループウェア独特の問題を説明した．また，定量データの解析に必要な統計解析の基礎知識を紹介した．

演習問題

設問1 評価の種類とその特徴を説明しなさい．

設問2 身の回りの目新しいサービスやアプリケーションを評価することを目的として質問紙を作成し，回答を収集しなさい．そして，誤解されたと思われる回答や意図しなかった回答がないかを調べ，質問紙項目を改良しなさい．

設問3 グルーディンの8つの困難を用いて何かグループウェア（ソーシャルメディア，コミュニティウェアも含む）について分析しなさい．

設問4 ユーザインタフェースの設計原則をグループウェアに拡張した場合，何が問題になるか検討しなさい．

設問5 グループ行動に関して比較したい2つのデータ群を集め，計算機を用いた統計解析により比較しなさい．

参考文献

[1] Nielsen, J.: Iterative User Interface Design, *IEEE Computer*, Vol.26, No.11, pp.32–41 (1993).

[2] Nielsen, J. and Molich, R.: Heuristic evaluation of user interfaces, *Proc. CHI'90*, pp.249–256 (1990).

[3] Nielsen, J.: *Usability Engineering*, Morgan Kaufmann (1993).

[4] Lewis, C., Polson, P., Wharton, C. and Rieman, J.: Testing a walkthrough methodology for theory-based design of walk-up-and-use interfaces, *Proc. CHI'90*, pp.235–242 (1990).

[5] Card, S., Moran, T. P. and Newell, A.: *The Psychology of Human-Computer Interaction*, Lawrence Erlbaum Associates (1983).

[6] Norman, D. A.: *The Design of Everyday Things*, Doubleday (1988).

[7] Blomberg, J. and Karasti, H.: Reflecrtions on 25 years of ethnography in CSCW, *Computer Supported Cooperative Work*, Vol.22, Issue4–6, pp.373–423 (2013).

[8] Olmsted-Hawala, E. C., Murphy, E. D., Hawala, S. and Ashenfelter, K. T.: Think-aloud protocols: a comparison of three think-aloud protocols for use in testing data-dissemination web sites for usability, *Proceedings of the SIGCHI Conference on Human Factors in Computing Systems (CHI '10)*, pp.2381–2390 (2010).

[9] 鎌原雅彦，大野木裕明，宮下一博，中沢潤：『心理学マニュアル 質問紙法』北大路書房 (1998).

[10] 岩下豊彦：『SD法によるイメージの測定—その理解と実施の手引』川島書店 (1983).

[11] 南風原朝和，下山晴彦，市川伸一：『心理学研究法入門—調査・実験から実践まで』東京大学出版会 (2001).

[12] ラインゴールド，H.（日暮雅通 訳）：『新・思考のための道具』パーソナルメディア (2006).

[13] Grudin, J.: Groupware and social dynamics: eight challenges for developers, *Communications of the ACM*, Vol.37, No.1, pp.92–105 (1994).

[14] Apple Computer Inc.: *Human Interface Guidelines*（日本語版），アジソン・ウエスレイ・パブリッシャーズ・ジャパン (1989).

[15] McGrath, J. E.: Time, interaction, and performance (TIP): A theory of groups, *Small Group Research*, Vol. 22, No.2, pp.147–174 (1991).

[16] Grudin, J.: McGrath and the Behavior of Groups (BOGS), In Erickson, T. and McDonald, D. W. (Eds.), *HCI Remixed: Reflections on works that have influenced the HCI community*, pp.105–110, MIT Press (2008).

[17] 山浦晴男：『質的統合法入門』医学書院 (2012).

[18] 柳井久江：『4Stepsエクセル統計 第3版』オーエムエス出版 (2011).

第14章
これからのイノベーション環境

□ 学習のポイント

本章ではこれからのイノベーション環境を検討するために，イノベーションと創造性，人間と計算機の共生について将来展望を述べる．そして，協同作業を支援するグループウェアの技術的な課題，社会的な課題を理解し，将来の展望について考える．

□ キーワード

イノベーション，人間とコンピュータの共生，グリーン IT，家電，五感情報通信，アウェアネス，Web，リアルタイムグループウェア，イノベーション，SNS，コンテンツ，Empowerment by Innovation

14.1 イノベーションと創造性

計算機ネットワークは人間の知性を支援することの延長として，人々のイノベーションを支援することが期待される．そこで，会社組織で技術開発がどのように行われているかについてのトーマス・J・アレン (Thomas J. Allen) による社会科学調査について紹介する [1]．また，創造的労働の現状として，創造的階級の登場や現代組織で必要とされる知識労働に求められる技能について示す．

14.1.1 イノベーションと技術の流れ

(1) イノベーション

イノベーションについての古典的定義はヨーゼフ・シュンペーター (Joseph Schumpeter) によるものが知られている [1]．イノベーションは「新しいもの」や「改善されたもの」を意味するとされる．そして，具体的には，新しい消費，新しい生産，新しい市場，新しい原料や部品の供給源の獲得，新しい産業の形成をもたらすこととされる．この定義では新しいものが大きな意味をもち，発明と区別がつかないため，現在はイノベーションと発明を区別することが主流である．そのため，革新的技術開発はそのままイノベーションとはならない．なぜならば，発明のみでは社会への貢献は不明確であり，**発明が多くの人々に受け入れられてこそ，社会に影**

響を与えるイノベーションが起こるとされるためである．よって，イノベーションには，発明だけでなく，社会普及を加える必要がある．例えば，エンゲルバートが開発したマウスは画期的なデバイスであるが，それが社会に普及し，一般の会社・家庭に使われるようになったのは，1995年ごろとなる．その際は，コンピュータが一般家庭で買える値段となると共に，インターネットを介したコミュニケーションというさらなる魅力的な利用が必要であった．

このようにイノベーションには技術の普及を検討する必要がある．いくら高度な技術，高度な概念を備えた技術であっても，人々に使われなければ，人々にとっては価値あるものとはならない．これはドラッカーが知識社会における知識として説明したプラグマティックな知識観，知識は実践に役立って価値があるという考え方と同様である．なお新技術の普及については社会科学者エヴェリット・ロジャース (Everett Rogers) による書籍『イノベーションの普及』が有名である [2]．その初版は1962年で，2003年に第5版が出版され，イノベーションの普及として新たな技術が採用される要件や新技術の採用者の特徴が様々な調査結果をもとにまとめられている．さらにイノベーションと経営との関係についてはクレイトン・クリステンセン (Clayton M. Christensen) によるイノベーションのジレンマが有名である [3]．これは，ある革新技術で市場開拓に成功した企業が，その革新技術が既知技術となっていくにもかかわらず，その技術による継続的成長に固執するあまり，別なところで起こる革新技術によって市場を奪われる様子を繰り返し現れるパターンとして説明したものである．このようにイノベーション現象を理解するためには本書が提供する技術知識だけでなく，社会科学，組織経営論にも目を向ける必要がある．

(2) 技術の流れ

組織における技術開発においても，複数の情報が組織内でうまく伝達する必要性が知られている．アレンは企業組織の技術開発において，どのように人々のコミュニケーションが関わっているかどうか社会心理学的調査を行った研究者である [1]．その結果，企業の技術開発はチームで行う会話が多いほど成功するという結果を得ている．また，会社内の専門家と個人的コミュニケーション，つまり，会議ではない非公式的なコミュニケーションも重要であることを見いだしている．そして，会社内の人々のコミュニケーションには，人々がいる建物の構造が影響をする結果を得ており，30 m離れている人々同士では，1週間に1回コミュニケーションする可能性がほとんどない結果を得ている．そのため，技術開発を推進するための空間は人々のコミュニケーションが行いやすくするような開放スペースを建築設計することを提案している．

また，通信技術とコミュニケーション回数との関係も調べている．通信技術を使えば距離が離れていても，それの距離を補えると考えられるが，結論として，対面会話が多い人ほど，電話での会話も多いという結果を得ている．これは第4章の人間との関わりモデルで説明したように，人々がコミュニケーションを行うためには，相手の存在に関する気づきが必要であり，遠隔地間ではそのようなものが失われているためと考えられる．

このようにグループによる技術開発のために，コミュニケーションを考慮した物理空間設計

が検討されており，グループウェアを用いた仮想空間は，これらの特性を考慮しなければ失敗することが予期される．よって，グループの技術開発を支援するグループウェアのためには，人間のコミュニケーション特性を考慮したものが1つ考えられる．この技術開発をイノベーションと結びつけるためには，マーケティング部門などの連携を強めることが組織に閉じた場合の解決策となろう．またアレンの研究は質問用紙や日誌法を使用したものであるが，人間に装着したセンサを通して，様々な人間の情報が取得可能な技術（ソシオメーター）が開拓されている [4]．このセンサ技術を使えば莫大な人間同士のインタラクション，行動データを取得でき，より科学的なコミュニケーション理解が可能となっている．

(3) インターネット上のイノベーション

一方，インターネットでは多くの人々の作業結合により大規模な製品やサービスを実現することが可能となっている．具体的には，Linux のように不特定多数のプログラミングによって，本格的に安定して動く OS を実現した例，または，Wikipedia のように不特定多数の文書入力によって，これまでに実現されていない電子辞書を実現した例がある．

以上より，コンピュータネットワークを用いた協同作業支援において，技術経営や組織経営の研究で得られた知見をもとに，人間の関わりを考慮した支援が可能である．イノベーションについては，そのときの社会状況など様々な環境要因があるため，管理・制御することは困難と予測される．ただし，インターネットに接続した人々が提供するデータ・情報を利用することによって，人々の行動を理解した製品開発は実現可能となっている．また，インターネットに接続した人々によるコラボレーションという形は，これまでの1つの組織に閉じた製品開発とは異なる製品開発環境である．そのようなコラボレーション環境の創出そのものは開かれたイノベーション環境であり，今後，Linux や Wikipedia の構築を超えるコラボレーション環境の出現によって，さらなるイノベーションの実現が期待される．

14.1.2 創造的労働の拡大

(1) クリエイティブ・クラスの登場

会社組織で働く労働者は，農業，工業，サービス産業と増え，現在では先進国の労働者の多くはサービス産業に従事している．その中，創造的な仕事をするクリエイティブ・クラスという創造的階級の出現とその重要性が都市経済学者リチャード・フロリダ (Richard Florida) によって指摘されている [5]．その階級は，創造的な仕事に携わる人であり，科学者，技術者，芸術家，音楽家，デザイナー，知識産業の職業人とされる．そのクラスの労働者に対する割合は，アメリカにおいて，1900年は 10 %，第二次世界大戦後は 15 %，1980年ではせいぜい 20 %であったが，21世紀に入る頃には，3分の1近くになったとされる．そして，これら創造的階級の人々が社会資本として重要とされている．

(2) 知識労働者の条件

また，ドラッカーは 21 世紀に入る直前の著作において，知識労働者に求められる行動を次の

6つにまとめている [6]．(a) 仕事の目的を考える．(b) 働く者自身が生産性向上の責任を負う．(c) 継続してイノベーションを行う．(d) 自ら継続して学び，人に教える．(e) 知識労働者の生産性は量よりも質の問題であることを理解する．(f) 知識労働者は，組織にとってのコストではなく資本財であることを理解する．知識労働者が組織のために働くことを欲する．これらにおいて (a) から (e) は肉体労働者の逆とされる．

そして，知識を実践的な行為に変換する技術者（テクノロジスト）が重要としている．そのための労働者が知識労働者であり，(a) 仕事とは何か？ 問いかけること，(b) 仕事の質を担保すること，(c) 知識労働者（知識，責任，生産性）であることを認識することが必要とアドバイスしている．

(3) 会社組織で求められるスキル

さらに，1923 年に結成されたアメリカ経営協会は，2012 年において，会社組織で重要なスキルを 4C としてまとめている [7]．その 4C は，(a) クリティカルシンキングと問題解決 (Critical thinking and problem solving)– 意思決定，問題解決，適切な行動を取る能力，(b) 効果的なコミュニケーション (Effective Communication)–自分の考えを手書き・口頭で合成・伝達する能力，(c) 協同作業とチーム構築 (Collaboration and team building)–多様なグループや反対の意見をもつ他人と効果的に働く能力，(d) 創造とイノベーション (Creativity and innovation)–そこに無い何かを見て，何かを引き起こす能力，である．これら 4C について 768 人の組織マネジャーや経営幹部に重要性を尋ねたところ，順番に，71.9 %, 75.6 %, 72.6 %, 63.8 %の割合で，同意または強く同意すると回答している．

以上より，近年の労働には，問題解決能力，創造能力，チームワーク能力が期待されていることがわかる．本書で取り扱ったアイデア発想法は，これら能力のための教養となりうる．そして，協同作業支援技術であるグループウェアによるアイデア発想法の支援は，科学技術によって，これら労働をいかに支援できるかという可能性とその拡張を目指すものである．つまり，グループによるアイデア発想を支援する協同作業環境はイノベーション基盤としてますます重要となろう．

14.2　人間と計算機の共生

計算機研究における，人間の知性支援の系譜として，ブッシュ，エンゲルバートといった流れを紹介してきた．そのエンゲルバートに研究予算をつけた人物として J・C・R・リックライダー (J. C. R. Licklider) が知られている．リックライダーはアメリカ国防省の情報技術部門を統括した人物であり，人間同士のインタラクションを支えるコンピュータネットワークに関するビジョンを抱いたリーダの 1 人である．リックライダーは，もともと音響心理学を研究していた人物であり，1960 年に人間と計算機の共生という論文を発表している [8]．その中で，計算機研究は人工知能に代表される自動化を主目的とされているが，それ以外の流れとして，人

間と計算機が協力することによって，より優れたコトを実現することを目的とする，人間と計算機の共生を提唱している．

このビジョンを支えるコンピュータネットワークの進化は進行中である．特に，端末機器を中心として，時間をかけた大きな変化が進行している．端末機器において，様々なセンサ機器やロボットが加わり，現実空間への関わりが進化している．その現実空間への関わりの進化に応じて，我々の生活に更なる影響を及ぼすと考えられている．

14.2.1 第三世代に突入した計算機活用

オペレーティングシステム，分散システムなどのシステムソフトウェア研究に貢献したバトラー・ランプソン (Butler Lampson) は，計算機が行えることの変遷を，1950 年を開始点とし，30 年単位で，次の 3 つに分けている [9]．

1950 年代からは，シミュレーション (Simulation) が始まったとされる．これは世界のイベントをモデル化し，それを計算機の世界で模倣するというアプローチであり，まさしく，万能計算機と呼ばれるチューリングマシンの素直な応用である．その具体例として，給与処理，ゲーム，仮想現実 (Virtual Reality) などが取り上げられている．

1980 年からは，コミュニケーションと蓄積が始まり，人々を接続し始めたとされている．その具体例として，電子メール，航空券予約，電子書籍，動画配信サービスなどがある．これらは，現在のコンピュータネットワーク利用として，多くの人々が活用している例である．

そして，2010 年からは，計算がより物理的に具体化された形になる体現化 (Embodiment) が始まるとされ，当たり前でない方法（身体化など）で，物理世界に関与するようになるとされている．その具体例として，センサーネットワーク，ロボット，表情を拾い上げるカメラ，スマート・ダスト（賢い塵）がとり上げられている．

これまでの計算機は，抽象表現・マルチメディア表現を提供するとともに，通信（インターネット，無線ネットワーク）で結合することによって，多くの人々によるコミュニケーションを実現している．それを超えて，コンピュータネットワーク利用は，三番目の第三世代利用が活発化している．Google のストリートビューを使うと，様々な場所の状況がわかる．人々はもち歩くスマートフォントによってナビゲーションするだけでなく，Twitter や Facebook などの投稿を通して，その時間・場所に対応した発言を社会共有している．また計算機に物理的な実体・感覚を付加することによって，より計算機が現実を理解できることが可能となっている．

つまり，人間と計算機の共生において，人々が計算機ネットワークを活用するという段階から，先に進み，計算機が人々の生活空間である物理空間に組み込まれ，より人々の生活空間に溶け込んでいる．これによる正の側面として，コンピュータネットワークは人間と環境の関係を理解し，人々の生活空間を快適にするサービスを提供することが実現できる．一方，快適にするために個人の生活データを大量に取得することになる．よって，負の側面としてプライバシー侵害または無意識の個人情報提供が起こりやすくなる．そのため，個人情報の保護が課題となる．また次に述べるように，ロボット技術の進化とその社会進出も検討課題である．

14.2.2 進化するロボット技術

近年，ロボット技術が発達・普及しつつある．特に，日本では，ロボット導入は，工場の自動化を中心として，人間ができない大量加工作業を実現するために進められてきた．その中，二足歩行ロボットなど，人間の身体を意識したロボット開発も進められている．

これまでに，インターネットのようなコンピュータネットワークが人間のような知性や意識をもつ可能性について議論が行われてきた．それに対して，哲学者ヒューバート・ドレイファス (Hubert Dreyfus) は，コンピュータネットワークは人間のような現実に関わる身体がない限り，現実に関する意識をもてないのではないか，と指摘している [10]．このような背景もあり，身体知という脳に閉じない身体を考慮した知性が研究されている．その上，計算機械によって実現された情報処理技術が人々の雇用，技能，賃金，経済に及ぼす影響が社会雇用データをもとに議論されるようになっている [11]．その議論にはムーアの法則と呼ばれる，1.5 年で計算機技術の性能は 2 倍になるという法則がロボット技術にも当てはまる可能性が紹介されている．この法則がこのまま進むとすれば，1.5 年後の技術は，性能が $2^1 = 2$ 倍，9 年後の技術は，性能が $2^6 = 64$ 倍，18 年後は $2^{12} = $ 約 4000 倍となる．

このような中，新たなロボット市場開拓への試みが進んでいる．家庭掃除機ロボットとして知られる iRobot 社のルンバは，ロドニー・ブルックス (Rodney Brooks) が 1986 年に提唱した包摂アーキテクチャを基礎としている [12]．そのアーキテクチャは，その当時，主流であった知識表現を重視したロボット開発ではなく，周辺環境に反応した振る舞いを主体とするロボット開発であった．そのため振る舞いが昆虫に近く，多くの批判を浴びたが，環境と相互作用することによって高速に動くロボットを実現してみせた．そのブルックスは Rethink Robotics 社を設立し，工場における単純労働を置き換えるためのロボット製品 Baxter を開発している [13]．そのロボットは，顔に液晶ディスプレイを備え，顔の表情を表し，7 つの自由稼働部をもつハンドアームを 2 つもつ．重さは約 75 kg である．そして，汎用 CPU とロボット向け OS で制御されている．人間がそのハンドアームをもち，手取り足取り動かすと，そのロボットはその動きをもとに学習を行うことができる．例えば，ベルトコンベヤーに流れてきた製品をとり，ある特定の場所に動かすという動作を学習できる．その動作精度は 0.5〜1.0 cm とされている．現状の動作は人間労働者と比べて遅いため，ある工場での導入は見送られている．しかし，10 年，20 年といった年月によるハードウェア・ソフトウェアの進化を考えると，その潜在可能性は大きい．

以上のようにデジタル計算機は様々な形で，現実社会に浸透している．さらに，現実に関わるための身体をロボットとして手に入れつつある．これまでの労働に大きな影響を与える可能性がある．そのため，今後の労働技能として，より人間らしさに注目が集まるとされる．そのような社会では，メタアイデアといったアイデアを作り出す方法が重要とされている [14]．まさしく，本書で取り扱ったアイデア発想法はメタアイデアといえ，これからの人間と計算機の共生を考える重要な技法となるであろう．

14.3 グループウェアの問題点とその対処

CSCW の CS に関連する技術的な問題点と CW に関連する社会的な問題点とがある．社会的な問題点はグループウェアが一般化したため，ネット利用の問題点とも考えられる．

14.3.1 技術的な問題点

CSCW の CS に関係する問題点である．グループウェアの利点は当初，それまで不可能であった遠隔で会議などができるリアルタイムグループウェアであった．会議のための移動がないためグリーン IT が叫ばれる昨今，CO_2 の削減にも寄与する．ところが，数々の理由で本格的な電子会議は下火になり，リモコンカメラを使ったり，Skype を使った簡易なコミュニケーションが定着した．その理由は，以下のものが考えられる．

(1) ファイヤーウォールの存在

会社や大学に外部からの侵入を防ぐためにファイヤーウォール (firewall) が張り巡らされたため，通信するためには一々通信ポートを開けなければならず，事実上，80 番ポートを使う Web ベースの非リアルタイムシステムしか使えなくなったため，本格的な電子会議システムの開発が停滞した．このため，ファイヤーウォールを乗り越えられる Skype などの既製品の使用が加速した．

最近では Ajax や Serverside JavaScript の socket.io のように，Web ベースでリアルタイムな動作を行える開発環境が広がってきており，自由度の高いリアルタイム系のシステムの開発が可能になってきている．

(2) アウェアネスの欠如

実際に遠隔で会議を行うと，すぐに飽きてしまい，会議に集中できない．実際に対面で会議をするときは，発言者の視線が感じられ，発言者以外の人も何をしているか見えているので，それらの人の動作からその場の緊張しているとかリラックスしているとか，賛成的な雰囲気とか反対的な雰囲気とかが伝わるのであるが，電子会議を行うと発言者のみが映り，視線も合わず，場の雰囲気が伝わらず，テレビを見ている感覚に近くなるからである．これに関しては種々の研究がなされており，例えば「ゲイズアウェアネス」のように発表者と視線を合わせる工夫がされている．また，つねに相手の雰囲気をビデオで伝えていて，雰囲気を伝え，それから会議に入ると効率が良いという報告もある [14]．

人間は五感を使って情報を収集しているため，コミュニケーションに視覚や聴覚以外に，触覚や嗅覚を使う研究もある [15, 16]．

(3) ネットワーク遅延

ネットワークの遅延は国内で 100 ms 程度，外国との通信だと 200 ms 程度であり，電子会議などの操作には大きな問題は起こらないが，遠隔で手術を行ったりする場合，問題となる可

能性は存在する．

(4) グループウェア化と自動処理への多大な期待は禁物

アリゾナ大学でグループの意思を決定する GDSS (Group Decision Support System) の研究を行った [17]．その研究では，数十人の参加者が同時にブレインストーミングを行うことによって，短時間で数百のアイデアを集めることに成功している．一方，それらアイデアをどのように整理するが問題となり，クラスタ分析やホップフィールドネットワークを用いることによる概念の自動分類処理が試みられている [18]．その自動化処理による結果は専門家のものと比較したところ，劣るという結果になっている．現在，ビッグデータが注目を集め，計算機による処理が期待されるところであるが，専門家としての人間の役割が重要である．さらに電子的ブレインストーミングの効果については多くの参加者によって，多くのアイデアを集めることは容易に達成できる．一方，産業界の現場に電子的ブレインストーミングを適用した場合，グループでアイデアを出すよりも個人でアイデアを出すほうがよいという報告もある [19]．よって，グループウェアに多大な効果を期待するのは禁物である．また，個人の作業とグループの作業とのバランスを考慮して，実環境に導入する必要がある．

14.3.2 社会的な問題点

(1) ネット上でのトラブル

日本ではネットワークでの発言の自由が保証されているため，ネットの発言によるトラブルが数多く発生し，訴訟問題にも発展しているものがある．他人への名誉毀損はもとより，最近ではネットでの違法売買の放置なども法律の罰則の対象となっている．法律の整備が望まれる．

(2) 個人情報の流出

計算機は外部からの操作が容易にできる．アンドロイド端末用のアプリの 57 ％に情報収集モジュールが入っていたと報告されている [20]．アプリや OS を使用するときに，チェックマークを付けるとこれらを認めたことになるため，違法性はないとされているが，本人の自覚と対策が必要である．

SNS や Twitter などで自分の近況や考えを表現するときは，非常に注意を要する．SNS サイトは実名のもの匿名のものがあるが，実名のときは当然その発言に責任が生ずる．匿名であっても，本人を特定することは比較的容易であり，本人のプライバシーは容易に流出する．プライバシーの保護には十分な注意が必要である．

また，最近では道路周辺の状況を配信して道周辺の家の情報を公開したり，また，特定の人の顔写真や経歴，友人関係を公表するサイトが現れ，これと HMD と顔認識アプリとを組み合わせると，道行く人の情報が対面で筒抜けになるため，各国で論議がおこっている．

(3) SNS ゲーム

第12章でも述べたように，SNS 上の「無料ゲーム」が広がっている．基本的には無料のゲームであるが，ゲームを有利に進めるためにはアイテムを買ったりするお金が必要である．ユーザの 10 ％から 20 ％程度がお金を支払い，また，ネット上でアイテムの高額な取引も行われている [21]．

(4) コンテンツの電子化

タブレット端末が普及して，本を電子的に読むことが増えてきた．所有している本を自分でスキャナで読み込んでそれを自分で読むことはあるが，これを代行するいわゆる「自炊」業者には法的問題が生じつつある．また，これを共有ソフトで他人と共有するなどすると，明らかに違法となる．電子データ化すると改変が自由となり著作権に抵触する可能性が高い．既存の文化財の電子化権などもこれから大きな価値を生む可能性があり，取り扱いは慎重を要する．

14.4 グループウェアの展望

Google の検索を行わない日がないくらい，ネットワークが身近になってきている．SNS を使って主張を集約し，外国では政府を倒すことができた半面，ネットのダークな部分も広まってきている．例えばハッカーによるサーバー攻撃やプライバシーの流出などがその主なものである．いまや，各国がサイバー攻撃に対する防御を軍事的に行わなければならない事態になっている．グループウェアが社会のインフラになったためでもある．

これまでの経緯から，グループウェアの将来を予想する．

(1) 当初はグループウェアの定義に含まれなかったゲームなどのエンタテイメントがグループウェアの主流になるであろう．

すでにグループウェア関係の国際会議ではチュートリアルにゲームの体験があるなど，一定の地位を得ている．さらにゲーミフィケーションなどが広がるとネットワークを使った仕事も増えていくであろう．

(2) システムのクラウド化は加速するであろう．

情報の流出が企業にとっては死活問題であるため，応答が遅かったり，通信できないところでは使えないなどの多少の不便はあっても，この方向にすすむであろう．

(3) すべてのシステムはユビキタス化し，**GPS** とビデオカメラは必ず装備されスマートフォン化するであろう．

タブレット端末の爆発的な普及があり，コンピュータが可搬型となった．そのため，どこにいるかの位置情報が重要であり．その場で情報を入力するためのビデオカメラが必要である．さらに，すでに高級一眼レフにも GPS や WiFi 機能が付き，カメラで撮影したものがパソコンと共有できるようになっている [22]．つまり，携帯電話を作る家電会社でもデジタルカメラを

作るカメラ会社でもネットアプリを作る IT 企業でもやることは同じとなるため，要求される人材も同じ能力をもつ人材となる．インドでは政府の政策によりすでに日本の工学部の全出身者より情報系の出身者の数が多くなっている．日本の大学の対応が望まれる．

(4) 思考のための道具が増えるであろう．

「siri」や「しゃべってコンシェル」のようにネットを介した秘書機能が現れて，本人の能力を補完してくれている．

(5) 防災システム，グリーン IT としてのグループウェアの存在意義が高まるであろう．

アウェアネスの問題などが残るが，遠隔で電子会議を行うと物理的に移動しないため二酸化炭素発生の削減に役立つため，グループウェアはグリーン IT と解釈されている．また，災害や病気が発生した緊急時に，そこに行けないときには電子会議が役に立つのはこれまでの災害で実証済みである．災害時にも強いネバーダイネットワークや電池などで長時間動作するコンピュータなどが必要になってくるであろう．

(6) 近未来的には五感情報通信が増えてくるであろう．

従来の視覚，聴覚によるコミュニケーションに加え，触覚や嗅覚をも使ったコミュニケーションが増えてくるであろう．しかし，このためにいまの計算機や通信方式が適切かどうかは議論のあるところである．例えば，双方向にデータの交換が可能なテレビにおいて，嗅覚を付加すれば，テレビショッピングで効果的にものが売れる可能性がある．また，触覚（温度知覚も含む）も遠く離れた人の間で感情を共有するために使用される可能性がある．

最後に，これまでのグループウェアの進歩の経緯から，グループウェアのめざすものを考えると，日本の IT 企業の NEC の標語「Empowerment by Innovation」[23] がぴったりあてはまる．これは「革新をあなたの力に」という意味であるが，これは，2013 年に惜しくも亡くなったダグラス・エンゲルバートの原点に戻り，計算機による人間の能力の増幅という意味と同じと考えられる．将来はこのような方向に進むであろう．

まとめ

イノベーションと創造性，人間と計算機の共生，グループウェアの問題点と将来の展望についてまとめた．また，グループウェアの原点に戻るが，知力増幅とイノベーションがキーワードとなるであろう．さらに，人間の生活空間に普及する様々な計算機械（各種センサ，ロボット）が社会を変えるだろう．その中，グループによるアイデア発想法が知的な人間の教養として重要性が高まるであろう．

演習問題

設問1 ドラッカーが述べた知識労働者とアメリカ経営協会がまとめた4Cとを比較しなさい．

設問2 センサーネットワークによって，どのような社会サービスが実現でき，それが社会に及ぼす影響について良い面と悪い面について述べなさい．

設問3 Baxterのようなロボットが本格的に工場で使われるようになるとすると，人間の労働にどのような影響を及ぼすか述べなさい．

設問4 様々な動物があちこちで観察できる動物園に友人達で遊びに行くとき使うガイドシステムを考え，使用する携帯端末の画面の絵を描いてその機能を説明しなさい．

設問5 GPSとカメラ・マイク付き小型パーソナルコンピュータを人がもち歩いて，移動しながら位置情報，ビデオおよび音声を送信するシステムと，それを受信するシステムとを考える．

(1) GPSと小型パーソナルコンピュータを無線通信で接続するとする．通信方式には何を選べばよいかを理由とともに述べなさい．

(2) 一般的にビデオを送るプロトコル形式は何がよいかを理由とともに示しなさい．

(3) 受信側の画面を設計し，図示しなさい．

設問6 屋外でも屋内でも複数の人で一緒に使えて楽しめるガイドシステムを考え，記述しなさい．イメージ図も書きなさい．ここでガイドシステムとはその場所やモノの内容を示すものとする．ガイドの対象となる場所やモノに発信装置，タグ，センサなどを配置してもよい．

設問7 遠隔で資料を共有してリアルタイムで行う家庭教師支援システムに必要な機能とその理由に関して4項目述べ，それらを使用しているイメージ図も書きなさい．

参考文献

[1] アレン, T. J., グンダー, W. H.（日揮株式会社 監修，糀谷利雄，冨樫経廣 訳）:『知的創造の現場』ダイヤモンド社 (2008).

[2] ロジャーズ, E. M.（三藤利雄 訳）:『イノベーションの普及』翔泳社 (2007).

[3] クリステンセン, C. M.（玉田俊平太 監修，伊豆原弓 訳）『イノベーションのジレンマ』翔泳社 (2001).

[4] ペントランド, A. S.（安西祐一郎 監訳，柴田裕之 訳）:『正直シグナル』みすず書房 (2013).

[5] フロリダ, R.（井口典夫 訳）:『クリエイティブ資本論』ダイヤモンド社 (2008).

[6] ドラッカー, P. F. (上田惇生 訳):『明日を支配するもの』ダイヤモンド社 (1999).

[7] American Management Association: AMA 2012 Critical Skills Survey: Executive Summary, http://www.amanet.org/training/promotions/AMA-2012-Critical-Skills-Survey.aspx (Access on 2013.9.27).

[8] Licklider, J. C. R.: Man-Computer Symbiosis, *IRE Trans. on Human Factors in Electronics*, Vol. HFE-1, pp.4–11 (1960).

[9] Lampson, B.: Getting Computers to Understand, *Journal of the ACM*, Vol. 50, No. 1, pp.70–72 (2003).

[10] ドレイファス, H. L. (石原孝二 訳):『インターネットについて―哲学的考察』産業図書 (2002).

[11] ブリニョルフソン, E., マカフィー, A. (村井章子 訳):『機械との競争』日経BP社 (2013).

[12] ブルックス, R. (五味隆志 訳):『ブルックスの知能ロボット論』オーム社 (2006).

[13] Guizzo, E. and Ackerman, E.: The Rise of the Robot Worker, *IEEE Spectrum*, Oct., pp.28–35 (2012).

[14] 榊原憲, 加藤政美, 田處善久ほか:メディア空間による分散勤務者のコミュニケーション支援システム「e-office」,『情報処理学会論文誌』Vol.43, No.8, pp.2821–2831 (2002).

[15] Scott Brave, Hiroshi Ishii and Andrew Dahley: Tangible interfaces for remote collaboration and communication, *CSCW'98*, pp.169–178 (1998).

[16] 大津香織, 佐藤淳太, 坂内祐一, 岡田謙一:動的な遠近演出を可能とする香り提示手法,『情報処理学会論文誌』Vol.50, No.4, pp.1435–1443 (2009).

[17] Nunamaker, J. F., Dennis, A. R., Valacich, J. S., Vogel, D. R. and George, J. F.: Electronic Meeting Systems to Support Group Work, *Communications of the ACM*, vol.34, No.7, pp.40–61 (1991).

[18] Chen, H., Hsu, P., Orwig, R., Hoopes, L. and Nunamaker, J. F.: Automatic concept classification of text from electronic meetings, *Communications of the ACM*, Vol.37, No.10, pp.56–73 (1994).

[19] Dornbuf, C. C., Stevens, S. M., Hendrickson, S. M. L., Bauer, T. L., Forsythe, J. C. and Davidson, G. S.: Improving Human Effectiveness Extreme-Scale Problem Solving—Final Report (Assessing the Effectiveness of Electronic Brainstorming in an Industrial Setting), *Sandia Report*, SAND2007-6183 (2007).

[20] 総務省:スマートフォンを経由した利用者情報の取扱いに関するWG 中間取りまとめ (2012). http://www.soumu.go.jp/main_content/000154856.pdf

[21] 山上俊彦:『仮想世界錬金術―モバイルソーシャルアプリに見る現代ディジタルコンテンツ革命』ACCESS (2011).

[22] たとえば，キヤノン 6D：http://cweb.canon.jp/eos/lineup/6d/
[23] NEC スローガン「Empowered by Innovation」について：
http://faq.nec.co.jp/faq2/userqa.do?user=necweb&faq=company&id=9&parent=0

索 引

記号・数字

635 法 27, 84

A

Affinity Diagram 6
AHP 96, 102, 103
Ajax 138, 139, 186
ALOHA 117
Alto 8, 9, 121
Android OS 121, 139
ARPANET 117, 120

B

Bluetooth 119, 158

C

Can you see me now? 147
Cognoter 10, 51, 108
Colab 51, 108
CollabTech 145
CSCW 6, 10, 39, 145, 147, 172, 186
CSMA/CD 118

D

Delphi メソッド 10
DiamondTouch 52, 73, 109, 111
Digital Desk 75
DOM 138
DynaWall 75

E

Embodiment 42, 184

F

Facebook 3, 52, 140, 184
FreeBSD 121

G

FTIR 77
GDSS 10, 187
GIF 62
GOMS 166
GoogleMap 138
GPS 2, 147, 152, 153, 158, 160, 188
GroupKit 127
GUI 74
GUNGEN-DXII 109
GUNGEN-PHOTO 111
GUNGEN-SPIRAL II 109, 112
GUNGEN-TOUCH 109
GUNGEN（郡元） 9, 109

H

HCI 164
HTML 133, 135–138, 141, 142
HTTP 118, 125, 126, 133, 135

I

IDEO 26, 27
i-LAND 75
inTouch 68
iPad 8, 111, 112
IPV6 118
i モード 2

J

Java 136
JavaScript 137–139, 186
JPEG 62
jQuery 138

K

Kinect 65
KJ エディタ 108

KJ 法．5, 6, 10, 30, 42, 45, 46, 83, 87, 90, 94, 95, 107, 108, 114, 175
KJ 法 A 型 30
KJ 法 B 型 30, 90
KUSANAGI 109, 110

L
LaTeX 135
Linda モデル 122
Linux 121, 182
LiveBoard 73
Lotus Notes 6, 51, 52, 127
Lotus Notes/Domino 51
LTE 119

M
Mach カーネル 121
Macintosh 8, 121, 173
Mac OS X 121, 139
Memex 7, 8, 47, 131
MERMAID 9, 51
MINIX 121
MPEG 62
MUD 52
MULTICS 120
MVC モデル 139

N
NLS 8
Node.JS 139

O
OSI の 7 階層モデル 117

P
PAN/KJ 109
PDF 121
Portholes 55
PostScript 121, 135
p 値 176

Q
QC 5
QuickTime 62

R
RDF 142

reacTable 77
reCAPTCHA 143

S
SCAMPER 29
SD 法 170
SECI モデル 39, 42–45, 69, 89, 174
Sensetable 77
SNS 145, 187, 188
SNS ゲーム 146
Star 171

T
Tangible Bits 65, 68
TCP 118
TCP/IP 117, 120–123, 140
TCP/IP ソケット 10
TCP ソケット 122, 135
TeX 135
The Designers' Environment 109
Timbuktu 127
TRIZ 108
Twitter ... 1, 3, 52, 67, 140, 151, 184, 187

U
UDP 118
UDP/IP 123, 140
UDP ソケット 122
UNIX 10, 120
URI モデル 133, 135
URL 136
URN 136

V
VNC 127

W
Web 160
WebSocket 139
Web ソケット 126, 139
Wikipedia 140–142, 182
World of Warcraft 52, 145, 147
World Wide Web (WWW) 1, 2, 7, 9, 122, 125, 126, 130, 132, 133, 139–141, 143, 171, 172
WYSIWIS 73
WYSIWYG 8, 173

X
Xanadu 1, 8, 131, 132
XML 138, 142

Y
YouTube 149

あ行
アイデア 83, 87
アイデア出し 84
アイデア発想法 83, 95
アウェアネス 2, 52–55, 58, 64, 66, 67, 157, 186
アクションアウェアネス 55, 56
アクセス制御 73
アクティビティアウェアネス 56
圧力センサ 147
アトモスフィアアウェアネス 55, 56
アナロジー 29, 30, 41
アバター 153
アラン・ケイ 7–9
アリストテレス 36
アルフォンス・チャパニス 62
アレックス・オズボーン 4, 17, 22, 25
暗黙知 39–42, 89
暗黙的に知る 40
イーサネット 119, 140
意見入力 94, 98, 107
異質馴化 29
位置アウェアネス 57
位置情報 147, 158
イデア 35, 36
イノベーション ... iii, 12, 18, 27, 132, 143, 180–182
イノベーションのジレンマ 181
イノベータ 2
インスタントメッセージ 2, 7, 64
インスタントメッセンジャー 67
インタビュー 170
インタフェース 11, 164
ヴァネヴァー・ブッシュ 1, 7, 9, 12, 47, 131, 183
ウォーターフォールモデル 20, 164
梅棹忠夫 5, 17
エージェント 39
エージェント指向 45
エクサイテイメント 152
エスノグラフィ 168
絵文字 67, 149, 156
演繹 23, 36

遠隔 53
遠隔オブジェクト 124
遠隔手続き呼び出し 124
遠隔メソッド呼び出し 124
円卓メタファ 80
オープンシステム 140, 141
己をむなしゅうしてデータをして語らしめる 91
音声 62, 64, 70
音声会話 98
オンラインゲーム 145

か行
カードシステム 5, 17, 18
階層化 90, 109
階層的意思決定法 102
開放スペース 181
顔文字 64, 67
学習効果 168
仮説 21, 22, 41, 46, 167
仮説発想 23
家庭用ゲーム機 146
川喜田研究所 83
川喜田二郎 5, 18, 30, 107
間隔尺度 176
観察 168
感情 55
キーストロークレベルモデル 166
技術経営 182
技術の流れ 181
帰納 23, 36, 37
帰無仮説 167
嗅覚 67, 68, 70, 186
競合 55
協調活動 52
共通基盤理論 57
共通理解 57
共同化 41, 69
協同作業 52, 53
協同執筆 51, 52
協同情報検索 51
協調の次元階層モデル 52, 58
協同描画 51
共有感 55
共有作業空間 73
共有ホワイトボード 154
議論支援 52
空間的 50
クライアント・サーバプログラム .. 123
クラウド 12, 188
クラウドコンピューティング 120
クラウドソーシング 143

グラハム・ワラス 3, 18
グラフィカル・ユーザ・インタフェース .. 74
グランデッド・セオリー 175
グリーン IT 186, 189
クリエイティブ・クラス 182
繰り返しデザイン 164
グリッドコンピューティング 120
クリティカルマス 1, 172
グループウェア 6, 50, 51, 58, 62
グループウェアの分類 50
グループ編集 107
グループ編成 87, 88, 90, 92, 94, 95, 98, 107
グループ領域 79
形式知 39–42, 89
ゲイズアウェアネス 56, 186
携帯電話 147
ゲーミフィケーション 145, 152, 188
ゲーム 145
厳格なロック 73
言語 55
検定 176
現場での評価 168
交渉機能 153
構造化インタビュー 170
コード化戦略 43
ゴードン法 26
五感 186
五感情報 70
五感情報通信 68, 189
五感情報通信モデル 69
五感通信 67
黒板モデル 122
個人化戦略 43
個人情報 187
個人領域 79
古典的知識の定義 38
コプレゼンス 52, 53
コミュニケーション 52, 53, 55, 57, 67
コミュニケーションチャネル 55
コミュニティウェア 6
コラボレーション 52, 53, 55, 67
コラボレーション・アーキテクチャ 54
コンセプト 20, 41, 42
コンテキスト・スウィッチング 139
コンピュータネットワーク ... iii, 9, 42, 120, 130, 133, 171, 183, 184

さ行

サーバー攻撃 188
在席会議 51
作業プロセス 96

サピア・ウォーフの仮説 9
参加者 167
参加者間計画 167
参加者内計画 167
視覚 67, 68
時間・空間的分類 50, 172, 174
時間的 50
時系列 98
システム工学 31
視線 55
実験環境での評価 166
実験計画 167
実験条件 166
実践コミュニティ 43
質問項目 169
質問紙 169
シネクティクス 28, 29, 46
島 87, 88, 95
島作成 107, 109
島の階層 95
島名 87, 88, 95
社会的手抜き 26
社会的プロトコル 73
社会普及 2, 140, 181
集合知 140, 141
収束 45
収束型 107
収束的思考 10, 22, 23
従属変数 167
集中型 126, 127
集中制御型 74
柔軟性 94, 104
馴質異化 29
順序効果 168
順序尺度 176, 177
ジョイ・ギルフォード 10, 22
条件統制 166
情報共有 51
情報交換モデル 57
情報伝達モデル 57
情報表示 75
触覚 67, 70, 186
シングルユーザ 52
親和図 5
水準 167
図解化 87, 90
スクリプト言語 127, 136–138
ストーリーテリング 43
正規分布 177
静止画 62
正当化された真なる信念 36, 38

索 引 ◆ 197

セキュアソケット 135
セマンティック Web................ 142
センサ 69
センソラマ 61
専門家による評価 165
総合満足度 103
操作権 98, 110, 113
創造性教育 17
ソーシャルゲーム 139
ソーシャルコンピューティング 140
ソーシャルタギング 143
ソーシャルメディア 3, 7, 140
ソケット通信 API 121, 123
ソケット方式 125, 126, 139
ソシオメーター 182
組織経営............... 7, 39, 181, 182
疎な結合 122, 125, 126, 139
ソフトウェア工学 20, 31, 139
存在感 55, 69

た行

大画面 73
ダイナブック 8
タイム・シェアリングシステム 120
対面 53
対面型 50
対立関係 90
高橋 94, 104
タグ 133–135, 141, 142
ダグラス・エンゲルバート iv, 7, 9, 12, 171,
　　181, 183, 189
多段ピックアップ法 87
タップルスペース 122
多人数 75
多様性 94, 95, 104
チェックリスト法 28, 29
蓄積領域 79
知識経営 39, 43, 174
知識創造企業 39
知識の古典定義 36
知識ピラミッド 44, 45
知識労働者 3, 35, 182, 183
知識論 36
知性モデル 10, 22
知的生産技術 17
知的生産の技術 5
チャット 64, 67, 155, 160
チューリングマシン 184
聴覚 67, 68
著作権 132, 188
通信 51

通信路 57
ティム・バーナーズ＝リー .. 1, 2, 130, 132,
　　140, 142
データ分布 177
データマイニング 44
テーブルトップ 73
テキスト 67
テキスト会話 98
テキスト文字 62
デザイン指針 166
テッド・ネルソン 1, 2, 7, 9, 131, 132
テレアウェアネス 53
テレコミュニケーション 53
テレプレゼンス 53
テレポインタ 73
電子会議システム 51
電子会議室 50
電子百科事典 141
電子メール 67, 112, 118
電話 54
動画 62, 70
動画共有サイト 149
等価変換理論 30
同期型 50, 58
同期対面型 50
同期分散型 51
統計学 37
統計処理 175
統計的検定 167
独創性 94, 95, 104
独立変数 167

な行

内面化 42, 69
名前サービス 124
名前付け 136
ナレッジアウェアネス 56
ナレティブ 43
ニコニコ動画 149
ニュアンス 67
人間同士の関わり合いに関する階層モデル 174
人間と計算機の共生.......... 183, 184
人間との関わりモデル 181
人間の関わり 54
人間の関わりあいに基づく分類 172
認識論 36
認知的ウォークスルー 166
ネットゲーム 146
ネットワークエンタテイメント 145
ネットワーク遅延 119, 186
ノイズ 57

野中郁次郎 39, 41–44
ノンパラメトリック検定 177

は行

場 41, 44, 186
ハイパーテキスト 1, 8, 130–133
ハイパーメディア 8, 131, 133
ハイライト法 30, 31
発言の自由 187
発散 45
発散型 107
発散的思考 10, 22, 23
発想 36, 37
発想支援グループウェア .. 9, 10, 42, 64, 114
発想支援システム 10, 45, 46
発想法 107
発話思考法 169
発話プロトコル 169
パラメトリック検定 177
パロアルト研究所 9, 121
ピア・ツー・ピアプログラム 123
ピーター・ドラッカー 35, 181, 182
非言語 55
非公式なコミュニケーション 181
ビッグデータ 37, 187
ビデオ 64
ビデオ会議システム 51
ビデオ記録 96
非同期型 50, 58
非同期対面型 51
非同期分散型 51
百科事典 141
百科全書 5
ヒューリスティック評価 165
評価 10, 45, 94, 95, 164
評価への恐れ 26
評価法 95
表出化 41, 69
評定尺度 170
ファイヤーウォール 139, 186
フィールドワーク 10, 18
フェースマーク 64
フォーム形式 136, 138
復号化 57
符号化 57
物理層 117, 140
プライバシー 184, 187, 188
プラグマティクス 4, 35
プラトン 36
振り返り 169
ブレインストーミング . 4, 10, 17, 22, 25, 30, 41, 46, 84, 86, 94, 107, 109, 187
ブレインライティング 25–27, 84, 86, 87
フレームワーク 22, 46, 138
プレゼンス 53
プレゼンスアウェアネス 55, 56
プロジェクタ 76
プロダクション・ブロッキング 26
プロトタイピング 139
雰囲気 55
分散型 50, 126, 127
分散協調型 KJ 法 107, 109, 111, 112
分散システム ... 9, 120, 121, 136, 171, 184
分散制御型 74
文章化 90, 94, 98, 107, 109
分類 88, 92, 95
分類型 88
ペトリネット 96, 99
ペルチェ素子 65
編集 73
包摂アーキテクチャ 185
ポーリング方式 125, 126, 139
ホワイトボード 75
翻訳 155
翻訳機能 154

ま行

マークアップ言語 135, 142
マイクロカーネル 121
マイケル・ポランニー 40
マインドマップ 28, 32, 107, 108
マッシュアップ 141
マルチタッチ 73
マルチメディア 61, 62, 70
マルチユーザ 52, 73
味覚 67, 68
密な結合 122, 125, 126, 139
ミドルウェア GLIA 109, 110
身振り 55
ムーアの法則 171, 185
無線 LAN 119, 147
名目上集団 25
メタアイデア 185
メタ認知 132
メタファー 46
メッセージ 57
モートン・ハイリグ 61
モデルによる評価 166
問題解決型 62
問題解決型実験 63

や行

八木下の方法 103
ユーザが関わる評価 165
緩やかなロック 74
要因 167

ら行

ラベル作り 84
流暢性 94, 104
リンクト・オープン・データ 142
レールメタファ 80
連結化 42, 69
六色帽子思考法 31
ログデータ 97
ロック 73
ロボット 67, 184, 185
ロングテール現象 142

わ行

ワークスペースアウェアネス 56
ワークフロー 51
ワークフローシステム 51

著者紹介

宗森　純（むねもり じゅん）　　（執筆担当章 1, 4, 7–10, 12, 14 章）

略　歴：1979 年 名古屋工業大学電気工学科卒業
　　　　1981 年 名古屋工業大学大学院工学研究科修士課程修了
　　　　1984 年 東北大学大学院工学研究科電気及通信工学専攻博士課程修了
　　　　　　　同年 三菱電機（株）入社
　　　　その後，鹿児島大学工学部助教授，大阪大学基礎工学部助教授，和歌山大学システム情報学センター教授を経て，2002 年より現職．
　　　　現在 和歌山大学システム工学部デザイン情報学科教授 工学博士（東北大学）
受賞歴：1997 年度情報処理学会山下記念研究賞，1998 年度情報処理学会論文賞，2005 年 KES'05 Best Paper Award
主　著：『ペトリネットとその応用』（共著）計測自動制御学会 (1992)
学会等：情報処理学会理事 (2009–2011)，情報処理学会フェロー (2013–)

由井薗隆也（ゆいぞの たかや）　　（執筆担当章 1–3, 8–11, 13, 14 章）

略　歴：1999 年 鹿児島大学大学院理工学研究科博士後期課程修了
　　　　　　　同年 鹿児島大学助手
　　　　2002 年 島根大学講師，助教授
　　　　2006 年より現職
　　　　現在 北陸先端科学技術大学院大学知識科学研究科准教授 博士（工学）
受賞歴：2005 年 KES'05 Best Paper Award，2012 年度創造学会論文賞等など
主　著：『ナレッジサイエンス（改訂増補版）』（共著）近代科学社 (2008)，『電子情報通信学会知識ベース』（共著）電子情報通信学会 (2010)，『知識社会で活躍しよう』（共著）社会評論社 (2014)
学会等：情報処理学会，電子情報通信学会，ACM，IEEE など会員．情報処理学会論文誌編集委員会情報システムグループ主査など歴任

井上智雄（いのうえ ともお）　　（執筆担当章 4, 6, 13 章）

略　歴：1998 年 慶應義塾大学大学院理工学研究科計測工学専攻博士課程修了
　　　　その後，国立情報学研究所助手等を経て 2003 年 筑波大学助教授
　　　　2014 年より現職
　　　　現在 筑波大学教授 博士（工学）
受賞歴：情報処理学会論文賞，情報処理学会活動貢献賞，情報処理学会山下記念研究賞，ICN/ICONS/MCL 2006 Best Paper Award 他多数
主　著：『コラボレーションとコミュニケーション』分散協調メディアシリーズ 3（分担執筆）共立出版 (1995)，『情報教育事典』（分担執筆）丸善 (2008)，『コラボレーションシステム』電子情報通信学会知識ベース S3 群 8 編（分担執筆）電子情報通信学会 (2010)，Communication and Collaboration Support Systems（共著）IOS Press (2005) など

学会等：電子情報通信学会ヒューマンコミュニケーション基礎研究会幹事，同食メディア研究会専門委員，情報処理学会グループウェアとネットワークサービス研究会，デジタルコンテンツクリエーション研究会，日本VR学会サイバースペースと仮想都市研究会，同香り・味と生体情報研究会，IEEE TC CSCWD，APSCE CUMTEL SIG 運営委員．情報処理学会 DCON 編集幹事，教育システム情報学会英文誌等編集委員．ACM，人工知能学会，ヒューマンインタフェース学会会員

未来へつなぐ デジタルシリーズ 23
アイデア発想法と協同作業支援
Idea Generation Methods and Collaboration Technologies

2014 年 5 月 25 日 初 版 1 刷発行

著 者	宗森　純
	由井薗隆也　ⓒ 2014
	井上智雄
発行者	南條光章
発行所	共立出版株式会社

郵便番号 112–8700
東京都文京区小日向 4–6–19
電話　03–3947–2511（代表）
振替口座　00110–2–57035
URL http://www.kyoritsu-pub.co.jp/

印　刷　藤原印刷
製　本　ブロケード

一般社団法人
自然科学書協会
会員

検印廃止
NDC 007.63
ISBN 978–4–320–12343–4　　Printed in Japan

JCOPY ＜(社)出版者著作権管理機構委託出版物＞

本書の無断複写は著作権法上での例外を除き禁じられています。複写される場合は，そのつど事前に，(社)出版者著作権管理機構（電話 03-3513-6969，FAX 03-3513-6979，e-mail: info@jcopy.or.jp）の許諾を得てください．

Gerald M. Weinberg 著　　　http://www.kyoritsu-pub.co.jp/　　**共立出版**

ジェラルド・ワインバーグ氏は，米国のコンサルタント，作家，心理学教師，そしてソフトウェア開発の「人間学」者である。その著作は，人を魅了する文体とユーモアにあふれた警句で知られており，システムエンジニアやプログラマ向けに問題解決に関わるさまざまな要素をユニークな視点から分かり易く提示している著書を数多く執筆している。1997年6月には，ビル・ゲイツ氏らとともに，米国のコンピューター歴史博物館「コンピューターの殿堂」入りを果たしている。

コンサルタントの秘密
技術アドバイスの人間学
木村　泉訳　著者の深いコンサルタント経験を基に技術アドバイスの機微を説き明かす，理系と文系を含む，よい仕事を目指す大人のための本。
A5判・280頁・定価（本体2,900円＋税）

ワインバーグのシステム思考法
ソフトウェア文化を創る ❶
大野侚郎監訳　ソフトウェアプロジェクト管理という仕事に必要な能力を全4巻に要約。1巻は『システム思考モデル：複雑な状況を理解する能力』。
A5判・366頁・定価（本体3,500円＋税）

スーパーエンジニアへの道
技術リーダーシップの人間学
木村　泉訳　問題解決型リーダーシップを身につけた真のスーパーエンジニア（技術リーダー）になるための道を指示した楽しい人間学の本。
A5判・314頁・定価（本体2,800円＋税）

ワインバーグのシステム洞察法
ソフトウェア文化を創る ❷
大野侚郎監訳　2巻は『システム洞察法：システムの観察法，計測法，特に本質を逸らさない観察・計測能力』をテーマに，読者の関心を誘う。
A5判・426頁・定価（本体3,200円＋税）

システムづくりの人間学
計算機システムの分析と設計を再考する
木村　泉訳　システムを作る人，作らせる人，システムについて深く考える人のための開眼の書。型どおりの教科書からは得られない感性を育てる。
A5判・272頁・定価（本体3,000円＋税）

ワインバーグのシステム行動法
ソフトウェア文化を創る ❸
大野侚郎監訳　3巻は『システム行動法：感情の渦巻く難しい人間関係の中でも適切に行動する能力』。システムの適合的行動法，構築法を取り扱う。
A5判・384頁・定価（本体2,900円＋税）

要求仕様の探検学
設計に先立つ品質の作り込み
黒田純一郎監訳・柳川志津子訳　よいシステムを開発するための要件定義の方法と品質向上策を，システム論，工学，心理学，経済学まで動員して示唆
A5判・356頁・定価（本体3,100円＋税）

ワインバーグのシステム変革法
ソフトウェア文化を創る ❹
大野侚郎監訳　前3巻のすべてのツールを用いて，スーパーマネージメント実現のための人と組織の変革・管理法をワインバーグ流に展開する完結編。
A5判・576頁・定価（本体3,500円＋税）

ライト，ついてますか
問題発見の人間学
木村　泉訳　この本は副題にあるように「問題発見」についての本である。何が本当の問題なのか，という問題そのものの中味や問題認識のあり方と問題へ取り組む際の人間姿勢に着目している。学校では，問題を解くことを教わる。だが問題は，解くより発見する方がずっと難しく，ずっと面白い。"実人生で本当にものをいうのはそこなのだ！"　理系・文系をとわず，騙されたと思ってこの本を開けてみてください，きっとお得ですよ。　A5判・176頁・定価（本体2,000円＋税）

D.C.ゴース　ワインバーグ 著

https://www.facebook.com/kyoritsu.pub

（価格は変更される場合がございます）